公路隧道工程设计与施工技术

苗涛　李炜　郑欣　主编

中国石化出版社
·北京·

图书在版编目(CIP)数据

公路隧道工程设计与施工技术 / 苗涛，李炜，郑欣主编．—北京：中国石化出版社，2023．10
ISBN 978-7-5114-7309-7

Ⅰ．①公… Ⅱ．①苗… ②李… ③郑… Ⅲ．①公路隧道-隧道工程-设计②公路隧道-隧道工程-工程施工 Ⅳ．①U459．2

中国国家版本馆 CIP 数据核字(2023)第 200887 号

中国石化出版社出版发行
地址：北京市东城区安定门外大街 58 号
邮编：100011　电话：(010)57512500
发行部电话：(010)57512575
http://www.sinopec-press.com
E-mail:press@sinopec.com
北京艾普海德印刷有限公司印刷
全国各地新华书店经销
*
787 毫米×1092 毫米 16 开本 14 印张 348 千字
2023 年 12 月第 1 版　2023 年 12 月第 1 次印刷
定价：68.00 元

《公路隧道工程设计与施工技术》
编　委　会

主　编　苗　涛　中铁十一局集团第四工程有限公司

李　炜　中冶交通建设集团有限公司

郑　欣　云南省交通规划设计研究院股份有限公司

副主编　尹红亮　河南省公路工程局集团有限公司

编　委　陶明先　云南省公路工程监理咨询有限公司

赵宏达　中国铁建大桥工程局集团第六工程有限公司

周俊成　成兰铁路有限责任公司

前言

公路隧道与过去那种盘山绕行或切坡深挖、筑堤相比，具有缩短行车里程、保护生态环境、节约土地、提高防护能力、提高运输效率等优越性，被广泛应用于高山峡谷、深海长河等复杂地质地段的建设中。随着社会经济的持续发展与城市化进程的平稳推进，我国公路隧道工程规模逐步扩大，直接影响着城市交通的发展。

同时，公路隧道作为城市交通的重要组成部分，对城市交通建设起到了关键作用。为了提升公路的运输能力，进而提高城市交通的质量与效率，需要对公路隧道工程的建设状态进行改善。但在实际工程建设中，由于地质条件比较复杂，公路隧道建设存在一些不足和问题。为了从根本上确保隧道施工安全，技术人员需要在具体的隧道施工中根据地质结构和建造要求，进行全面、合理的公路隧道勘察和设计，选用科学、合适的隧道施工技术来指导施工，发挥公路隧道施工技术的积极作用，从根本上保证公路隧道工程的整体建设水平。

本书共10章，以公路隧道工程为研究对象，围绕公路隧道工程设计和施工技术两大内容进行探讨，主要分为绪论、公路隧道工程地质勘察、公路隧道选线设计、公路隧道结构设计、明挖法隧道施工技术、钻爆法隧道施工技术、机械开挖法隧道施工技术、特殊地质地段隧道施工技术、G59呼北高速公路张家界至官庄段隧道施工案例、某高速改扩建项目隧道施工案例。

全书专业覆盖广，内容全面而丰富，结构清晰严谨，重视理论联系实践，注重图文并茂，在探讨公路隧道工程设计的同时，结合一些具体案例分析了多种公路隧道的施工技术，可供从事公路隧道工程设计和施工工作的广大专业技术人员阅读和借鉴。

本书在编写过程中参考了许多同行的著作，在此一并表示诚挚的感谢。限于编者的水平，书中尚有不足之处，衷心希望读者提出宝贵意见。

目 录

第1章　绪　　论

1.1　隧道概述

1.1.1　隧道的定义

1970年，国际经济合作与发展组织在召开的隧道会议上将隧道定义为："以某种用途，在地面下采用任何方法，按规定的形状和尺寸修筑的断面积大于 $2m^2$ 的洞室。"根据这个定义，隧道是一种修建在地下的工程结构。我国山地和丘陵在国土面积中占有很大的比重，公路穿越山岭，修建城市地铁，都需要通过开挖隧道来实现。此外，在水力发电、农田灌溉、西气东输、南水北调、国防工程等工程建设中，隧道也得到了广泛的应用。

施工时，按照设计的形状和尺寸，开挖地层，为防止隧道变形、坍塌和水的涌入，沿隧道的周边修建的支护结构，称为"衬砌"；隧道端部外露，为保护洞口和排水而修筑的结构物，称为"洞门"。此外，为保证隧道能正常使用，还需设置一些附属建筑物，例如：为工作人员在进行维修和检查时能及时避让列车而在隧道两侧开辟的"避车洞"，为保证车辆正常运行而设置的照明设施，为排除渗入隧道的地下水而设置的防排水设施，为排除隧道内车辆排放的有害气体和烟尘而设置的通风系统，等等。

1.1.2　隧道的作用

交通隧道的作用主要体现在以下几个方面：

(1) 通过隧道工程可以避免远距离绕行，缩短线路里程，提高路线技术等级和行车交通效率。

(2) 修建隧道可以保护原有的自然原貌，保护环境，避免地面公路建设引起的许多地质灾害。

(3) 修建隧道可以充分利用地下空间，节省工程建设用地。

(4) 修建城市地下快速道路、地铁、过街地下通道等更有利于城市地面环境美化。

在我国近年实施西部大开发战略、加快基础设施建设的大背景下，隧道修建数量越来越多，在交通建设事业中发挥着越来越重要的作用。

1.1.3　隧道的结构组成

隧道结构由主体建筑物和附属建筑物两部分组成。隧道的主体建筑物是为了保持隧道的稳定、保证行车安全运行而修建的，它由洞身衬砌和洞门两部分组成。附属建筑则是为了保障车辆安全运行，改善洞内工作条件。在实践中，我们在讨论隧道时，还应该将围岩考虑进来。

(1) 洞身衬砌：为维护围岩稳定而施作的人工结构物，又叫支护，包括初期支护和二次支护。隧道开挖后，为了有效控制和约束围岩的变形，充分调动和发挥围岩的自承能力，及时施作的锚杆、钢拱架、钢筋网、喷射混凝土等，称为初期支护。初期支护有良好的柔性，能与围岩体共同变形，有效调整围岩应力，控制围岩变形。二次衬砌可以用喷射混凝土，也可以采用模筑混凝土施作，起到增加安全度、保护防水层、防止喷射混凝土层或围岩风化并作为安全储备的作用，确保隧道主体结构的长期稳定和安全。

(2) 洞门：隧道工程明暗交界处的结构物，是联系洞内衬砌与洞口外路堑的支护结构，起保证洞口边坡安全和仰坡稳定的作用，同时也是隧道出入口的标志。

(3) 附属设施：为保证隧道正常使用而设置的所有设施，如照明、通风、排水、消防、电力、通信设施，以及隧道的内装、顶棚、路面、紧急停车带等。

(4) 围岩：隧道周围一定范围内，对隧道稳定有较大影响的那部分岩土体。围岩是隧道结构的天然组成部分，现代隧道理论认为，围岩既是荷载来源，又是隧道承载结构的一部分。

1.2 公路隧道工程概述

1.2.1 公路隧道施工

1. 公路隧道施工的定义

隧道施工是指修建隧道及地下洞室的施工方法、施工技术和施工管理的总称。

隧道施工过程通常包括：在地层内挖出土石，形成符合设计断面的地下空间，进行必要的支护和衬砌，控制隧道围岩的变形，保证隧道施工安全和长期使用安全。

2. 公路隧道施工的特点

(1) 隐蔽性大。尽可能准确地掌握隧道工程范围内的岩层性质、岩体强度、完整程度、地应力场、自稳能力、地下水状态、有害气体和地温状况等资料，并要根据这些原始材料，初步选定合适的施工方法，确定相应的施工措施和配套的施工机具。

(2) 作业的循环性强。一般的地下结构物都是纵长的，施工是严格地按照一定的顺序循环作业的。例如，钻爆法开挖就是按照“钻孔—装药—爆破—通风—出碴”的循环，一步一步地循环开挖，直到最后隧道贯通。这种循环性是地下施工最具特色的一点，也是我们组织施工的基本原则。

(3) 作业空间有限。地下结构物通常都是在地下一定深度修筑的，结构物的尺寸受到极大限制，这也就决定了施工空间的几何尺寸和形状，施工是在有限的空间内进行的。特殊情况须附加开挖竖井、斜井、横洞等辅助工程来增加工作面，加快隧道施工速度。这时，必须加强测量导线控制，确保各段工程顺利贯通。

(4) 作业的综合性。地下施工由多种作业构成，开挖、支护、出碴运输、通风及除尘、防水及排水、供电、供风、供水等作业缺一不可。这就要求我们只有具备良好的施工管理和施工组织经验，才能使工程施工有序快速地进行。

（5）施工过程是动态的。施工过程的力学状态是变化的，围岩的物理力学性质也是变化的。地下结构的力学状态是极为复杂的，直到目前还有许多不清楚的地方。从力学角度来看，施工过程就是控制和调整这个力学状态变化的过程，施工技术就是控制和调整这个力学状态的手段和方法，理解这一点是极为重要的。

（6）作业环境差。地下施工的作业环境比较差，黑暗、潮湿、粉尘多，在恶劣的地质条件下，还有安全问题。因此必须采取有效措施加以改善，如人工通风、照明、防尘、消音、隔音、排水等，使施工场地合乎施工卫生条件，并有足够的安全防护措施，以保证施工人员的身体健康，提高劳动生产率。

（7）作业的风险性大。风险性与隐蔽性是相关联的，施工人员必须经常关注隧道施工的风险性。特别是在不良地质条件下，更要有风险意识和应变意识，应该对掘进工作面顶板岩石的稳定性及时进行安全评价。

（8）气候影响小。隧道施工可以不受或少受昼夜更替、季节变换、气候变化等自然条件改变的影响，可以终年稳定地安排施工，但高原冻土地区施工应考虑气候的影响。在5℃以下，混凝土强度会受到很大影响。

1.2.2 公路隧道工程设计内容概述

1. 隧道几何设计

（1）隧道位置应选择在稳定的地层中，尽量避免穿越工程地质和水文地质极为复杂以及严重不良的地质地段。

（2）穿越分水岭的长、特长隧道，应在较大面积地质测绘和综合地质勘察的基础上确定路线走向和平面位置。

（3）线路沿河傍山地段，当有隧道通过时，其位置宜向山侧内移，避免隧道一侧洞壁过薄、河流冲刷和不良地质对隧道稳定的不利影响。

（4）隧道洞口不宜设在滑坡、崩塌、岩堆、危岩落石、泥石流等不良地质及排水困难的河谷低洼处或不稳定的悬崖陡壁下。应遵循“早进晚出”的原则，合理选定洞口位置，避免在洞口形成高边坡和高仰坡。

（5）濒临水库地区的隧道，其洞口路肩设计高程应高出水库计算洪水位不小于0.5m，同时应注意由于水的长期浸泡造成库壁坍塌对隧道稳定性的不利影响，并采取相应的工程措施。

2. 净空横断面设计

隧道净空横断面的设计除符合建筑限界要求外，还要考虑洞内排水、照明、消防、监控等运营附属设施所需空间，并考虑围岩收敛变形以及施工等必要的预留量。隧道内任何设施不得侵入建筑限界。

（1）洞口、洞门及洞身工程。结合隧道进出口地形、地貌、工程地质和水文地质条件，并考虑到施工开挖边仰坡的稳定性，本着“早进晚出”“少开挖”的原则，确定隧道进出口位置、明洞形式。洞口形式的选择力求结构简单，并与洞口地形、地貌协调一致。考虑到环境保护的要求，洞口地段边仰坡采用护面墙、植草皮等防护措施。进出洞口仰坡采用锚喷混凝土防护措施，确保施工安全。洞口施工中应尽量减少扰动周围的岩体，尽早做好洞口的截排水沟、洞口边坡防护和洞口支护工作，确保安全。隧道衬砌根据围岩类别、地形地貌及成洞、埋深等条件进行设计，初期支护应紧随开挖工作面及时施工作业，以减少围岩暴露时间，控制围岩变形，防止围岩松弛，其工艺应严格按照有关规范和规章办理。二次支护应根据初期支护的情况和围岩量测结果，选择适当的时机进行灌注。

(2) 衬砌结构设计。隧道衬砌结构形式均采用“新奥法”复合式衬砌。复合式衬砌参数首先根据围岩类别、工程地质及水文地质、地形及埋置深度、结构跨度及施工方法等以工程类拟定，然后应用3D有限元综合程序对施工过程进行模拟分析，定性掌握围岩及结构的应力发展与变形破坏过程，进一步调整支护参数，最后在施工过程中严格进行监控量测，根据量测信息适当调整支护参数。

① 初期支护。Ⅴ级围岩初期支护采用径向系统锚杆、超前小导管周壁预注浆，钢拱支撑配合喷射混凝土形成整体。Ⅳ级围岩初期支护采用径向系统锚杆、超前锚杆，钢拱支撑配合喷射混凝土形成整体。Ⅲ级围岩则由径向锚杆、钢筋网及喷射混凝土形成。

② 二次衬砌。Ⅴ级围岩中隔墙及衬砌、仰拱均采用钢筋混凝土，Ⅲ级、Ⅳ级围岩衬砌及Ⅳ级围岩仰拱采用素混凝土。

3. 防水排水

隧道的防水排水应遵循“以排为主，防排结合，因地制宜，综合治理”的原则。设计中采用的措施要求达到：排水顺畅，防水可靠，施工方便，保证运营期间隧道内不渗不漏，达到基本的干燥要求，保证衬砌结构和洞内设备的正常使用以及行车安全。

4. 通风供电照明及环保措施

(1) 隧道通风、照明控制工程。隧道照明和风机的多路干线由配电室引出，沿隧道动力电缆地沟敷设，通往相应设备接线箱，受控制室集中控制。采用手动控制方式，隧道通风机必须安装电动机软启动器，减少通风机启动电流对电网的冲击。为保障隧道发生事故后的行车安全，采用UPS电源作为隧道的紧急照明电源，防止突然断电及瞬间黑洞效应对快速行驶的车辆造成危害，紧急照明维持时间为30min。

(2) 隧道通风、防尘、防有害气体。由于施工过程和运营过程中会产生一些有毒有害气体及粉尘，这会对施工和运营产生一些不安全因素。为了避免这一些影响，隧道设计中就需添加隧道通风的设计，主要满足：对有人工作的地点供给足够的新鲜空气；冲淡和排除各种有害气体和粉尘，使其含量降低到国家标准以内；创造良好的劳动及运营条件。

1.2.3 公路隧道工程施工技术的选择与发展

1. 隧道施工技术的选择原则

围岩工程地质条件，即隧道所处的地下建筑环境条件，主要表现为围岩的自稳能力和抗扰动能力、被挖除岩体的抗破坏能力、地下水储藏条件、地应力大小、地温、易燃易爆有害物质以及这些条件的变化情况。隧道工程结构条件主要表现为隧道长度、隧道断面大小、形状、洞室的组合形式以及支护结构类型等情况。隧道工程施工条件主要表现为施工对围岩的扰动、支护对围岩提供帮助或限制的有效性、施工作业对空间的要求、提高施工速度的要求、控制施工成本的要求、保证工程质量的要求、保证施工安全的要求、减少环境污染的要求、施工队伍技术水平、施工人员素质、施工队伍的管理水平。

从工程技术的角度来看，隧道围岩工程地质和水文地质条件，是影响施工方法选择的最关键因素。针对具体的隧道工程，采用何种施工方法，不仅取决于围岩工程地质条件和水文地质条件，也必然受到隧道工程结构条件和工程施工条件的影响。

隧道施工方法选择的原则是：应根据实际隧道工程上述两方面的条件，尤其是围岩工程地质条件，充分研究，综合考虑，选择适当的施工方法，并根据各方面条件的变化及时调整和改变施工方法。

所选施工方法必须与围岩的自稳能力和被挖除岩体的坚硬程度相适应，并尽量减少对围岩的扰动，保持围岩的自稳能力不显著降低，利用围岩自稳能力保持围岩稳定。所选施工方法必须与隧道断面大小、形状以及洞室的组合情况相适应。所选施工方法必须与施工技术水平相适应，并能够满足施工安全、作业空间、施工速度、施工成本控制、工程质量、环境保护、施工组织和管理方面的要求。

应当指出的是，隧道工程施工是在应力岩体中开拓地下空间。由于地质条件的复杂性和多变性，以及地质勘探、施工技术和人们对工程问题认识的局限性，人们在隧道施工过程中不可避免地会遇到预料之外的地质条件，甚至发生如流变、塌方、流沙、突泥、涌水、岩爆等工程事故。因此，隧道施工人员一方面应根据隧道工程各方面的具体条件加以综合考虑、反复比较，选择最经济、最合理的施工方法，一般是多种方法、多种技术的综合利用；另一方面应密切关注施工过程中的各种因素变化，及时根据实际情况调整施工方案、施工方法、施工技术和施工进度等各项计划。这是一个受多种因素影响的动态的择优过程。

例如，在长大山岭隧道过程中，采用小直径 TBM 掘进机（直径 3~4m），先行完成导坑开挖，然后再采用钻爆法扩大为正洞，已成为推荐的组合型施工方法。

2. 隧道施工方法分类

按照开挖成型方法、破岩掘进方式、支护结构施作方式或空间维护方式的不同，以及隧道穿越地层的不同，目前一般可以将隧道施工方法分类如下：

（1）矿山法，又称为钻爆法，采用钻爆法开挖和钢木构件支撑的施工方法。

（2）新奥法，新奥地利隧道施工方法的简称。这是奥地利学者在长期隧道施工实践中，从岩石力学的观点出发而提出的一种合理的施工方法，是采用喷锚技术、监控量测手段等，并结合岩石力学理论形成的一种工程施工方法。我国也称为“锚喷构筑法”。

（3）新意法。是 40 多年前意大利的 Pietro Lunardi 教授在围岩压力拱理论及新奥法理论研究的基础上，通过数百座隧道的结构分析和研究逐步创建出的岩土控制变形分析（ADECO-RS）法，它强调通过调节超前核心土的稳定性来控制隧道变形。新意法的核心思想是：隧道硐室的变形一般取决于掌子面上超前核心土的变形，且发生在核心土变形后。一方面可以通过“硐室预约束”释放超前核心土的超限应力，另一方面可通过改善围岩的物理力学特性来增加其自承能力。在施工方法上，新意法不同于新奥法，新奥法建议对不同围岩状态采用不同施工工法，而新意法主张采用全断面早期闭合工法。

（4）浅埋暗挖法。参考新奥法的基本原理，开挖中采用多种辅助施工措施加固围岩，充分调动围岩的自承能力，开挖后及时支护，封闭成环，使其与围岩共同作用形成联合支护体系，是可以有效地抑制围岩过大变形的一种综合施工技术。

(5) 明挖法，指挖开地面，由上向下开挖土石方至设计标高后，自基底由下向上顺作施工，完成隧道主体结构，最后回填基坑或恢复地面的施工方法。

(6) 盖挖法。由地面向下开挖至一定深度后，将顶部封闭，其余的下部的工程在封闭的顶盖下进行施工，主体结构可以顺作，也可逆作。

(7) 盾构法。盾构是一种钢制的活动防护装置或活动支撑，是适用于软弱含水层，特别是河底、海底以及城市中心区修建隧道的一种机械。在其掩护下，头部可以安全地开挖地层，一次掘进相当于装配式衬砌一环的宽度。尾部可以装配预制管片或砌块，迅速地拼装成隧道永久衬砌，并将衬砌与土层之间的空隙用水泥压浆填实，防止周围地层的继续变形和围岩压力的增加。

(8) TBM 掘进机法。采用机械破碎岩石的方法开挖隧道，并将破碎的石渣传送出机外的一种开挖与出渣联合作业方法，能连续掘进。

(9) 沉埋法，又称为沉管法。沉埋法是在水底建筑隧道的一种施工方法。沉管隧道就是将若干个预制段分别浮运到海面(河面)现场，并一个接一个地沉放安装在已疏浚好的基槽内，以此方法修建的水下隧道。

(10) 冻结法，一种用土层冻结加固建造隧道的施工方法。利用人工制冷方法将井筒或基坑、隧洞周围的土层冻结成封闭的冻土体，以抵抗水土压力，隔绝地下水，在冻土体的保护下进行挖土、隧道衬砌结构施工。

(11) 顶管法，是一种隧道穿越铁路、道路、河流或建筑物等各种障碍物时采用的一种暗挖式施工方法。

上述施工方法是比较常见的公路隧道施工方法(不完全)。在具体工程实践中，要根据与地层条件、埋深条件、建筑环境条件的适应性来选择合适的公路隧道施工方法。

3. 隧道施工技术的发展

随着机械设备设计制造能力的逐渐发展和隧道施工机械水平的大幅提高，施工速度逐渐加快，人力资源的成本也在逐渐增加。对隧道工程在数量和难度上提出了更高要求。大规模的地下工程建设促进了隧道修建技术的进步。大量的锚喷支护工程实践和岩石力学的迅速发展，导致现代支护理论的建立，在此基础上出现了新奥法、挪威法及浅埋暗挖法等更有效的施工方法；用现代技术装备的掘进机和盾构机能够适应从坚硬岩层到软弱含水地层的各种掘进条件，其可靠性、耐久性、机动性及掘进的高速度，使其在隧道工程施工中得到日益广泛的应用；冲击钻头的改进及全液压钻孔台车的出现，大能力装碴、运碴设备的开发，新型爆破器材的研制及爆破技术的完善，改善围岩条件及支护技术的进步等，极大地改良了施工环境和提高了掘进速度，使钻孔爆破法的掘进技术得到更新；水底沉埋隧道施工技术的发展为穿越江河、海湾提供了新的有效手段。

(1) 安全快速地在恶劣地质条件下施工。随着隧道设计能力不断提高，开挖支护手段逐渐进步，通过较复杂地质洞段的能力逐渐加强，相关技术如预注浆加固、管棚支护、锚喷支护等逐渐成熟。这些技术被广泛应用，大大提高了通过包括膨胀岩、软弱破碎岩层及岩溶等不良地质在内的设计施工水平。盾构法环保、安全、快速，但灵活性并不高，具有较差的应对恶劣地质条件的能力，要想发挥其优势，加快综合进度，提高成洞质量，应该采取适当的施工方法。应高度重视并深入研究以下几个方面的问题：掘进中的地质监测预报，掘进后加固措施、塑性围岩、断层破碎带、富水岩层、煤系地层和高地应力等。

（2）超前地质预报和围岩监测。以目前技术能力和实际情况来看，隧道施工前并不能进行详细准确的地质勘测。在实际施工过程中，一些未在地质资料中标明的不良地质条件经常出现，影响了掘进的顺利进行。为保证施工的正常进行，严格的地质监测和超前预报是必需的，以此对前期地质资料的不足进行弥补。准确掌握不良地质状况，及时对施工方案进行优化和改进，做好衬砌和支护工作，有利于确保围岩的稳定。监测工作主要包括观察地质和支护现状、监测应力与应变及位移、测试围岩弹性波及扰动、检查支护结构质量等。

（3）重视环境保护和水土保持。环境保护与水土保持是一项关系民生、关系经济社会可持续发展的基础性工作，在隧道施工过程中，必须以国家环境保护和水土保持的相关法律法规为标准，做好环境保护工作，避免隧道施工所造成的环境污染和破坏。例如弃碴的堆放、施工场地的边坡保护以及水土流失防治等措施，饮用水污染的防治措施，卫生设施和垃圾治理措施，施工过程中产生的废气、废油、废水、噪声和粉尘等的治理措施，清场措施，等等。设计、工艺、措施、方案、设施、检测、培训、检查等一系列项目都是具体内容，同时要有相应的经费保证环境保护和水土保持工作。

通过对隧道施工新技术发展趋势的分析和展望，加强地质勘探、超前预报工作，加强对隧道施工新技术及新设备的开发和研究，加强环境保护工作和信息化管理，可使隧道施工新技术的发展迈向新阶段。

第 2 章　公路隧道工程地质勘察

2.1　公路隧道勘察概述

公路隧道勘察可分为设计阶段勘察、施工阶段勘察、改建阶段勘察和运营阶段勘察。公路隧道工程地质勘察宜按踏勘、初测、定测、补充定测分阶段开展工作，并与预可行性研究、可行性研究、初步设计、施工图设计 4 个设计阶段相对应。

1. *基本要求*

公路隧道勘察首先应进行大致的、大范围的以全貌为对象的调查，以此整理出调查所判明的事项等，提出勘察的重点，在先前已获得成果的基础上，用以后进行的勘察成果不断地加以评价、修正，使之满足设计、施工需要。

隧道设计和施工阶段勘察的调查基本要求如下：

(1) 初测。

时期：从研究比较线路到决定隧道线路。

目的：获取可行性研究选线所需的地形、地质及其他环境条件的资料，并为下一阶段调查提供基础资料；为判断隧道工程能否采用掘进机法施工提供必要的依据。

内容：地形、地质、环境、障碍物调查，大件设备运输条件调查等，一般根据既有资料进行现场踏勘。

范围：包括比较线路在内的范围。

(2) 定测。

时期：从决定隧道线路后到施工前。

目的：获取初步设计、施工计划概算等所需资料；为掘进机选型提供地质参数。

内容：地形、地质、环境、障碍物的详细调查，包括各项措施、施工设备、弃渣场等具体内容。

范围：与隧道有关的地点及周围地区。

(3) 施工中调查。

时期：施工期内。

目的：预测和确认施工中产生的问题，变更设计、施工管理等。

内容：地形、地质、环境等调查，洞内测量、开挖工作面观察，预计对施工的影响并制定措施等。

范围：隧道内及受施工影响的范围。

2. *勘察方法*

公路隧道勘察以查明隧道工程地质和水文地质条件为目标，勘察方法主要有遥感图像地质解译、工程地质调绘、工程勘探、地质测试等。

(1) 工程地质勘察方法。

① 遥感图像地质解译。遥感图像地质解译是通过多种手段和方法，对遥感图像地质信息识别、分析、判断，达到识别地区或场地地质条件的过程。利用遥感图像信息丰富的特点，从遥感图像上判释、解译出公路沿线区域的地层、岩性、地质构造、不良地质等主要工程地质条件，形成遥感工程地质判释成果，指导地面地质调绘。

② 工程地质调绘。工程地质调绘是指采用收集资料、遥感解译、地质调查访问等手段，对地貌形态、地层岩性及其工程特征、地质构造、水文地质情况、不良地质现象、特殊岩土等工程地质要素进行调查、测绘，以分析地质现象，确定勘探方法，认识、评价场地工程地质条件的基本工作方法。工程地质调绘是最基本、全局性的工作，是对各种地质信息进行综合分析的纽带和基础，贯穿于整个勘察阶段的全过程。

③ 工程勘探。工程勘探是指通过人工、机械或仪器来揭示地层层序、岩土工程特征，认识地表以下地层的手段，包括物探、简易勘探和钻探。物探具有方法多、勘探深度大、易于大面积施测的特点，合理应用物探能提高地质勘探宏观控制水平，减少钻孔布置的盲目性，为工程设计直接提供所需的各种地质参数。钻探是最直观、最可靠的方法之一，用于查明基础地质条件，验证地质调绘以及其他勘探手段的推断与解释；进行水文地质试验，获得土工试样；进行物探测井，取得工程地质、水文地质参数。

④ 地质测试。地质测试是为工程设计或施工检验提供地质参数，进行岩、土、水样的室内实验以及在地层原始状态下测试物理力学性质和水文地质条件的手段的统称。原位测试是一种在现场对地基岩土直接进行多种参数测定的综合方法，优点是：在工程场地进行测试，无须采样，试样体积比室内实验样品大，能反映宏观结构对岩土体性质的影响。其缺点是：难以控制测试中的边界条件。土工实验是通过野外取样，并按工程设计和施工需要的化学、物理力学等指标对试样进行实验，是钻探、原位测试、物探鉴别土名和取得实验参数的主要依据。

(2) 综合勘探技术。综合勘探是在研究、分析区域地质条件的基础上，采用遥感图像地质解译、调绘、物探、钻探、原位测试、室内实验等多种工程地质勘察手段进行勘察的方法。其目的是使取得的地质资料互相验证、取长补短、综合分析，以最小的勘探工作量达到最佳勘察效果。

3. 勘察内容

隧道勘察应根据不同阶段任务、目的和要求，针对隧道工程的特点，开展调查、测绘、勘探和实验等工作，并编制勘察报告，做到搜集资料齐全、准确，满足设计要求。

1) 隧道工程外部环境条件调查

(1) 自然地理状况调查。自然地理状况主要指公路隧道所在地区的地形、地貌、气象、水文、用地、灾害及区域性地质等，目的是为规划线路与隧道的关系及进行勘察工作提供条件，一般通过收集当地既有资料的方式进行。

① 地形资料。地形资料指地形图。在一般情况下，应从国家测绘系统收集到1/50000~1/25000及1/5000~1/1000两种比例尺的地形图，前者主要用于线路规划，后者主要用于隧道方案的比选。地形资料是进行线路选择、隧道方案、用地以及自然环境、地质判断的

基本资料。

② 地质资料。地质资料指地质图和说明书。一般应从地质部门收集 1/200000～1/50000 比例尺的地质图。

③ 工程资料。在隧道附近的土建工程往往可以提供不少资料，如道路边坡的岩石露头和其他土木工程所记录的工程地质与水文地质资料。这些资料可以从施工记录和工程报告总结等文件中得到。

④ 气象资料。气象资料包括气温、气压、降水、水温、地温等，可由气象台站和各种资料期刊、汇编、年鉴等处获得。

⑤ 用地及环境资料。用地包括工程用地和施工用地，一旦确定了需要的范围后，就应调查在该范围内是否有既有建筑，包括居民住宅、通信设施、排水设施、交通设施等，必须和有关部门处理协商好相关事宜。环境资料包括自然环境文物古迹、自然保护区、居民环境等，一定要按照国家相关政策加以对待，否则将对隧道工程造成负面影响，甚至形成旷日持久的社会矛盾。

⑥ 灾害资料。隧道所在地区历史上的暴雨、台风、地震、滑坡等发生的规模、频度，可通过查阅资料、地方志和对居民访问等方法获得。将收集到的资料进行汇总和分析，研究其对隧道规划设计、施工与维护管理的影响，并为进一步的调查提供依据。

（2）地质调查。隧道是一种特殊的土木工程，它的最大特点是，自始至终与地质有着密不可分的关系。因此彻底弄清地质情况对于隧道施工的顺利进行及结构的合理设计有着极其重要的作用。

地质调查内容包括以下方面：

① 工程地质特征。工程地质特征指地质构造及地层、岩性的状况，着重查清地质构造变动的性质、类型、规模、断层、节理、软弱结构面特征及其与隧道的组合关系，围岩的基本物理力学性质等。

② 水文地质特征。水文地质特征指地下水类型，含水层的分布范围、水量、补给关系、水质及其对混凝土的侵蚀性等。

③ 不良地质和特殊地质现象。不良地质和特殊地质现象如崩塌、岩堆、滑坡、岩溶、泥石流、湿陷性黄土、盐渍土、盐岩、多年冻土、雪崩、冰川等，查明其发生的原因及其类型和规模，根据其发展的趋势，判明其对隧道的影响程度。

④ 地震烈度。按中国地震烈度区划图的规定，划分隧道经过地区的地震烈度，必要时应经地震部门鉴定。在地震烈度大于等于 7 级的地震区，搜集调查断裂构造时，应特别注意全新活动断裂和发震断裂。全新活动断裂指在近代地质时期内(约 1 万年)有过较强烈的地震活动，或在近期正在活动，在将来(今后 100 年)可能继续活动的断层。

⑤ 有害气体和放射性物质。当测区存在这类物质时，应按劳动保护、环境保护的相关条例查明含量，预测释放程度，当可能超出规定的容许值时，须采取必要的防护措施。

地质调查具体按以下阶段进行：

① 地形与地质的初步调查。地形地质初步调查应由有经验的地质工程师以现场踏勘的方式进行，主要由具有相应资格的地质部门进行。调查应查明陡壁、滑坡、崩塌、断层、破碎带、地下水以及其他地质特征。踏勘时结合文献资料和露头情况查明地质概况。调查

的范围取决于隧道的规模，一般可在线路中线两侧各500~2000m的范围内进行。调查时可以使用1/25000~1/10000的地形图。

通过调查应掌握所在地区的地形地质的全貌。调查的实际情况应随时标记在地形图上和记入野外记录本中。调查完毕后进行归纳整理和分析研究，写出调查报告书，并附上调查线路图、地质平面图和地质剖面图。

② 地质详查。在初步调查的基础上，进一步用钻探和物探等方法做地质详查。在完成地形地质等的初步调查之后，一般可以大致决定出隧道的初步走向，但对于隧道结构设计与施工，这些资料的完善程度是远不够的，还需要做进一步的地质详查。详查的项目有岩性、地质构造、地下水状态以及地下资源等。岩性调查包括岩石的种类和岩石特征、松散堆积物、岩石的物理和力学性质、风化以及变质情况等。地质构造包括地层、褶皱、断层与破碎带、节理及围岩结构完整状态。地下水状态包括地下水的发育程度、水质、地层含水层与隔水层的分布、水的补给来源等。地下资源包括矿物资源、天然气、温泉、地热等。对上述事项应逐个研究和说明，着重考虑对隧道的设计与施工的影响，而不必做理论上的详细讨论。详查一般按踏勘、物探、钻探等手段进行。为了克服主观性以增加客观性，可采取多种比较和综合的方法。调查在中线两侧各200~500m和洞口外延长线上100m范围内进行。通常使用1/5000~1/1000比例的地质图。

目前在我国，地质详查手段仍以传统的钻探方法为主。钻探的设备种类有很多，其中以合金钻性能最好，可探测地层内部很大深度处的情况，并可取得较佳岩心，岩心回收率也较高，即使小孔也能取得岩心。钻孔壁光滑平整，能钻探坚硬岩石，钻机本身也轻便和易于转移，成本也比较低。此外还有简易钻探法，如螺旋钻、冲击钻等。

在物理探测方面最常用的有电阻法与弹性波法，这两种方法均可用来探测土与石的分界，前者是根据各种物质中电阻的不同，而后者是根据波速(纵波)的不同，以判断物质的属性。它们是测定断层、软弱带、地质构造的好方法，但应与钻探配合并对照。此外，电阻法在土质隧道中可在一定范围内探明砂砾层(含水层)，还可以在钻孔内对透水层的分布以及地下各含水层情况给出明确的结果。

地下水可使岩质软化，使软岩山体松弛，并使其强度降低，促使围岩中软弱夹层泥化，减少层间阻力，导致岩体滑动；还可使某些岩类溶解和膨胀，使山体出现附加压力。因此，弄清楚地下水的发育状况对隧道工程至关重要。

③ 地质勘测应提供的资料。

a. 概述：调查的场所、范围、内容、方法，并说明调查时间及参加人员。

b. 地形地质说明：阐述地形概况、区域地质概况、气象、环境、隧道走向等勘测的具体内容；着重说明围岩生成的地质时代、岩相、风化及变质情况、物理力学性质及对工程的影响；地层分布，成层状态、槽曲、断层、破碎带、层理、片理、节理等及其对工程的影响。

c. 应交付的图纸，主要包括：线路地形图(比例1/2000~1/5000)，沿隧道全长绘制，标明线路走向及里程；洞口附近地形图(比例1/500)，在可能的洞口位置附近一定范围内绘制，沿线路中线每侧各100m的范围进行，用以确定洞口位置；地质平面图，用地质符号在地形平面图上反映地质的分布情况，可以结合地形图一起表示；地质纵断面图(比例

1/500~1/2000)，沿隧道中线纵断面绘制，反映围岩种类、地质构造、岩性、产状、涌水等，标明隧道线路标高、里程等；洞口附近地质纵断面图(比例1/200)以及洞口附近地质横断面图若干，用于进一步正确地选择洞口位置及反映洞口的工程情况。

d. 说明隧道选线、设计及施工时应注意的问题及对进一步调查的建议。

(3) 环境调查。通过对施工场地、生态环境的调查，评价隧道修建和营运交通对周边环境的影响程度，提出必要的环境保护措施。

① 自然环境调查。调查动物、植物的生态状况，包括种类、密度、分布、季节性变化等。调查地表水、地下水状况。

② 地物调查。调查土地利用状况，包括土地的用途、面积范围等。调查文物古迹、风景区等。调查已有构建物，包括通信设施、民房、地下管网(主要指城市交通隧道)等。

③ 生活环境调查。在工程中和完工后出现的废气、噪声、振动、地表下沉等，是对居住环境、自然资源和已有地物影响的主要问题。

(4) 气象调查。在隧道选线时，应充分考虑当地的气象条件，因为气象条件会直接影响隧道选线、结构设计、洞外场地布置、设施安排、进度计划与施工管理。例如洞口附近的崩塌、洪水、阵风、风吹雪、雪崩、路面冻结、挂冰、雾、洞外亮度、海岸或山顶的阵风等对汽车的安全行驶有一定的影响。

气象调查一般有下列内容：

① 降雨：年降雨量、月平均降雨量、日最大降雨量、小时最大降雨量。

② 降雪：最大降雪日、最大积雪量、积雪期、最大日降雪量、雪密度、雪温。

③ 气温、地温：年平均气温、绝对最高(最低)气温、日温差；冻结期、冻结深度、多年冻土深度、水温。

④ 风向、风速：频率分布(年间、月间、日间)。

⑤ 雾：发生日数(频度、滞留时间及其能见度)。

⑥ 雪崩、风吹雪：场所、规模、频度、时期、种类。

⑦ 洪水：洪水量、水位、时期。

2）隧道工程地质调绘

隧道工程地质调绘主要包含以下内容：

(1) 工程地质条件。地层、岩性及地质构造特征，重点查明地层岩性分布，地质构造性质、类型、规模，断层、节理、软弱结构面特征及其与隧道的组合关系，以及围岩的基本物理力学性质等。

(2) 水文地质条件。地表水水系和井泉分布；地下水类型及地下水位，含水层的分布范围及相应的渗透系数、水量、水压、水温和补给关系，水质及其对混凝土的侵蚀性，有无异常涌水突水等；濒临水库地区的隧道位于水库规划水位以下时，评价其与水库的水力联系。

(3) 不良地质条件。影响隧道洞口安全或洞身稳定的崩塌、错落、岩堆、滑坡、岩溶、人为坑洞、泥石流、雪崩、冰川等不良地质现象和偏压等地质问题，分析其类型和规模及发生原因、发展趋势，判明对隧道影响的程度。

(4) 特殊岩土。隧址区特殊岩土成因、范围及岩土力学特性对隧道的影响程度，评价隧道可能发生的地质灾害，特别是对洞口及边仰坡的影响，提出工程措施意见。

（5）有害气体等。查明有害气体、矿体及具有放射性危害的地层，确定分布范围、成分和含量。

（6）地应力水平。重点查明高地应力可能引起的大变形、岩爆分布范围及影响程度。

（7）地震动参数。通过地震动峰值加速度0.1g及以上的地区时，应调查历史地震对既有建筑物的受损情况、自然破坏现象等，结合岩性、构造、水文地质等条件，确定地震动参数，分析评价其对隧道洞身稳定性和洞口斜坡稳定性的影响。

3）隧道工程勘探和地质测试

隧道工程地质勘探和地质测试应符合以下规定：

（1）钻孔位置和数量应视地质复杂程度而定。洞门附近覆土较厚时，应布置勘探孔；地质复杂，长度大于1000m的隧道，洞身应按不同地貌及地质单元，合理布置勘探孔，查明地质条件；主要的地质界线、重要的不良地质、特殊岩土地段等处应由钻孔控制；洞身地段的钻孔位置宜布置在隧道中线外8~10m。

（2）钻探深度应至隧底以下3~5m；遇溶洞、暗河及其他不良地质时，应适当加深至溶洞、暗河底及不良地质体以下5m。

（3）埋深小于100m的较浅隧道或洞身段沟谷较发育的隧道，勘探点间距不宜大于500m；埋深较大隧道勘探点的布置应根据地质调查及物探成果专门研究确定。

（4）区域性断层和重大物探异常点应布设控制性勘探点。

（5）钻探中应做好水位观测和记录，探明含水层的位置和厚度，并取样做水质分析。水文地质条件复杂的隧道，应做水文地质实验，测定岩土的渗透性，计算涌水量，必要时应进行地下水动态观测，并测定地下水的流向、流速。

（6）取代表性岩土试样进行物理力学性质实验。

（7）对有害矿体和气体，应取样进行定性、定量分析。

4）隧道施工阶段地质勘察

隧道施工阶段地质勘察宜采用开挖面地质素描、物探、超前钻孔、孔内摄像、导坑等综合超前地质预报方法，主要完成以下内容：

（1）核定围岩的岩性、结构、构造、地下水及围岩级别等情况，为验证或修改设计提供依据。

（2）及时预测和解决施工中遇到的工程地质及水文地质问题。

（3）开挖揭示地质条件与设计图差别较大时，应进行必要的洞内外补勘工作。

2.2　公路隧道超前地质预报

2.2.1　公路隧道超前地质预报技术分类

公路隧道超前地质预报的分类有多种，如按照预报办法手段、预报距离、预报的空间位置等。

(1) 按照预报办法手段分类，可分为地球物理探测法、地质预报法和超前钻探法。其中，地球物理探测法主要包括高密度电法、地质雷达法和地震反射波法；地质预报法主要包括掌子面的地质调查分析和地面地质调查工作等；超前水平钻探法主要包括超前导坑法、钻速测试法等。

(2) 按照预报的距离分类，可分为短距离预报、中长距离预报和长距离预报；其中，短距离预报主要包括隧道红外探测法、掌子面地质调查、地质雷达法、超前钻探法；中长距离预报主要是地震反射波法；长距离隧道预报主要包括高密度电法和地面地质调查法。

(3) 按照预报的空间位置分类，可分为洞内预报和洞外预报。其中，洞外预报主要包括地面地质调查和高密度电法等；洞内地质预报的主要方法有地质雷达探测、掌子面地质调查、超前水平钻探等。

2.2.2 隧道超前地质预报技术

公路隧道超前地质预报的方法有很多种，接下来主要介绍公路隧道超前地质预报常用的几种：地质调查法、超前钻探法、物探法、超前导坑预报法、地震反射波超前地质预报技术。

1. 地质调查法

地质调查法是根据隧道已有勘察资料、地表补充地质调查资料和隧道内地质素描，通过地层层序对比、地层分界线及构造线地下和地表相关性分析、断层要素与隧道几何参数的相关性分析、邻近隧道内不良地质体的可能前兆分析等，利用常规地质理论、地质作图和趋势分析等，推测开挖工作面前方可能揭示的地质情况的一种超前地质预报方法。

地质调查法是隧道超前地质预报中最早使用的方法，具有不占用开挖工作面施工时间、不干扰施工、设备简单、操作方便、提交资料及时，可随时掌握隧道开挖工作面的地层、岩性、地质构造、地下水等地质条件的变化等优点。这种方法在隧道埋深较浅、构造不太复杂的情况下有很高的准确性。

地质调查法包括隧道地表补充地质调查和隧道内地质素描：

(1) 隧道地表补充地质调查是在研究区域地质及已有勘察资料的基础上，对隧道所处区域的地质条件进行的进一步调查与核实，贯穿于整个施工期间。当施工中遇到重大地质异常时，为了进行地下与地面对照，也需要进行地表补充地质调查。

(2) 隧道内地质素描是将隧道所揭露的地层岩性、地质构造、结构面产状、地下水出露点位置及出水状态，以及出水量、煤层、溶洞等准确记录下来并绘制成图表，包括开挖面地质素描和洞身地质素描。

2. 超前钻探法

超前钻探是在隧道开挖面或其侧洞沿开挖前进方向施作超前地质钻孔，以探明开挖工作面前方地质条件。超前钻探包括超前地质钻探和加深炮孔探测两种：超前地质钻探是利用钻机在隧道开挖工作面进行钻探获取地质信息的一种超前地质预报方法；加深炮孔探测是利用风钻或凿岩台车等在隧道内开挖工作面钻小孔径浅孔获取地质信息的一种方法。

(1) 超前地质钻探适用于各种地质条件下的隧道超前地质预报，富水软弱断层破碎带、富水岩溶发育区、煤层瓦斯发育区、重大物探异常区等地质条件复杂地段必须采用。该方法能比较直观地探明钻孔所经过部位的地层岩性、岩体完整程度、岩溶及地下水发育情况等，必要时应测试水压、取样、进行室内实验，且对煤系地层可进行孔内煤与瓦斯参数测定。与物探方法相比，它具有直观性、客观性，不存在物探手段经常发生的多解性、不确定性。超前钻探虽直观，但也有费用高、速度慢、占用隧道施工时间长等缺点，并有“一孔之见”的不足，对断层等面状构造一般不会漏报，但是对溶洞有漏报的可能。

（2）加深炮孔探测适用于各种地质条件下隧道的地质超前探测，尤其适用于岩溶发育地区。该方法是地质超前钻探的一种重要补充，因其数量多，在岩溶发育区大大增加揭示溶洞的概率，效果非常明显。与地质超前钻探相比，具有设备移动灵活、操作方便、费用低、占用隧道施工时间短等特点，可与爆破孔同时施作。但是也存在钻孔浅，且不能取岩心的缺点。

3. 物探法

物理勘探法（简称物探法）是利用物理学的原理、方法和专门的仪器，观测并综合分析天然或人工地球物理场的分布特性，探测地质体或地质构造形态的勘探方法。根据所采用的原理分类，常用的物探技术原理主要包括弹性波反射法、电磁波反射法、高分辨直流电法和红外探测法等。

在隧道工程超前地质预报中应用的主要物探技术的基本原理及代表性方法如下。

（1）弹性波反射法。

① 基本原理：利用人工激发的地震波、声波在不均匀地质体中所产生的反射波特性来预报隧道开挖工作面前方地质情况，包括地震波反射法、水平声波剖面法、负视速度法和极小偏移距高频反射连续剖面法等。

② 代表性方法：TSP 法、TRT 法、HSP 法、陆地声呐法、跨孔声波 CT 成像法、负视速度法等。

（2）电磁波反射法。

① 基本原理：利用电磁波在隧道开挖工作面前方岩体中的传播及反射，根据传播速度和反射脉冲波走时进行超前地质预报。

② 代表性方法：地质雷达法。

（3）高分辨直流电法。

① 基本原理：以岩石的电性差异（电阻率差异）为基础，电流通过布置在隧道内的供电电极在围岩中建立起全空间稳定电场，通过研究电场或电磁场的分布规律来预报开挖工作面前方储水、导水构造分布和发育情况

② 代表性方法：瞬变电磁法。

（4）红外探测法。

① 基本原理：通过接收地质体的红外辐射强度，根据红外辐射场强的变化来判断开挖面前方、洞壁四周或隧底是否存在隐伏的含水构造。

② 代表性方法：红外探水法。

4. 超前导坑预报法

超前导坑预报法是以超前导坑中揭示的地质情况，通过地质理论和作图法预报正洞地质条件的方法。超前导坑法可分为平行超前导坑法和正洞超前导坑法。平行超前导坑法是

在隧道正洞左边或右边一定距离开挖一个平行的断面较小的导坑，以导坑中的地质情况通过地质理论和作图法预报正洞地质条件的方法；正洞超前导坑法是在隧道正洞某个部位开挖一个断面较小的导坑以探明地质情况的方法。线间距较小的两座隧道可互为平行导坑，以先行开挖的隧道预报后开挖的隧道地质条件。

超前导坑预报法适用于各种地质情况，但因为费用高、工期长，通常只在隧道长、埋深大、地质条件复杂且设计有超前导坑(施工期间增加工作面加快施工速度、施工和运营期间作为通风及防灾救援通道等)的环境下使用。为探测前方地质条件而专门进行超前探洞施工的情况在实际工程中很少见。

5. 地震反射波超前地质预报技术

地震反射波超前地质预报技术 TSP(Tunnel Seismic Prediction)是一种在地震反射波基础上改进的地震反射波法，其观测系统采用的是空间的布置方法，接收和激发系统布置在隧道两侧的围岩中。其中，地震波先由小规模的爆破或电火花产生，并由地震检波器接收，从而进行判别和过滤除掉侧面、上下地层的地震回波，比较精准地获得掌子面前方围岩的清晰图像。地震波传播过程中遇到围岩的岩石强度变化较大时(特别是围岩等级变化、破碎地层、软弱夹层、煤层及特殊岩土的出现)的波阻抗界面，部分的地震波被散射回来。散射信号的传播时间与散射界面的距离成正比。因此，在获得精准的围岩波速的前提下，能够成为地质位置的直接的策略方法。目前，基于 TSP 技术原理在实际工程中得到较多应用的设备有瑞士 TSP203+、国产设备 TGP206 等。

2.3 围岩概述

2.3.1 围岩概念

所谓围岩，是指隧道开挖后其周围产生应力重分布范围内的岩体，或指隧道开挖后对其稳定性产生影响的那部分岩体(这里所指的岩体是土体与岩体的总称)。围岩的稳定性则是指坑道开挖后围岩自身在不支护条件下的稳定程度。

隧道结构位于地层之中，结构体系由地层和支护结构所组成，因此隧道结构所呈现的特点和地层的地质性状密切相关，这被称为隧道工程地质环境。隧道工程所赋存的地质环境的内涵很广，包括工程地质、水文地质、区域地质构造、地层岩性等。隧道工程的一切活动，包括隧道的开挖方法、支护形式、衬砌结构类型、隧道位置、施工管理及能否顺利建成、工期长短、投资多少以及使用中是否会出现问题等，都与隧道所在区域的地质环境息息相关。特别是地层被开挖形成隧道后的稳定程度，是隧道工作者最关心的问题之一。有些隧道在开挖期间产生大规模坍方，造成施工困难，甚至使工程报废。有些隧道在运营期间出现洞体开裂破坏，严重影响行车安全，需要采取复杂的治理措施。产生这些问题，除了施工方法不当、工程措施不力原因之外，往往是由地质环境因素造成的。因此，进行隧道工程建设，要从了解和认识隧道工程地质环境入手，研究围岩的工程性质，分析影响围岩稳定性的因素，进而针对不同稳定性的围岩，采取合理有力的工程措施，保证隧道围岩在施工和运营期间的稳定与安全。

从力学分析的角度来看，围岩的边界应划在因开挖隧道而引起的应力变化可以忽略不计的地方，或者说在围岩的边界上因开挖隧道而产生的位移应该为零，这个范围在横断面上一般为6~10倍的洞径。当然，若从区域地质构造的观点来研究围岩，则其范围要比上述数字大得多。

在地层中开挖隧道，需要将地层岩土体划分为三个部分：第一部分是坑道范围内将被挖除的岩土体，第二部分是围岩，第三部分是围岩以外的原状岩土体。

对于坑道范围内要被挖除的那部分岩土体，主要研究其挖除的难易程度和开挖方式。对于围岩，主要研究其稳定能力、稳定影响因素，以及为保持围岩稳定所需要的支护、加固措施等。比较之下，围岩是否稳定比坑道范围内的岩体是否易于挖除更为重要。对于围岩以外的原状岩土体，因其与隧道工程无直接关系，一般不予研究，但当其与隧道工程有地质关联时，也应做相应研究。

2.3.2　围岩岩性与初始应力

1. 围岩岩性

公路隧道工程围岩是指地壳中受开挖活动影响的那一部分岩土体，这个范围在横断面上为6~10倍的洞径。围岩的工程性质一般包括三个方面：物理性质、水理性质和力学性质。而对围岩稳定性最有影响的是力学性质，即围岩抵抗变形和破坏的性能。围岩既可以是岩体，也可以是土体。接下来主要讲述围岩的力学性质。

岩体是在漫长的地质历史中形成的地质体，被许许多多不同方向、不同规模的断层面、层理面、节理面和裂隙面等地质界面切割为大小不等、形状各异的各种块体。这些地质界面称为结构面或不连续面，这些块体称为结构体，岩体可以看作由结构面和结构体组合而成的具有结构特征的地质体。因此，岩体的力学性质主要取决于岩体的结构特征、结构体岩石的特性及结构面的特性。环境因素，尤其是地下水和地应力对岩体的力学性质影响也很大。

在软弱围岩中，节理和裂隙比较发育，岩体被切割破碎，结构面对岩体的变形和破坏都不起主导作用，所以岩体的特性与结构体岩石的特性并无本质区别，在完整而连续的岩体中亦是如此。反之，在坚硬的块状岩体中，由于受软弱结构面切割，块体之间的联系减弱，此时，岩体的力学性质主要为结构面的性质及其在空间的组合所控制。

由此可见，岩体的力学性质必然是诸因素综合作用的结果。

岩体与岩石相比，两者有着很大的区别：与工程总体尺度相比，岩石几乎可以被认为是均质、连续和各向同性的介质；而岩体则具有明显的非均质性、不连续性和各向异性。岩体抗拉变形能力差，因此，岩体受拉后很容易沿结构面发生断裂。

岩体受力产生的变形都不是瞬时完成的，而是随着时间的推移不断增长的。岩体变形的这种时间效应，我们称之为岩体的流变特性。它包括两个方面：一种是指作用的应力不变，而应变随时间增长，称为蠕变；另一种则是作用的应变不变，而应力随时间衰减，称为松弛。

岩体和岩石的变形、破坏机理是不相同的，前者主要受宏观的结构面控制，而后者则受岩石的微裂隙制约。因此，岩体的强度要比岩石的强度低得多，并具有明显的各向异性。只有当岩体中结构面的规模较小、结合力很强时，岩体的强度才能与岩石的强度相接近。在一般情况下，岩体的抗压强度只有岩石的70%~80%，对于结构面发育的岩体，此比例仅有5%~10%。

岩体力学性质，除了受结构体岩石和结构面控制外，还有一个重要因素，就是岩体的构造特征。不同块度、形状、产状的结构体构成了各种岩体结构类型。人们根据它们对岩体力学性质和围岩稳定性的影响，将岩体划分为4种结构类型：整体结构、层状结构、碎裂结构和散体结构。

整体结构岩体的变形主要是结构体的变形；块状和层状结构岩体的变形主要是结构面的变形，岩体的破坏则是沿软弱结构面滑动；碎裂和散体结构岩体的变形，开始是将裂隙或孔隙压密，随后是结构体变形，并伴随有结构面张开，破坏形式主要为剪切破裂和塑性变形。

公路隧道工程围岩变形、破坏大致有以下5种情况：

(1) 脆性破裂。整体状和块状结构岩体，岩性坚硬，在一般工程开挖条件下表现稳定，仅产生局部掉块。但在高应力区，洞周应力集中可引起“岩爆”，岩石成碎片射出并发出破裂响声，属于脆性破裂。

(2) 块状运动。当块状或层状岩体受明显的少数软弱结构面切割而形成块体或数量有限的块体时，由于块体间的联系很弱，在自重作用下，块体有向临空面运动的趋势，逐渐形成块体塌落、滑动、转动、倾倒以及块体挤出等失稳破坏性态。块体挤出是块体受到周围岩体传来的应力作用的结果。

(3) 弯曲折断。层状岩体尤其是有软弱夹层的互层岩体，由于层间结合力差，易于错动，所以抗弯能力较低。洞顶岩体受重力作用易产生下沉弯曲，进而张裂、折断形成塌落体。边墙岩体在侧向水平力作用下弯曲变形而鼓出，也将对支护结构产生压力，严重时可使支护结构折断而塌落。

(4) 松动解脱。碎裂结构岩体基本上是由碎块组合而成的，在张拉力、单轴压力、振动力作用下容易松动，溃散(解脱)而成碎块脱落，一般在洞顶表现为坍塌，在边墙则为滑塌、坍塌。

(5) 塑性变形和剪切破坏。散体结构岩体或碎裂结构岩体，若其中含有较多的软弱结构面，则开挖后由于围岩应力的作用，将产生塑性变形或剪切破坏，往往表现为塌方、边墙挤入、底鼓及洞径缩小等，而且变形的时间效应比较明显。有些含蒙脱石或硬石膏等矿物的膨胀性岩体或结构面，遇水膨胀并向洞内挤入，也属于塑性变形性质。

2. 围岩的初始应力

围岩的初始应力场，是指在天然状态下存在于岩体内部的应力场，处于相对稳定和平衡状态。洞室开挖使得围岩在开挖边界处解除了约束，失去平衡，此时洞室周边的应力变为零，引起洞室周边围岩变形，产生应力重分布，形成新的应力场，称为围岩二次应力场。施作支护结构之后，支护和围岩共同变形而达到某种平衡，这时围岩的应力场称为三次应力场。

围岩的初始应力场包括自重应力场和构造应力场两部分。

(1) 岩体自重应力场。岩体自重应力场的计算，大都是建立在假定岩体均匀连续基础之上的。

在以自重应力场为主的岩体中，设在距地表深度为 H 处取一单元体，如图 2.1 所示，岩体自重在地下深为 H 处产生的垂直应力 σ_z 的计算公式见式(2.1)，即为单元体上覆岩体的质量。

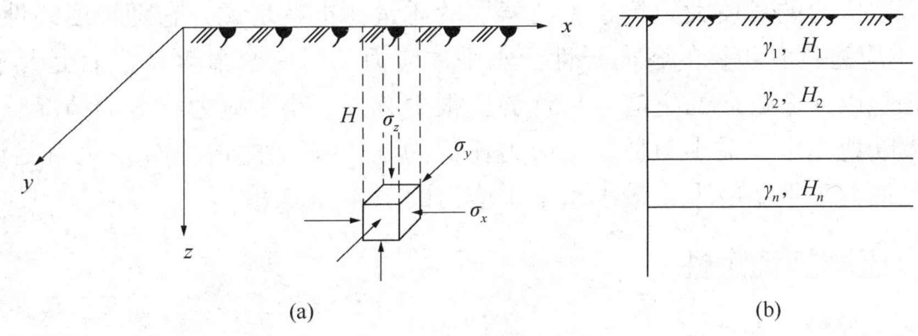

图 2.1　岩体自重应力场

$$\sigma_z = \gamma H \tag{2.1}$$

式中，γ 为上覆岩体的平均重度，kN/m^3；H 为岩体单元的深度，m。

当上覆岩体为多层不同的岩体时，则 σ_z^0 的计算公式见式(2.2)。

$$\sigma_z^0 = \gamma_1 H_1 + \gamma_2 H_2 + \cdots + \gamma_n H_n = \sum_{i=1}^{n} \gamma_i H_i \tag{2.2}$$

式中，γ_i 为第 i 层岩体的容重；H_i 为第 i 层岩体的厚度。

(2) 岩体的构造应力场。天然的地下岩体，经历过长期而多次的地壳运动，受到了相当大的外力作用。例如，向斜和背斜等褶曲构造是在相当大的水平压力作用下，岩层产生大的塑性变形，失去稳定后形成的。这种构造运动的作用，使得岩体内积存了一定的应力，我们称它为构造应力。当岩体再次受到新的破坏性扰动时，构造应力可能一部分或全部地释放出来；或者由于岩体的流变性质，在相当长的时间内，也会部分地把积存的能量释放出来。这时，构造应力就指残余应力而言。

地质力学把构造体系和构造形式在形成过程中的应力状态称为构造应力场，它是动态的；并且由于形成构造应力场的原因非常复杂，它在空间中的分布极不均匀，而且随着时间的推移还不断发生变化，属于非稳定的应力场。

由于地壳运动历时长久，情况错综复杂，岩体的构造应力目前还不能以数学、力学的方法进行分析计算，而只能采取现场应力量测的方法来求得。在工程中常常将现场量测的结果作为工程设计的依据。

岩体的构造应力往往与埋深密切相关，它随着深度的增加而增加。一般来讲，构造应力的水平应力大于垂直应力。在埋深较浅而又比较破碎的岩体中，由于构造变动引起的剥蚀作用使构造应力释放殆尽，地应力一般以自重应力场为主。当然，在那些从未遭到过较大构造运动的沉积岩体中，也可能是自重应力占主要地位。在坚硬脆性的岩体中，往往会积聚大量的能量，从而形成很高的内应力，这是深埋地下工程开挖过程中产生岩爆现象的主要原因。

我国大陆初始应力场(包括自重应力场和构造应力场)的变化规律大致可以归纳为如下几点：

① 垂直应力的量值随深度增加而增大，而且水平应力普遍大于垂直应力。实测资料表明，在深度不大时(<500m)，虽然一个主应力方向不总是垂直的，但一般来说，与铅直方向的偏斜不超过30°。因此，基本上可以认为一个主应力是垂直的，另外两个主应力方向是水平的。垂直主应力的量值大致等于上覆岩层的质量，也就是说，它随深度线性增加。

② 水平主应力具有明显的各向异性。水平主应力的另一个显著特点就是具有很强的方向性，一般总是以一个方向的主应力占优势，很少有大、小主应力相等的情况。

在我国大陆地壳中，最小与最大主应力比值为0.3~0.7的占70%。也就是说，在我国大部分地区，最大水平主应力为最小水平主应力的1.4~3.3倍。

2.3.3 围岩的稳定性

1. 研究围岩稳定性的意义

隧道开挖后围岩的稳定程度称为隧道围岩的稳定性，这是一个反映地质环境的综合指标。公路隧道工程所赋存的地质环境的内涵很广，包括地层特征、地下水状况、围岩的初始应力状态以及地温梯度等。但对隧道工程来说，人们最关心的问题则是隧道开挖后围岩的稳定程度。因此，研究隧道工程地质环境问题，归根结底就是研究隧道围岩的稳定性问题。

2. 影响围岩稳定性的因素

影响围岩稳定性的因素有很多，就其性质来说，基本上可以归纳为两大类：第一类是属于地质环境方面的自然因素，是客观存在的，它们决定了隧道围岩的质量；第二类则属于施工因素，如隧道的形状、尺寸、施工方法、支护措施等，它们虽然不能决定围岩质量的好坏，却能给围岩的质量和稳定性带来不可忽视的影响。

(1) 自然因素的影响。开挖隧道时围岩的稳定程度是岩体力学性质的一种表现形式。因此，影响围岩稳定性的地质因素可归纳为岩体结构特征、结构面性质和空间组合、岩石的力学性质、围岩的初始应力场和地下水状况。

① 岩体结构特征。岩体结构特征是长时间地质构造运动的产物，是控制岩体破坏形态的关键。从稳定性分类的角度来看，岩体结构特征可以简单地用岩体的破碎程度或完整性来表示。在某种程度上，它反映了岩体受地质构造作用严重的程度。实践证明，围岩的破碎程度对坑道的稳定与否起主导作用，在相同岩性的条件下，岩体越破碎，坑道就越容易失稳。

岩体的破碎程度或完整状态是指构成岩体的岩块大小，以及这些岩块的组合排列形态。岩块的大小通常用裂隙的密集程度，如裂隙率、裂隙间距等指标表示。所谓裂隙率就是指沿裂隙法线方向单位长度内的裂隙数目，裂隙间距则是指沿裂隙法线方向上裂隙间的距离。在分类中常将裂隙间距大于1.0~1.5m的岩体视为整体的，而将裂隙间距小于0.2m的岩体视为碎块状的。当然，这些数字都是相对的，仅适用于跨度在5~15m范围内的地下工程。

② 结构面性质和空间的组合。在块状或层状结构的岩体中，控制岩体破坏的主要因素是软弱结构面的性质，以及它们的空间组合状态。对于隧道工程来说，围岩中存在单一的

软弱面，一般并不会影响坑道的稳定性。只有当结构面与隧道轴线相互关系不利时，或者出现两组或两组以上的结构面时，才能构成容易坠落的分离岩块。例如，有两组平行但倾向相反的结构面和一组与之垂直或斜交的陡倾结构面，就可能构成屋脊形分离岩块。至于分离岩块是否会塌落或滑动，还与结构面的抗剪强度以及岩块之间的相互联锁作用有关。因此，可以从下述5个方面来研究结构面对隧道围岩稳定性影响的大小：

a. 结构面的成因及其发展史，例如，次生的破坏夹层比原生的软弱夹层的力学性质差得多，如果再发生次生泥化作用，则性质更差。

b. 结构面的平整、光滑程度。

c. 结构面的物质组成及其充填物质情况。

d. 结构面的规模与方向性。

e. 结构面的密度与组数。

③ 岩石的力学性质。在整体结构的岩体中，控制围岩稳定性的主要因素是岩石的力学性质，尤其是岩石的强度。一般来说，岩石强度越高，坑道越稳定。在围岩分级中所说的岩石强度指标，都是指岩石的单轴饱和极限抗压强度。这种强度的实验方法简便，数据离散性小，而且与其他物理力学指标有着良好的换算关系。

此外，岩石强度还影响围岩失稳破坏的形态：强度高的硬岩多表现为脆性破坏，在隧道内可能发生岩爆现象；而在强度低的软岩中，则以塑性变形为主，流变现象较为明显。

④ 围岩的初始应力场。围岩的初始应力场是隧道围岩变形、破坏的根本作用力，它直接影响围岩的稳定性。

⑤ 地下水状况。隧道施工的实践证明，地下水是造成施工坍方，使隧道围岩丧失稳定的最重要因素之一。地下水对围岩的影响主要表现在：

a. 软化围岩：使岩质软化、强度降低，对软岩尤其突出，对土体则可促使其液化或流动，但对坚硬致密的岩石则影响较小，故水的软化作用与岩石的性质有关。

b. 软化结构面：在有软弱结构面的岩体中，水会冲走充填物或使夹层软化，从而减少层间摩阻力，促使岩块滑动。

c. 承压水作用：承压水可增加围岩的滑动力，使围岩失稳。

(2) 施工因素的影响。人为的因素也是造成隧道丧失稳定的重要条件，其中隧道的形状和尺寸，尤其是跨度影响较为显著。实践证明，在同类围岩中，跨度越大，隧道围岩的稳定性就越差，这是因为岩体的破碎程度相对来说增大了。例如，大块状岩体是指裂隙间距在0.4~1.0m的岩体，这是对中等跨度隧道($B=5\sim15$m，B为隧道的宽度)而言的。若跨度较大(>15m)或较小(<5m)，岩体的破碎程度就不同，或者变为碎块状，又或者变成巨块状，围岩的稳定性就不同。因此，有的分级就明确指出分级的适用跨度范围，如RQD(Rock Quality Designation，岩石质量指标)分级就适用于5~10m跨度，但大多数分级都没有明确指出适用的跨度范围。

在围岩分级中，也曾有人建议用相对裂隙间距，即用裂隙间距与隧道跨度的比值来进行隧道围岩稳定性的分级。例如，当相对裂隙间距大于1/5时，即可认为岩体是完整的；在1/20~1/5范围内，则认为岩体处于不同的破碎状态；而小于1/20，则可视岩体为极度破碎的。但应指出，将跨度引进围岩分级中，会造成对岩体结构状态概念的混淆或误解，因此多数分级只考虑绝对裂隙间距。

多数的分级是把跨度的影响放在改变地压值及支护结构的类型和尺寸上，这样就使分级问题简化了。

在施工因素中，支护结构的类型及架设时间也对隧道围岩的稳定性产生重要影响。其中比较重要的是隧道开挖后，围岩在无支护条件下的允许暴露时间及无支护地段的长度，也就是围岩的自稳时间。因此，有的围岩分级就是以自稳时间进行分级的。隧道自稳时间是指从开挖后到顶部开始发生可以察觉到的移动、松弛时为止所经历的时间。实际上，它是岩石类型、隧道未支护地段长度、隧道宽度，以及开挖时围岩被扰动、破坏程度的函数。

此外，施工方法也有影响。在同类岩体中，采用普通爆破法施工和控制爆破法施工，采用矿山法施工和盾构法或掘进机施工，采用大断面开挖和小断面分部开挖，对隧道稳定性的影响都不相同。例如，小断面分部开挖会造成围岩多次松动，极易塌方。因此，目前大多数分级，都是建立在相应的施工方法的基础之上的。

埋深的影响也不能忽视。随着埋深的增加，初始应力场也随之增大，在围岩强度不变的情况下，围岩的应力度或围压比也会发生变化，可能会出现高应力场或极高应力场的问题，在施工过程中也可能出现诸如岩爆或大变形现象。因此，在高应力场或极高应力场的条件下，围岩级别应适当降低。

这些人为的施工因素，虽然对隧道稳定性有很大影响，但为了使围岩分级问题简化，在分级中都是以分级的适用条件来处理的，而围岩分级本身则主要从地质因素去考虑。

2.3.4 围岩的分级

1. 围岩分级的目的

岩体所处的地质环境是千差万别的，围岩给隧道工程带来的问题也是各式各样的。人们对地下空间的要求是各不相同的，但对每一种特定要求下的地质环境和工程问题，不可能都有现成的经验，也没有必要逐一进行从理论到实验的全方位研究。因此，为了工程应用的便利，有必要将围岩按其稳定性的好坏(能力的强弱)划分为几个级别，以便于针对不同的级别确定支护参数和施工方法。

2. 围岩分级的原则

由于围岩稳定与否是多种因素共同作用的结果，而且各因素之间还有一定的相互影响。因此，为了使分级合理，且分级方法又不至于太复杂，在对围岩稳定性进行分级时，不是同时将所有影响因素都考虑在分级之中，而是以几个主要影响因素作为分级指标，将围岩稳定性划分为几个基本级别。然后在此基础上，根据各次要因素和不确定因素对围岩稳定性的影响程度，对围岩稳定性的基本级别进行调整处理。

隧道工程围岩稳定性分级的原则有如下几点：

(1) 分级应主要以岩体为对象。单一的岩石只是分级中的一个要素，岩体则包括岩块和各岩块之间的软弱结构面。因此，分级的重点应放在岩体的研究上。

(2) 分级宜与地质勘探手段有机地联系起来，这样才有一个方便而又较可靠的判断手段。随着地质勘探技术的发展，这将使分级指标更趋定量化。

(3) 分级要有明确的工程对象和工程目的。目前，多数的分级方法都与坑道支护相联系。坑道围岩的稳定性、坑道开挖后暂时稳定时间等与支护方法和类型密切相关。因此，进行分级时以此来体现工程目的是不可缺少的。

(4) 分级宜逐渐定量化。目前，大多数的分级指标是经验或定性的，只有少数分级是半定量化的。这是因为客观条件的地质体非常复杂。

值得注意的是，近年国内外有关学者提出采用模糊数学分级、根据坑道周边量测的收敛值分级、采用人工智能-专家系统分级等的建议。这些设想都将使围岩分级方法日趋完善。

3. 我国公路围岩分级的方法

《公路隧道设计规范　第一册　土建工程》(JTG 3370.1—2018)规定，隧道围岩分级的综合评判方法采用以下两步分级：①根据岩石的坚硬程度和岩体完整程度两个基本因素的定性特征和定量的岩体基本质量指标 BQ，进行初步分级；②在岩体基本质量分级基础上，考虑修正因素的影响，修正岩体基本质量指标值，得出基本质量指标修正值[BQ]，再结合岩体的定性特征进行综合评判，确定围岩的详细分级。

岩质围岩基本质量指标 BQ 应根据分级因素的定量指标 R_c 值和 K_v 值，按式(2.3)计算：

$$BQ=100+3R_c+250K_v \tag{2.3}$$

并应遵守下列限制条件：

① 当 $R_c>90K_v+30$ 时，应以 $R_c=90K_v+30$ 和 K_v 代入计算 BQ 值。

② 当 $K_v>0.04R_c+0.4$ 时，应以 $K_v=0.04R_c+0.4$ 和 R_c 代入计算 BQ 值。

R_c、K_v 值，可分别按《公路隧道设计规范　第一册　土建工程》第 A.0.1 条和第 A.0.2 条确定。

岩质围岩详细定级时，应根据地下水、主要软弱结构面、初始应力状态的影响程度，对岩体基本质量指标 BQ 进行修正，按式(2.4)计算：

$$[BQ]=BQ-100(K_1+K_2+K_3) \tag{2.4}$$

式中，[BQ]为岩体修正质量指标；K_1 为地下水影响修正系数；K_2 为主要软弱结构面产状影响修正系数；K_3 为初始应力状态影响修正系数。

可根据调查、勘探、实验等资料，隧道岩质围岩定性特征、岩体基本质量指标 BQ 或岩体修正质量指标[BQ]、土质围岩中的土体类型、密实状态等定性特征，按表 2.1 确定围岩级别。

表 2.1　公路隧道围岩级别划分

围岩级别	围岩岩体或土体主要定性特征	岩体基本质量指标 BQ 或岩体修正质量指标[BQ]
Ⅰ	坚硬岩，岩体完整	>550
Ⅱ	坚硬岩，岩体较完整； 较坚硬岩，岩体完整	550~451
Ⅲ	坚硬岩，岩体较破碎； 较坚硬岩，岩体较完整； 较软层，岩体完整，整体状或巨厚层状结构	450~351

续表

围岩级别	围岩岩体或土体主要定性特征	岩体基本质量指标 *BQ* 或岩体修正质量指标[*BQ*]
Ⅳ	坚硬岩，岩体破碎； 较坚硬岩，岩体较破碎至破碎； 较软岩，岩体较完整至较破碎； 软岩，岩体完整至较完整	350~251
	土体：1. 压密或成岩作用的黏性土及砂性土；2. 黄土(Q_1、Q_2)；3. 一般钙质、铁质胶结的碎石土、卵石土、大块石土	—
Ⅴ	较软岩，岩体破碎； 软岩，岩体较破碎至破碎； 全部极软岩和全部极破碎岩	≤250
	一般第四系的半干硬至硬塑的黏性土及稍湿至潮湿的碎石土，卵石土、圆砾、角砾土及黄土(Q_3、Q_4)。非黏性土呈松散结构，黏性土及黄土呈松软结构	—
Ⅵ	软塑状黏性土及潮湿、饱和粉细砂层、软土等	—

注：本表不适用于特殊条件的围岩分级，如膨胀性围岩、多年冻土等。

各级围岩的自稳能力，可根据围岩变形量测和理论计算分析评定，或按表 2.2 判定。

表 2.2　隧道各级围岩自稳能力判断

围岩级别	自稳能力
Ⅰ	跨度≤20m，可长期稳定，偶有掉块，无塌方
Ⅱ	跨度 10~20m，可基本稳定，局部可发生掉块或小塌方； 跨度<10m，可长期稳定，偶有掉块
Ⅲ	跨度 10~20m，可稳定数日至一个月，可发生小塌方至中塌方； 跨度 5~10m，可稳定数月，可发生局部块体位移及小塌方至中塌方； 跨度<5m，可基本稳定
Ⅳ	跨度>5m，一般无自稳能力，数日至数月内可发生松动变形、小塌方，进而发展为中塌方至大塌方；埋深小时，以拱部松动破坏为主；埋深大时，有明显塑性流动变形和挤压破坏； 跨度≤5m，可稳定数日至一个月
Ⅴ	无自稳能力，跨度 5m 或更小时，可稳定数日
Ⅵ	无自稳能力

注：1. 小塌方：塌方高度<3m，或塌方体积<30m^3。
2. 中塌方：塌方高度 3~6m，或塌方体积 30~100m^3。
3. 大塌方：塌方高度>6m，或塌方体积>100m^3。

4. *其他围岩分级的方法*

用于隧道工程的围岩分级方法，还有以下几种，需用时可查阅有关资料。

(1) 以岩石强度或岩石的物性指标为代表的分级方法。

① 以岩石强度为基础的分级方法。这是最早的围岩分级方法，单纯以岩石的单轴抗压

强度为依据。例如我国20世纪50年代以前(如修成渝线时)的土石分级法，即把岩石分为坚石、次坚石、松石及土四类，并设计出相应的四种隧道衬砌结构类型；在国外，如日本初期采用的“国铁铁石分级法”。

这种分级方法认为坑道开挖后，它的稳定性主要取决于岩石的强度。岩石越坚硬，坑道越稳定；反之，岩石越松软，坑道的稳定性就越差。实践证明，这种认识是不全面的，例如我国陕北的老黄土，无水时直立性很强，稳定性相当高，在无支护条件下可维持十几年、几十年之久，但其单轴抗压强度却很低，只有零点几兆帕；又如在江西、福建一带的红砂岩，整体性好，坑道开挖后稳定性较好，但其强度却不高。可见单纯以岩石强度为基础的分级方法并不能反映岩体的特性，分类过于粗略，后来被“岩石坚固性系数分类法”代替。

② 以岩石的物性指标为基础的分级方法。在这类分级方法中，具有代表性的是苏联普洛托奇雅柯诺夫教授提出的“岩石坚固性系数”分级法(或谓之“f”值分级法，或叫普氏分级法)，把围岩分成10类。这种分级法曾在我国的隧道工程中得到广泛的应用。f值是一个综合的物性指标值，它表示岩石在开挖时各个方面的相对坚固性，如人工破碎岩石时的抗破碎性，隧道掘进时岩石的抗钻性、抗爆性、强度等。但从确定f值的主要方法来看，主要采用强度实验方法，再兼顾其他指标，即用$f_{岩石}=R_c/(100\sim150)$(R_c为岩石饱和单轴极限抗压强度)来表示。它仍属于以岩石强度为指标的分类方法，依然不能全面反映坑道围岩的固有状态。

我国工程部门在将f值分级法应用到隧道工程的设计、施工时，已注意到必须考虑岩体的地质构造、风化程度、地下水状况等多种因素的影响，而将由单一岩石强度决定的f值适当降低，即岩体的坚固系数$f_{岩体}=Kf_{岩石}$。$f_{岩体}$值是由岩石强度决定的，K是考虑地质条件的折减系数，一般情况下$K<1.0$。这是对隧道工程与地质条件正确认识的一个反映。

(2) 以岩体构造、岩性特征为代表的分级方法。

① 太沙基分级法。这种分类方法以太沙基分类法为代表。太沙基分类法考虑了岩体的构造、岩性及地下水的影响，把围岩分成9类，每类都有一个相应的地压范围值和支护措施建议。该法在分级时是以隧道有水为基础的，确认无水时4~7类围岩的地压值应降低50%。这一分级方法曾长期被各国采用，至今在欧美等国家的地下工程围岩分类中仍有广泛的影响。

② 以岩体综合物性为指标的分级方法(以围岩稳定性为基础的分类法)。20世纪60年代，我国提出了以岩体综合物性指标为基础的“岩体综合分级法”。其优点是正确地考虑了地质构造特征、风化状况、地下水情况等多因素对围岩的影响，但其缺点是分级指标缺乏定量描述。

(3) 与地质勘探手段相联系的分级方法。

① 按弹性波(纵波)速度的分级方法。弹性波在岩体中传播时，结构面不仅将使岩体中的波速明显下降，而且会使其能量有不同程度的消耗。因此，弹性波速的变化能反映岩体的结构特性和完整性，它既可反映岩石软硬，又可表达岩体结构的破碎程度。随着工程地质勘探方法尤其是物探方法的进展，1970年前后，日本提出按围岩弹性波速度进行分级的方法，根据岩性、地性状况及土压状态，将围岩分成7类。我国从1986年起，也开始将围

岩弹性波(纵波)速度引入围岩分级法中，将围岩分为6级，如表2.3所示。

表2.3 弹性波(纵波)速度分级法

围岩级别	弹性波速/(km/s)	围岩级别	弹性波速/(km/s)
Ⅰ	>4.5	Ⅳ	1.5~3.0
Ⅱ	3.5~4.5	Ⅴ	1.0~2.0
Ⅲ	2.5~4.0	Ⅵ	<1.0(饱和土<1.5)

② 以岩石质量为指标的分级方法——RQD方法。岩石质量指标RQD(Rock Quality Designation)由美国伊利诺伊大学迪尔等人于1963年提出的，后被用于对围岩分类的指标。岩石质量指标RQD是修正的钻探时岩心复原率，或称岩心采取率，即单位长度钻孔中10cm以上的岩心占有的比例。

一般认为，钻探获得的岩心其完整程度与岩体原始裂隙、硬度、均质性等状态有关，因此可以用岩心复原率来表达岩体的质量。据此，该分级法将围岩分为5级，如表2.4所示。分级也给出相应的地压值及可采取的支护系统。

表2.4 RQD分级法

围岩级别	RQD	围岩级别	RQD
优质	>90%	差	25%~50%
良好	75%~90%	很差	<25%
好	50%~75%		

(4) 组合多种因素的分级方法。这种分级法是当前围岩分级法的发展方向，优点很多，只是部分定量指标仍需凭经验确定。岩体质量(Q)分类法、RMR(Rock Mechanics Rating，岩体地质力学分类)法以及BQ(Basic Quality，岩体基本质量指标)法等属于这个范畴。

① 岩体质量(Q)分类法。岩体质量(Q)分类法于1974年由挪威地质学家巴顿等人提出，也称为巴顿围岩分类法，对围岩按岩体质量Q分类，其中岩体质量Q的计算公式见式(2.5)。

$$Q=\frac{RQD}{J_h}\cdot\frac{J_r}{J_a}\cdot\frac{J_w}{SRF} \tag{2.5}$$

式中，RQD为岩石质量指标；J_h为节理组数目，岩体越破碎，J_h取值越大；J_r为节理粗糙度，节理越光滑，J_r取值越小；J_a为节理蚀变值，蚀变越严重，J_a取值越大；J_w为节理含水折减系数，节理渗水量越大，水压越高，J_w取值越小；SRF为应力折减系数，围岩初始应力越高，SRF取值越大。

进一步分析可知，式中RQD/J_h表示岩块的大小，J_r/J_a表示岩块间的抗剪强度，J_w/SRF表示地下水与初始地应力对岩体质量的影响。

② 比尼奥斯基的地质力学分类(RMR)方法。这种分级方法于1974年由南非比尼奥斯基提出，亦称RMR分级法。其特点是根据岩石强度(单轴抗压强度及点荷载强度)、岩石的RQD、不连续面间距、不连续面特征、不连续面产状与洞室的关系以及地下水状况等6个方面的因素对岩体分别进行评分，并将总的岩体评分值RMR值作为衡量岩体工程质量的综

合特征值，把岩体分为5个等级。其中，RMR值在81~100为“很好”，在61~80为“好”，在41~60为“较好”，在21~40为“较差”，在0~20为“很差”。

(5) 以工程对象为代表的分级法。这类分级法如专门适用于喷锚支护的原国家建委颁布的围岩分级法(1979年)、苏联在巴库修建地下铁道时所采用的围岩分级法(1966年)以及20世纪80年代中后期建立的三峡工程坝基岩体质量分级和评价方法(简称多因子组合的“三峡YZP法”)。这类方法的优点是目的明确，而且和支护尺寸直接挂钩，使用方便，对指导施工起到了较大作用。但该法分类指标以定性描述为主，带有很大的人为性。

2.3.5　围岩的压力

1. 概述

(1) 围岩压力的定义。围岩压力，又称山岩压力或地层压力，它是指由于围岩的变形挤压或各种破坏而作用在支护衬砌上的压力。

隧道围岩分级是以围岩稳定性为基础的，但在结构设计中，往往把坑道围岩的稳定性转化为对支护结构的荷载-围岩压力来处理。也就是说，在结构设计中所关注的往往是围岩压力的大小及其性质(分布情况，围岩压力方向、分布形状等)。围岩级别不同，其稳定性也不同，相应的围岩压力也不同。

在地层中开挖坑道，如果开挖后不支护坑道，往往会遇到这样一些情况：有的围岩在开挖后会迅速坍塌，甚至会填满整个坑道，在地表还可形成一个与坑道相仿的坍塌区；有的围岩在坑道开挖后会发生岩块错动、掉块，甚至塌方；有的围岩开挖后会维持暂时稳定，仅在个别地方产生掉块。这些情况表明，开挖坑道把围岩原有的平衡状态破坏了，在坑道周围一定范围内产生了不同程度的扰动，地质情况不同，其扰动影响范围不同。

为保证坑道维持需要的净空和安全，坑道开挖后一般是必须进行支护的，也就是阻止坑道周围的围岩产生移动或下掉。被扰动后的围岩会移动或变形，而支护结构要阻止其移动或变形，围岩就必会对支护结构施加力，这个力就是围岩压力。

(2) 围岩压力的分类。围岩压力按作用力发生的形态分类，一般可分为如下几种类型。

① 松动压力。由于开挖而松动或坍塌的岩体以重力形式直接作用在支护结构上的压力称松动(散)压力，松动压力按作用在支护上的位置不同分为竖向压力、侧向压力和底压力。松动压力通常在下列3种情况下发生：

a. 在整体稳定的岩体中，可能出现个别松动掉块的岩石。

b. 在松散软弱的岩体中，坑道顶部和两侧边帮冒落。

c. 在节理发育的裂隙岩体中，围岩某些部位沿软弱面发生剪切破坏或拉坏等局部塌落。

② 形变压力。它是由围岩变形受到与之密贴的支护如锚喷等的抑制，而使围岩与支护结构共同变形过程中，围岩对支护结构施加的接触压力。因此，形变压力除与围岩应力状态有关外，还与支护时间和支护刚度有关。

③ 膨胀压力。当岩体具有吸水膨胀崩解的特征时，由于围岩吸水而膨胀崩解所引起的压力称为膨胀压力。它与形变压力的基本区别在于，它是由吸水膨胀引起的。

④ 冲击压力。它通常是由“岩爆”引起的。当围岩中积累了大量的弹性变形能之后，在开挖时，隧道由于围岩的约束被解除，被积累的弹性变形能会突然释放，引起岩块抛射所产生的压力。

2. 围岩松动压力的形成

开挖隧道所引起的围岩松动和破坏范围有大有小，对于一般裂隙岩体中的深埋隧道，其波及范围仅涉及隧道周围一定深度。因此，作用在支护结构上的围岩松动压力远小于其上覆地层自重所造成的压力。这可以用围岩的“水平应力拱”来解释，以水平岩层中开挖一个矩形坑道来说明坑道开挖后围岩由变形到坍塌成拱的整个变形过程，具体如下：

(1) 坑道开挖后，在围岩重分布过程中，顶板开始沉陷，并出现拉断裂纹，如图 2.2(a)所示。

(2) 顶板中间部分的裂纹发展并张开，逐渐变松动，石块开始掉落，支护所受的垂直压力急剧增加，如图 2.2(b)所示。

(3) 顶板向上继续坍落，石块与围岩母体分离，其界面多为拱形。此时，垂直压力稳定在一定的数值内，但侧向压力增加，即地层中原存应力沿两侧传递，如图 2.2(c)所示。

(4) 顶板停止塌落，垂直压力和侧向压力都趋于稳定，如图 2.2(d)所示。

将坑道上方所形成的相对稳定的拱形范围称为自然拱，其过程也称为“成拱作用”。支护只承受其上部坍落岩石的质量，即自然拱范围内破碎岩体的质量。这也就是作用在支护结构上的围岩松动压力。

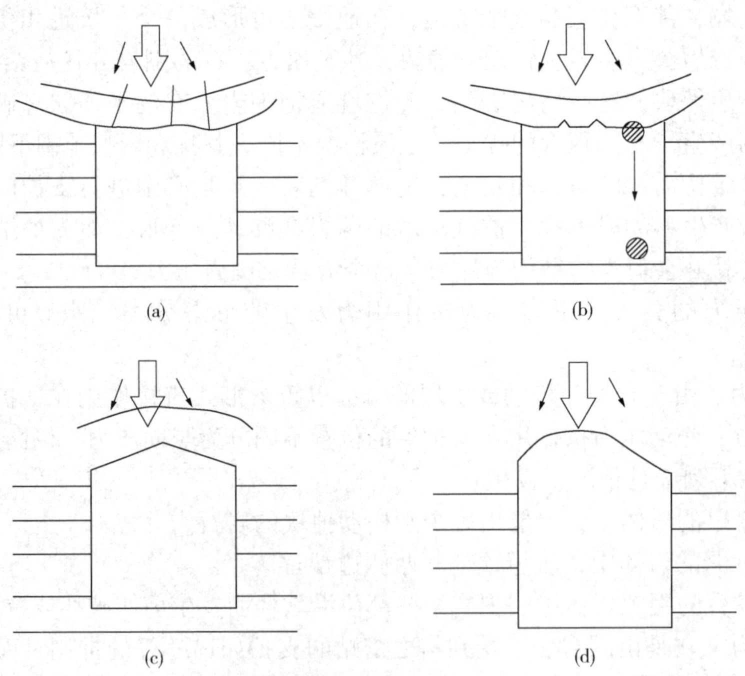

图 2.2　隧道变形示意图

注：(a)~(d)为隧道变形过程。

3. 确定围岩松动压力的方法

确定围岩的松动压力的方法有现场实地测量法、理论公式计算法、统计法。应该说，实地测量是今后的努力方向，但按目前的量测手段和技术水平来看，量测的结果尚不能充分反映真实情况。理论计算则由于围岩地质条件的千变万化，使所引用的计算参数难以确切取值，因此，目前也还没有一种能适合于各种客观实际情况的统一理论。在大量施工塌方事件的统计基础上建立起来的统计方法，在一定程度上能反映围岩压力的真实情况。

(1) 深埋隧道围岩松动压力的确定方法。当隧道的埋置深度超过一定限值后，按围岩的"成拱作用"计算松动压力时，仅是隧道周边某一破坏范围(自然拱)内岩体的质量，而与隧道埋置深度无关，故解决这一破坏范围的大小就成为问题的关键。上述分析说明，围岩的松动压力是和围岩分类成反比的(和围岩分级成正比)。在同样的围岩条件下，隧道的跨度越大，围岩的稳定性越差，围岩松动压力越大。这说明围岩的松动压力是和隧道的跨度成正比的。

普氏拱应力计算。普氏(普洛托季雅柯诺夫)认为，所有的岩体都不同程度地为节理、裂隙所切割，因此可视为散粒体。但岩体又不同于一般的散粒体，其结构面上仍存在着不同程度的黏结力。基于这种认识，普氏提出了岩体的"坚固性系数"f(又称似摩擦系数)的概念。

为了确定围岩的松动压力，普氏进一步提出了基于"自然拱"概念的计算理论。他认为在具有一定黏结力的松散介质中开挖坑道后，其上方会形成一个抛物线形的自然拱，作用在支护结构上的围岩压力就是自然拱内松散岩体的重力。而自然拱的形状和尺寸(它的高度和跨度)与岩体的坚固性系数有关。具体表达公式见式(2.6)。

$$h_k=\frac{b}{f} \tag{2.6}$$

式中，h_k为自然拱高度；b为自然拱的半跨度。

在坚硬的岩体中，坑道侧壁较稳定，自然拱的跨度即为坑道的跨度。此时的B值计算公式见式(2.7)。

$$B=B_t+2H_t\cdot\text{tg}\left(45°-\frac{\varphi_0}{2}\right) \tag{2.7}$$

式中，B为自然拱的跨度；H_t为坑道的净高；B_t为坑道的净宽；φ_0为岩体的似摩擦角。

围岩垂直匀布松动压力q计算公式见式(2.8)。

$$q=\gamma h \tag{2.8}$$

式中，γ为围岩容重，kN/m^3；h为隧道埋置深度，m。

围岩水平匀布松动压力e可按朗金公式计算，见式(2.9)。

$$e=\left(q+\frac{1}{2}\gamma H_t\right)\text{tg}^2\left(45°-\frac{\varphi_0}{2}\right) \tag{2.9}$$

按普氏理论算得的围岩松动压力，对软质围岩来说比实际情况偏小。对坚硬围岩则偏大，一般在松散、破碎围岩中较为适用。

(2) 浅埋隧道围岩松动压力的确定方法。有时，隧道洞口地段处于漫坡进洞或在某一较长区段处于天然台地之下，因隧道接近地表，围岩多为松散堆积物，"自然拱"无法形成。

计算浅埋隧道围岩松动压力分两种情况：

① 隧道埋深 h 小于或等于等效荷载高度 $h_q(h \leqslant h_q)$。因上覆岩体很薄，滑动面上的阻力很小，为安全起见，计算时可省略滑面上的摩擦阻力，则围岩垂直匀布压力 q 计算公式见式(2.10)。

$$q=\gamma h \tag{2.10}$$

式中，γ 为围岩容重，kN/m^3；h 为隧道埋置深度，m。

围岩水平匀布压力按朗金公式计算。

② 隧道埋置深度 h 大于等效荷载高度 $h_q(h>h_q)$。隧道随着埋深的增加，上覆岩体逐渐增厚，滑面上的阻力也随之增大。因此，在计算围岩压力时，必须考虑滑面上阻力的影响。

第3章　公路隧道选线设计

3.1　公路隧道位置的选择

公路隧道具体位置的选择与区域工程地质条件、水文地质条件、地形地貌条件、线路技术条件、施工技术水平及工期、投资条件和今后运营条件等因素有关。在众多因素中，最为重要的是地形条件和地质条件。

3.1.1　按地形条件选择隧道位置

1. 越岭线上隧道位置的选择

当交通路线需要从一个水系过渡到另一个水系时，必须跨越高程很大的分水岭，这段线路称为越岭线。线路为穿越分水岭而修建的隧道称为越岭隧道。越岭隧道的选线，应以线路纵断面为主导，结合水文和地质情况，主要应解决垭口选择、过岭高程和垭口两侧线路展线这三者的关系。应在附近较大范围内，对各个垭口普遍进行调查，弄清各个垭口的高程和垭口处的地质与水文条件；还要对垭口两侧的沟谷地势、山体厚薄、山坡台地的分布情况做出详细的调查；最后选择一个最恰当的垭口把隧道定在最合适的高程上。

（1）隧道平面位置的选择(选择垭口)。分水岭的山脊线上相对高程较低的鞍部，称为垭口，是选定越岭隧道线路方案的控制点。垭口位置的选择一般可利用小比例尺地形图、航空照片、卫星照片等。根据线路的总方向和克服越岭高程的不同要求在较大范围内选线，寻求可供越岭的几个垭口位置，然后进行可能通过的垭口、河谷的比选。比选时应考虑：

① 优先考虑在路线总方向上或其附近的低垭口，因为这种垭口在两侧具备良好展线的横坡时，一般越岭隧道较短。

② 虽远离线路总方向，但垭口两侧有良好的展线条件的河谷，又不损失越岭高程的垭口。

③ 隧道一般选在分水岭垭口两边河谷标高相差不多，并且两边河谷平面位置接近处。

④ 工程地质和水文地质条件良好的垭口。

此外，还应经隧道长度、施工难度、运营条件等综合比选几个可能的平面方案，最后确定最佳方案。

（2）隧道立面位置的选择(选定高程)。分水岭的山体，一般是上部比较陡峭而下部比较平缓。越岭隧道标高越高，隧道长度越短，相应施工工期越短；但两端展线长度增加，出现隧道群，且线路拔起高度大，线路坡陡弯多，技术条件恶化，运营条件差，线路通过能力降低。反之，隧道位置定得越低，隧道将越长，工程规模越大，工期越长；但是它无须太多的引线，线路顺直平缓，技术条件好，对今后运行有利。在选定隧道高程时，务必从技术和经济两个方面来全面衡量，尤其在今后长远运营条件上做出综合比较，合理确定隧道高程。

越岭线上，在展线时还可能需要修建专门的螺旋线隧道和套线等展线隧道。随着我国隧道施工技术水平和经济实力的提高，隧道方案更多采用长大直线隧道，展线隧道已经应用较少。

2. 河谷线上隧道位置的选择

线路沿河傍山而行时称为河谷线。在地势陡峻的峡谷地段，为改善线形、提高车速、缩短里程、节省时间，常常修建傍山隧道(也称河谷线隧道)。傍山隧道位置选择时，应根据地形地质、河流冲刷情况以及洞外的相关工程和运营条件等综合考虑，并应注意以下方面：

(1) 宁里勿外。河谷地段往往山坡陡峻，隧道位置宜往山体内侧靠，以保持山体稳定，避免隧道临空一侧洞壁过薄、偏压、浅埋、洞口高边坡、河流冲刷和不良地质对其稳定性的影响，这是我国多年隧道工程实践的经验总结。还要考虑河岸冲刷和施工便道对山体和洞身稳定的影响，隧道位置宜往山体内侧靠一些。

(2) 截弯取直。线路受河谷地形限制，其位置除两岸进行比选外，线路移动幅度不大，隧道经常是沿河的浅埋隧道和隧道群，应对长隧道方案与短隧道群或桥隧群方案、高边坡与棚洞方案进行技术经济比较。例如，山嘴地段地形陡峻，地质复杂，河岸冲刷严重，以高边坡路堑或短隧道通过难以长期保证运营安全时，应将隧道线路往山体内偏移，尽可能“截弯取直”以较长隧道方案通过，避免隧道短而多，或桥隧相连情况，以改善运营条件，减小施工便道对河谷环境的破坏。

3.1.2 按地质条件选择隧道位置

在选择隧道位置时，应力求选择在地质构造简单、岩性较好的稳固地层中。对岩性差的地层、含水层等工程地质和水文地质极为复杂的严重不良地质地段，应避免穿越。若不能绕避而必须通过时，应有充分的理由，并应减短其穿越的长度，采取可靠的工程处理措施。

1. 地质构造的影响

(1) 单斜构造与隧道位置的选择。隧道穿过水平或缓倾角岩层，宜选择坚硬不透水厚岩层作为顶板，以防止在薄岩层施工时顶部产生掉块现象。

隧道穿过陡倾角单斜构造时，常见的工程地质问题为不均匀的地层压力、偏压、顺层滑动等现象。当隧道中线可能沿两种不同岩性的岩层走向通过时，应避免将隧道置于两种岩性不同的岩层软弱构造(破碎)带中，而宜将隧道置于岩性较好的单一岩层中。隧道轴线以垂直于岩层走向穿越最为有利，不要把隧道轴线设计成与层理面平行，特别不要与软弱结构面的走向一致，至少要形成一定的交角。如果隧道的某一段位于软弱地段中，当地层产生顺层滑动时，可能压迫该段发生相对于隧道主体的错动，而与相邻段断开。针对该问题，后期隧道衬砌设计时应予以加强。

隧道通过直立岩层时，其中线宜垂直于岩层的走向穿过。如隧道中线与岩层走向一致，如前所述，仍应避开不同岩层接触带。尤应注意的是：当层状岩层较薄并有软弱夹层，伴有微量地下水活动时，亦可产生不对称压力，在隧道开挖过程中，易产生坍塌，甚至会导致大的坍塌压力，致使地面形成“天窗”，在选择隧道位置时应予重视。

（2）褶皱构造与隧道位置的选择。在褶皱构造地区，岩层一部分向上弯曲翘起成为背斜，另一部分向下弯曲成为向斜。当隧道通过褶皱构造时，因褶皱核部岩体破碎，应尽量避免将隧道置于向斜或背斜的轴部，而应将隧道置于翼部，则隧道所处的地质条件类似于单斜构造，受到偏侧压力，加强结构即可。褶皱构造处隧道位置选择如图 3.1 所示。

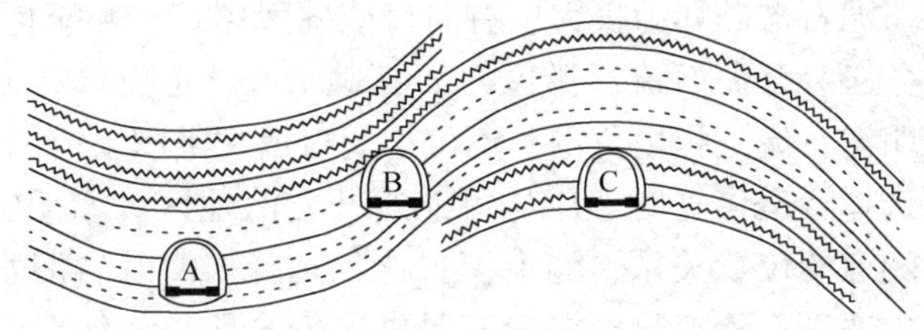

图 3.1 褶皱构造处隧道位置选择

当对隧道通过向斜和背斜轴部做比较时，则背斜较向斜略好。其原因是：背斜的岩层受弯，在上面出现开裂，切割岩体成为上大下小的楔块；楔块受到两侧邻块的挟持，使得楔块的重量由邻块分担，因而只产生小于原重的压力。与此相反，向斜地层受弯而在下面开裂，切割岩体成为上小下大的楔块。这种楔块在重力作用下，极易脱离母岩而坠落，于是产生较大的压力，也就是给结构物以较大的荷载，而且在施工时，极易发生掉块或塌方，对工程产生不利影响。此外，若向斜轴部处于含水层中，地下水积聚凹底，也将增加施工的困难。对于向斜构造，要设法避开；若必须通过时，则以垂直或大角度穿越构造轴部为宜。为避免地下水的可能危害，宜将隧道置于不透水层中，或争取隧道顶板为隔水层。

（3）断层构造与隧道位置的选择。在断层构造的地区，断层带中的岩体呈破碎状态，称为断层碎裂体。断层带的强度很低，而且往往是地下水的通道。施工时，遇到这种地质条件将十分困难。在选择隧道位置时，应尽可能避开。不得已时，也要与断层带隔开足够的安全距离，隧道中线与断层方向一致。万不得已时，应尽量垂直通过，同时应避开严重破碎带，并应使通过断层的地段最短。施工时，还应做好各种支护及防水措施。

2. 不良地质对隧道位置的影响

按地质条件进行隧道位置选择时，最重要的影响因素是不良地质。不良地质是指滑坡、崩塌、岩堆、泥石流、溶洞和含瓦斯地区等。它们各有特点，也各有影响。

（1）滑坡、错落地区。隧道通过滑坡、错落地区时，必须查明滑坡类型、范围、深度、滑动方向、发生发展原因和规律、地下水情况等，一般应避开滑坡体或错动体。如果对滑坡面的位置已经了解清楚，可以把隧道置于滑坡面以下一定厚度的稳定岩体中。如果确知滑坡是多年静止了的滑坡或古滑坡，则在不得已时，也可以把隧道置于滑坡体之内，但要在上部减载、下部支挡，设置抗滑桩，地表及地下加强排水。

（2）岩堆、崩坍、松散堆积层以及危岩落石地区。这类地段一般多呈松散状态，隧道开挖后容易引起坍塌，对隧道施工威胁很大。选择隧道位置时，应查明工程地质及水文地质情况，原则上应避免从不稳定的岩堆、崩坍堆积层地区中通过，应将洞身置于岩堆以下的稳定岩体之中，并具有足够的安全厚度。在堆积体紧密稳定且不得已时，隧道也可以穿过堆积体，但首先应分析并确认其具有稳定性，且一定要采取有效可靠的工程措施，注意应避开在堆积层中的软弱层面和堆积体与基岩的接触处通过。另外，在运营期间，危岩、落石常常危害行车安全，甚至引起断道，也需认真对待。因此，当新建线路在充分掌握地形、地质，确认危岩、落石危害范围的情况下，不宜采用短隧道群、高边坡防护方案；如为已成路堑，若采用支、顶、锚、拦等措施把握性不大，采用内侧隧道方案工程量又较大时，可采用外侧明洞方案确保安全。

(3) 泥石流地区。泥石流破坏力极大，有时可能摧毁路基，甚至掩埋堵塞隧道。因此，在选择隧道位置时，务必躲开泥石流泛滥区，如躲避不开，也应选在泥石流最大下切深度以下的基岩中。要查明泥石流洪积扇范围，不可把洞口放在洪积扇范围以内。

(4) 岩溶地区。选择隧道位置时，应尽可能避开岩溶地区。如无法避开，应探明溶洞的规模、性质及其与隧道的位置关系，隧道位置优先选择岩溶及岩溶水发育相对较弱的区域，应尽量选择高线位通过，隧道与溶洞应有足够的安全距离。线路纵坡应优先选用人字坡，隧道内宜加大纵坡。

(5) 煤系地层。当隧道通过煤系地层时，要注意有害气体、煤窑采空区以及地层膨胀等影响隧道安全的问题。特别是含瓦斯地区，易引起燃烧和爆炸事故，小煤窑采空区如果塌陷则直接影响隧道洞身的稳定和运营安全。因此，在选择隧道位置时，应设法避开有害气体含量较高和煤窑采空密集地段；不可避免时，应选择影响最小的方案通过，同时保证底部隔层有足够厚度或预留煤柱，以减少其对隧道工程的威胁，确保施工安全和结构稳定。

3. 特殊地质地区隧道位置的选择

特殊地质地区是指膨胀岩土、含盐地层、黄土、多年冻土以及水库坍岸区等，选择隧道位置时一般应尽量绕避。若难以绕避或绕避有损于线路的总体性时，首先应掌握该地层的特点及其对隧道工程可能的危害程度，在技术条件许可和经济合理的条件下，选择隧道长度最短、影响最小的位置通过，也可因地制宜地采取加强衬砌结构等相应工程措施通过。

另外，选择隧道位置时，还要注意两点：一是最好不从富水区中经过，不得已时，也要尽可能把隧道置于地下水位以上的地方，或在不透水层中穿过；二是应尽可能不把隧道放在山体太深处，遇到部分地区埋深太大或高地温时，则应优化平纵线形，以高线位、短距离方式通过，并做好通风降温措施。

总之，要选择好隧道线路位置，应对沿线的地形、地质做详尽的了解，充分掌握这两方面的资料，认识它们之间的内在联系，分清主次，统筹研究，处理好近期与远期、隧道工程与其他工程的关系，选择出较为理想的隧道线路位置和恰当的隧道进出口位置。

对于城市隧道，要考虑行人和非机动车交通，还要注意空气污染、噪声污染和排水污染引起的环境问题，按环境保护要求设置隧道及其进出口位置，达不到环境保护要求时，应采取相应措施妥善解决，并注意隧道建筑与周围环境相协调。至于城市水底隧道，其设置位置及进出路，通常与城市整体规划、交通规划、名胜古迹、工业布局、旅游设施及郊区旅游点分布等有直接关系。选择位置时应注意，引道短、用地少、洞外展线容易、视距有保障、远离大居民区及公共场所等是设置城市隧道的特点。

3.2　公路隧道洞口位置的选择

洞口是隧道进出的咽喉，又是公路隧道施工中的主要通道。合理选择洞口位置，是保护环境和保证顺利施工、安全运营及节省工程造价的重要环节。

隧道的长度由洞口的位置决定，对公路隧道来说，隧道长度系指两端洞口衬砌端面与隧道轴线在路面顶交点间的距离。隧道长度是公路隧道工程的重要参数。

3.2.1　“早进晚出”的理念

隧道进洞以前大多有一段引线路堑，当路堑深度达到一定程度时开始进洞。过去，从单纯的经济观点出发，把隧道洞口位置选定在所谓隧道与明挖的等价点上，即开挖每米路堑的造价和每延米隧道的造价相等时的“经济洞口”位置上。此时，隧道往往定得偏短，洞口缩在山体以内很深，路堑挖得过深，边仰坡很高。这样，不仅施工时容易发生塌方，行车后边坡也常滚石掉块、失稳，危及行车安全，最后不得不再修建明洞接长隧道。

“早进晚出”的原则，即在决定隧道洞口位置时，为了施工和运营的安全，宁可早一点进洞，晚一点出洞。这样做，虽然隧道修长了一些，却较安全可靠。当然，所谓“早”和“晚”都是相对的，不应盲目地加长隧道，而应从安全方面来考虑问题，隧道洞口不应大面积开挖边仰坡，有条件时尽量采用不刷仰坡的进洞方案。

3.2.2　隧道洞口位置的选择原则

理想的洞口位置应选择地质条件良好、地势开阔、施工方便，技术、经济合理之处。选择隧道洞口位置时，应根据地形、地质条件，考虑边坡、仰坡的稳定，结合洞外有关工程及施工难易程度，本着“早进晚出”的指导思想，注意以下原则，全面综合地分析确定。

(1) 洞口应尽可能设在山体稳定、地质较好、地下水不太丰富的地方，尽量避开不良地质地段，如断层、滑坡、岩堆、岩溶、流砂、泥石流、盐岩、多年冻土、雪崩、冰川等。当无法避免时，可采取接长明洞或设置棚洞，或采取设置渡槽、多重防护等措施，综合治理，保证隧道安全运营。

(2) 洞口不宜设在垭口沟谷的中心或沟底低洼处，不要与水争路。在一般情况下，垭口沟谷在地质构造上是最薄弱的环节，常会遇到断层带、古塌方、冲积土等不良地质。此外，地表流水都汇集在沟底，再加上洞口路堑开挖，破坏了山体原有的平衡，更容易引起塌方，甚至不能进洞。因此，洞口最好选在沟谷一侧。

(3) 洞口线路宜与等高线正交，使隧道正面进入山体，这样洞口的边仰坡开挖较小，洞口结构物不致受到偏侧压力。对于傍山隧道因限于地形，有时无法与等高线正交，只能斜交进洞时，其交角不应太小(不小45°)，并根据具体情况，采取斜交洞门、台阶式正交洞门或修建一段明洞。

(4) 当隧道线路通过岩壁陡立、基岩裸露处时，最好不刷动或少刷动原生地表，以保持山体的天然平衡。此时，洞口位置应根据具体情况考虑：如果岩壁稳定，无崩塌或落石可能，则可以考虑贴壁进洞；否则应接长明洞，将洞口延长至危险范围以外3~5m。也可修建特殊结构洞门，如悬臂式洞门、钢筋混凝土锚杆洞门、洞门桥台联合结构、悬臂式托盘基础洞门或长腿式洞门等。对处于漫坡地形的隧道，其洞口位置变动范围较大，应考虑洞外路基填挖方情况、排水条件和有利于快速施工等因素，结合少占农田、填方利用等要求，综合分析确定，一般应减少洞口路堑段长度，延长隧道，提前进洞。

(5) 隧道洞口应考虑防洪、防淹。当线路位于有可能被水淹没的河滩或水库回水影响范围以内时，隧道洞口标高应高出洪水位加波浪高度，隧道洞口路肩设计标高应高出水库设计水位加浪高和不小于0.5m的壅水高，以防洪水灌入隧道。位于城市地区的隧道，采用V形坡时，洞门及敞开段边墙顶高程应高出内涝水位0.5m。当观测洪水高于标准时，应按观测洪水设计；当观测洪水的频率在高速公路、一级公路超过1/300，二级公路超过1/100，三、四级公路超过1/50时，应分别采用1/300、1/100和1/50的频率设计。

(6) 为了确保洞口的稳定和安全，边坡及仰坡均不宜开挖过高。洞口边仰坡应根据岩土性质、气候、水文条件及边仰坡高度，采取工程加固和植被防护相结合的措施，有条件时可接长明洞，地震区边仰坡宜采用钢丝网等柔性防护措施。

(7) 当洞口附近遇有水沟或水渠横跨线路时，需慎重处理，可设置拉槽开沟的桥梁或涵洞，以排泄水流。当线路横沟进洞时，设置桥涵净空不能过小，以免后患。当地形条件不适于设置桥涵时，应结合地形、地质情况、水流大小，经过技术经济比较，并采取以下工程措施：

① 扩大洞门墙顶水沟，将水引离隧道；

② 利用明洞洞顶做过水渡槽引接；

③ 洞顶水沟流量大，对隧道施工、运营不利时，结合地形、地质条件，改沟排出。

(8) 隧道洞口上方有公路跨越或邻近洞口的路堑顶有公路并行时，应考虑延长洞口、接长明洞并在靠近公路一侧设置防撞护栏，护栏等级应符合有关规定。

(9) 当洞口地势开阔，有利于施工场地布置时，可利用弃渣有计划、有目的地改造洞口场地，以便布置运输便道、材料堆放场、生产设施用地及生产、生活用房等。另外，在桥隧相连时应注意防止因弃渣乱堆造成桥孔堵塞或推坏桥梁墩台建筑物。

(10) 环境保护是隧道洞口选择时应着重考虑的因素，过去有所忽视，随着对环境保护的要求越来越高，在确定洞口位置时，应认真考虑如何尽量少破坏天然植被，以便最大限度地保护自然景观。在村镇附近或在自然保护区及其附近，还要研究施工爆破、噪声、水质污染和排出污染空气的影响，以及平交路口的影响，切实做好相应的工程措施。

在高寒地区修建隧道，还要研究雪崩、阵风、风吹雪等，考虑设置防雪工程、防风工程和防路面冻害工程的必要性。当洞口位于林区时，应考虑树木倒伏的影响。

总之，选定隧道洞口位置时，首先要按照地质条件控制边坡和仰坡的高度及坡面长度，其次是避开不良地质区域和排水影响，最后才谈得到从经济方面进行比较。

隧道洞口位置还应与隧道前后构造物相协调，在桥隧紧接的情况下，应综合考虑洞口与桥跨布局、结构处理的整体性，避免桥隧工程施工相互干扰。同时，隧道工程设计应对隧道洞口附近的居民房屋及其他建筑物的分布和用途进行调查，隧道洞口设计应与隧道洞口缓冲结构综合考虑。

3.3 公路隧道平、纵断面设计

3.3.1 公路隧道平断面设计

1. 公路隧道平断面线形设计

公路隧道路线平断面线形的确定，应综合考虑地形地质条件、洞口接线、隧道通风、车辆运行安全和施工条件等因素的影响，并与隧道自身的建设条件及相邻连接区间的公路路线的线形整体协调一致。相比于公路隧道，特别是高等级公路隧道，设置曲线隧道的情况比较常见。这是由于隧道内外光线的差异，如果在洞口设置大半径曲线，有利于驾驶者的“亮适应”。

当隧道采用曲线时，最好采用不设超高并能满足视距要求的平曲线半径，并不应采用需要加宽断面的平曲线。当由于特殊条件限制隧道平面线形设计必须设超高的曲线时，其超高值不得大于4%。隧道的行车视距与会车视距应符合《公路工程技术标准》(JTG B01—2014)的规定。

隧道内不宜采用S形曲线，为满足隧道内行车视距要求、保证行车安全，中短隧道内禁止设置S形反向曲线；特长及超长隧道内必须设置S形曲线时，应尽量采用由无须设置超高的平曲线组成的S形曲线，或在反向曲线间设置一段缓和曲线或直线段。

2. 高等级公路隧道设计要求

为保证高等级公路隧道内车辆行驶的安全性和行车的舒适性，当隧道设计速度$V \geq$ 80km/h时，隧道内平曲线的最小半径不宜小于$8V$；当隧道内的设计速度V<80km/h时，隧道内平曲线最小半径不宜小于$10V$。

高速公路、一级公路隧道应设计为上、下行分向行驶的双洞隧道，双洞隧道宜按分离式隧道布置。分离隧道间的净距是指两隧道间未开挖岩体的厚度，宜按两洞结构彼此不产生有害影响的原则，并应结合隧道洞口接线、围岩地质条件、断面形状和尺寸、结构设计、施工方法、工期要求等因素综合确定。

分离式隧道间距过大，会造成洞外路线占地增加：洞外地形狭窄地段将会产生大量人工边坡；对设有横通道的隧道也将增加横通道长度，投资增加，管理不便。相邻两洞间的净距过小，形成小净距隧道，两洞间的结构和施工将产生一定影响，施工进度减缓，也会增加一些投资。

由于隧道是线状结构物，往往穿越几种不同级别的围岩，单纯依据实际要求布置双洞间的距离，常出现线位布置困难，造成较大浪费。事实上，进入21世纪以来，我国高速公路两平行隧道间的距离越来越靠近，两车道隧道两洞之间的距离在8~20m的也经常出现，围岩条件也多有Ⅳ级、Ⅴ级的情况。虽然两洞之间围岩应力影响区域有交叉，相互存在一定影响，但这种影响是有限的，也是可控的，只是在施工开挖和支护顺序上加以适当限制。

两洞间净距宜取0.8~2.0倍开挖宽度，围岩条件总体较好时取较小值，围岩条件总体较差时取较大值。两洞跨度不同时，以较大跨度控制。下列情况可按其他形式布置：

(1) 洞口地形狭窄、桥隧相连、连续隧道群、周边建筑物限制或为减少洞外占地的短隧道、中隧道，可按小净距隧道布置。所谓小净距隧道，是指两座隧道之间净距小于最小净距，使两洞结构彼此产生了有害影响。

(2) 洞口地形狭窄、周边建筑物限制展线特别困难的短隧道，可按连拱隧道布置。

(3) 桥隧相连、洞口地形狭窄或有特殊要求的长隧道、特长隧道的洞口局部地段，可按分岔隧道布置。分岔隧道大拱衬砌断面跨度较大，各类型断面过渡施工复杂，因此分岔隧道分岔段宜布置在围岩好于Ⅳ级的地段。

3.3.2 公路隧道纵断面设计

公路隧道纵断面的线形，应考虑行车安全、运营通风规模、施工作业和排水要求确定。

隧道内的纵坡形式一般宜采用单向坡，其行驶舒适性和运营通风效率较好，只是在施工时可能会出现逆坡排水，但近年来抽水泵性能和抽排水技术水平有较大提高，逆坡排水不存在大的技术难题。地下水发育的长隧道、特长隧道可采用双向人字坡，以减少施工期间排水困难。在运营期间，地下水向两边洞口排出也可减少洞内排水压力。但需注意，双向坡变坡点附近的局部地段排水不便，因此双向坡变坡点的设置位置要尽可能避开地下水较多的地段。采取双向坡时，其竖曲线半径尽量采用较大值，以提高行驶安全性、舒适性，保证通视条件。在跨越江河海湾的水下隧道中，可能会采用中间低两端洞口高的倒人字(V)坡形式或 W 坡形。

隧道内纵坡最小值以隧道建成后洞内水(包括渗漏水、涌水、隧道清洗水、消防用水等)能自然排泄为原则，要求不小于0.3%；对长隧道、特长隧道，隧道内排水距离长、排水量相对较大，不小于0.5%较好。隧道纵坡的最大值，要充分考虑运营期车辆行驶的安全性和舒适性、运营通风的要求等因素，一般把纵坡控制在2%以下为好。超过2%时，汽车排出的有害物质迅速增加。因此，从通过车辆尽量减少排出有害气体的观点出发，要求隧道最大纵坡不应大于3%；高速公路、一级公路的中、短隧道或独立明洞(包括棚洞)，受地形等条件限制时，经技术经济论证、交通安全评价后，隧道最大纵坡可适当加大，但不宜大于4%，并需增加运营安全措施，包括设置警示标志、限速标志、减速带，改善路面防滑条件，上坡隧道增加车道数等。短于 100m 的隧道纵坡可以与该公路隧道外的路线指标相同。

隧道内纵坡的变换不宜过大、过频，一般变坡点数不宜多于 3 个，以保证行车安全视距和舒适性。隧道内的纵坡变更处均应设置竖曲线，竖曲线半径应尽量选用大值，以利于行车平顺、通视和通风。

第 4 章　公路隧道结构设计

公路隧道结构可分为主体建筑物和附属建筑物结构。前者是为了保持隧道的稳定，保证隧道正常使用而修建的，由洞身结构及洞门组成。后者指保证隧道正常使用所需的各种辅助设施，例如公路隧道供过往行人及维修人员避让列车而设的避车洞，长大隧道中为加强洞内外空气更换而设的机械通风设施以及必要的消防、报警装置等。

4.1　公路隧道限界与净空

隧道净空是指隧道衬砌内轮廓线所包围的空间。隧道净空是根据"隧道建筑限界"确定的。隧道建筑限界是为了保证隧道内各种交通的正常运行与安全，而规定在一定宽度和高度范围内不得有任何障碍物的空间范围。

4.1.1　公路隧道的建筑限界

公路隧道的建筑限界是指为保证隧道内各种交通的正常运行与安全，而规定在一定宽度和高度范围内不得有任何土建工程部件侵入的限界，如图 4.1 所示。设置紧急停车带的断面还应包括紧急停车带的宽度。

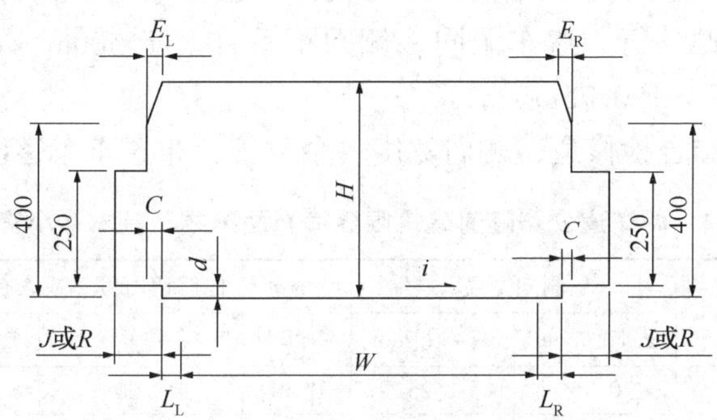

图 4.1　公路隧道建筑限界图(单位：cm)

注：W 为隧道建筑限界的行车道宽度；L 为侧向宽度；J 或 R 为人行道宽度或检修道宽度；d 为检修道或人行道高度；C 为余宽；E_L 为建筑限界左顶角宽度；E_R 为建筑限界右顶角宽度。

1. 公路隧道建筑限界基本规定

各级公路隧道建筑限界基本宽度应按表 4.1 执行，表中各栏数值，都采用《公路隧道设计规范　第一册　土建工程》(JTG 3370.1—2018)有关条文规定。

① 对于建筑限界高度，高速公路、一级公路、二级公路取 5.0m；三、四级公路取 4.5m。

② 隧道建筑限界设计时，应依据现行《公路工程技术标准》(JTG B01—2014)，综合考

虑技术经济因素确定余宽。当隧道内设置检修道或人行道时，余宽包含于检修道或人行道的宽度当中，不设余宽；当不设置检修道或人行道时，应设不小于25cm的余宽。

③ 隧道路面横坡，当隧道为单向交通时，应取单面坡；当隧道为双向交通时，可取双面坡。横坡度宜与洞外路面横坡度一致，一般可采用1.5%~2.0%。

④ 当路面采用单面坡时，建筑限界底边与路面重合；当采用双面坡时，建筑限界底边应水平置于路面最高处。

⑤ 单车道四级公路的隧道应按双车道四级公路标准修建。

四车道高速公路上的短隧道，独立设置的明洞或棚洞，城市出入口的中、短隧道，宜与路基同宽。

2. 检修道、人行道、余宽的宽度

检修道的主要功能是供养护人员在隧道正常运营情况下，可以在检修道区域通行，对隧道进行巡查和一般性检修。高速公路、一级公路隧道应在两侧设置检修道，二级、三级公路隧道应在两侧设置人行道并兼做检修道，检修道或人行道宽度应符合表4.1的规定；连拱隧道行车方向左侧，四级公路隧道可不设检修道或人行道，但为了消除或减少隧道边墙给驾驶员带来的恐惧心理影响(侧墙效应)，保证一定车速的安全通行，应保留不小于0.25m的余宽，设计速度大于100km/h时，余宽应不小于0.5m。检修道或人行道的路缘石比较突出，检修道或人行道高出路面一定高度，可以阻止车辆爬上检修道或人行道，是养护人员或行人的安全界线。检修道或人行道的高度可按250~800mm取值，并应综合考虑下列因素：

① 检修人员或行人步行时的安全。

② 满足其下放置电缆、给水管等的空间尺寸要求，以及电缆沟排水空间要求。

③ 紧急情况时，驾乘人员拿取消防设备方便。不设检修道、人行道的隧道，应在隧道两侧交错布置行人避车洞。行人避车洞同一侧间距不宜大于500m，宽不应小于1.5m，高不应小于2.2m，深不应小于0.75m。

隧道内路侧边沟应结合检修道、侧向宽度、余宽等，布置于车道两侧。

表4.1　两车道公路隧道建筑限界横断面组成及基本最小宽度

公路等级	设计速度/(km/h)	车道宽度 W/m	侧向宽度		余宽 C/m	检修道宽度 J 或人行道宽度 R/m		建筑限界基本宽度/m
			左侧 L_L/m	右侧 L_R/m		左侧	右侧	
高速公路	120	3.75×2	0.75	1.25	0.50	1.00	1.00	11.50
	100	3.75×2	0.75	1.00	0.25	0.75	0.75	10.75
一级公路	80	3.75×2	0.50	0.75	0.25	0.75	0.75	10.25
	60	3.50×2	0.50	0.75	0.25	0.75	0.75	9.75
二级公路	80	3.75×2	0.75	0.75	0.25	1.00	1.00	11.00
	60	3.75×2	0.50	0.50	0.25	1.00	1.00	10.00
三级公路	40	3.50×2	0.25	0.25	0.25	0.75	0.75	9.00
	30	3.25×2	0.25	0.25	0.25	0.75	0.75	8.50
四级公路	20	3.00×2	0.50	0.50	0.25			7.50

注：三车道、四车道隧道除增加车道数外，其他宽度同表中数值；增加车道的宽度不应小于3.5m。

3. 紧急停车带

紧急停车带的主要功能是停放故障车辆、检修工程车，在紧急情况下救援车辆和救援人员用以进行紧急救援活动等。特长隧道、长隧道内不设硬路肩或硬路肩宽度小于2.5m时，单洞两车道隧道应设紧急停车带，单洞三车道隧道宜设紧急停车带，单洞四车道隧道可不设紧急停车带。

紧急停车带宽度为向行车方向右侧加宽不小于3.0m，且紧急停车带宽度与右侧侧向宽度之和不应小于3.5m。紧急停车带长度不宜小于50m，其中有效长度不应小于40m。紧急停车带横坡可取0~1.0%。单向行车隧道紧急停车带设置间距不宜大于750m，并不应大于1000m。双向行车隧道紧急停车带应两侧交错设置，同一侧间距宜采用800~1200m，并不应大于1500m。

4. 横向通道

为了紧急情况下驾乘人员逃生、救援人员能快速到达事故地点及方便隧道养护人员检测和维修，上下行分离的双洞公路隧道之间应设置横向通道。人行横通道限界宽度不得小于2.0m，限界高度不得小于2.5m；车行横通道限界宽度不得小于4.5m，限界高度应与主洞限界高度一致。车行横通道路缘高度宜与隧道行车方向左侧检修道高度一致。人行横通道设置间距宜为250m，并不应大于350m。车行横通道设置间距宜为750m，并不应大于1000m；中、短隧道可不设。

地形条件允许时，可增设连接地面的横通道以减少逃生距离，平时可作为通风道。

4.1.2　公路隧道的净空

公路隧道的净空是指隧道衬砌的内轮廓线所包围的空间，除包括公路建筑限界的要求以外，还应满足洞内设置路面、排水设施和装饰的需要，并应为通风、照明、消防、监控、运行管理等交通工程及附属设施的设置提供安装所需要的空间，以及为衬砌变形和施工误差预留适当的富余量，使确定的断面形式及尺寸符合安全、经济、合理的原则，如图4.2所示。当隧道位于平面曲线半径等于或小于250m的地段时，应在曲线内侧加宽，加宽值和加宽方法与明线相同。

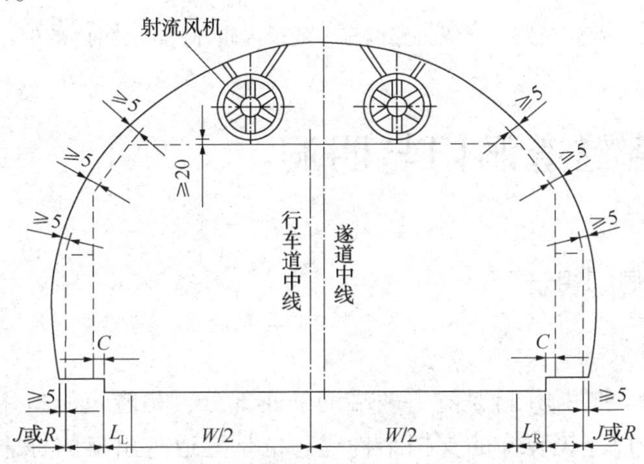

图4.2　公路隧道内轮廓所需要的富余量(单位：cm)

以前公路隧道横断面的设计标准不统一，内轮廓有单心圆的，有三心圆的(既有坦三心圆拱又有尖三心圆拱)等多种形式。《公路工程技术标准》(JTG B01—2014)中提出隧道断面宜采用统一标准，推荐隧道内轮廓采用拱部为单心半圆，侧墙为大半径圆弧，仰拱与侧墙间用小半径圆弧连接的形式，此后公路隧道净空设计趋于标准化。根据大量隧道建设经验积累，《公路隧道设计规范　第一册　土建工程》(JTG 3370.1—2018)给出了各等级不同行车速度公路隧道的建筑限界和内轮廓图，包括高速公路、一级公路、二级公路、三级公路、四级公路两车道隧道建筑限界与内轮廓图，以及高速公路和一级公路三车道隧道建筑限界与内轮廓图，可供设计参考。图 4.3 为高速公路、一级公路设计时速 80km 的两车道隧道内轮廓图。

隧道断面内轮廓在推行标准化的同时，还应考虑个别情况，如对内空断面有特殊要求的情况，或在受力条件方面极为复杂的情况，应对此做特殊设计。

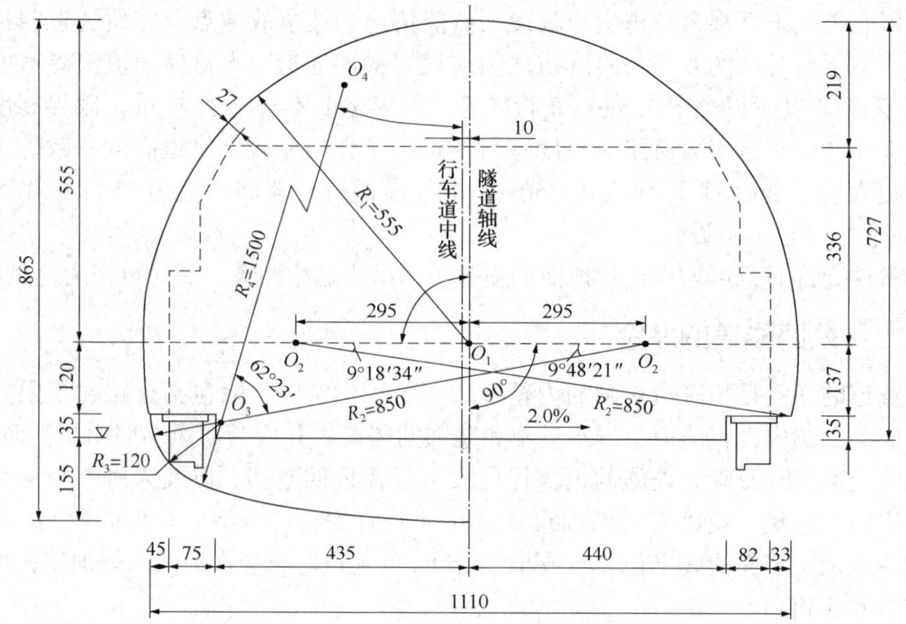

图 4.3　高速公路、一级公路两车道隧道内轮廓(80km/h)(单位：cm)

4.2　公路隧道洞门与明洞

4.2.1　隧道洞门设计

1. 洞门结构概述

洞门(包括隧道门和明洞门)是隧道两端的外露部分，是隧道洞口用圬工砌筑用以保护洞口、排放流水并加以建筑装饰的支挡结构物，也是隧道进出口的标志，习惯上将大里程桩号端定义为出口洞门，小里程桩号端定义为进口洞门。

以往传统的山岭隧道洞门连接路堑与隧道，多为承载结构，设在隧道进出口处采用挡墙支挡洞口正面仰坡和路堑边坡，以减少洞口土石方开挖量，拦截仰坡上方的小量剥落、掉块，减小引线路堑的边坡高度，缩小正面仰坡的坡面长度，从而保持边仰坡的稳定，并将坡面流水引离隧道，同时起到装饰作用。此类传统洞门也可称为挡墙式洞门或路堑式洞门，其结构形式有洞口环框、端墙式、柱式、翼墙式、耳墙式、台阶式、斜交式等形式。

在工程实践中，人们逐渐认识到“洞门是防护承载结构”观念的局限性和不合理性，在实践中逐渐形成了“无洞门”的洞口观念，即不开挖既有山体边坡和周边植被，直接进洞，必要时，将洞口结构适当向洞外延长做成凸出式明洞结构。这种新型洞门功能可以概括为：

① 防护功能，主要是防护洞口上方的落石以及在严寒地区防护洞口积雪等。

② 安全功能，主要是指车辆行驶的安全，公路隧道洞口应具有缓和洞口内、外光线的差异，降低眩晕感，确保眼睛舒适性和视觉安全性的安全作用，高速公路隧道口应具有缓冲作用。

③ 景观功能，与洞口周边的景观协调，缓和高速进入洞内暗部时紧张心理，提高环境意识。相对于传统的隧道洞门，新型洞门结构本着简洁大方、美观实用、保护环境的原则，以不刷坡或少刷坡施作凸出山体削竹式洞门为主要建筑形式，有成为主流形式代替传统的“路堑式”洞门的趋势。凸出式新型洞口为景观设计提供了极大的设计空间和自由度，是路堑式洞口不可比拟的。

洞门结构的形式应实用、经济、美观、醒目，实际工作中遵循“早进晚出”的原则，根据洞口范围内地表原始形态和环境要求等具体情况选择适当的洞门形式，注意与隧道规模、使用特性以及周围建筑物、地形条件等相协调，在保障安全的同时，还应适当进行洞门的美化和环境的美化。

洞门墙基础必须埋置在稳定地基上，应视地形及地质条件埋置足够的深度，保证洞门的稳定性；洞门墙的厚度可按计算或结合其他已建成隧道洞门用工程类比法确定，并应根据实际情况设置伸缩缝、沉降缝和进行排水设计。

2. 洞门形式

(1) 洞口环框。当隧道洞口仰坡极为稳固、岩层坚硬、节理不发育、不易风化(Ⅰ~Ⅱ级围岩)且地形陡峻无排水要求时，可以将洞口段衬砌加厚，形成洞口环框，主要起加固洞口衬砌和减少洞口雨后滴水对洞口段的侵蚀作用，并对洞口做出简单的装饰，不承载。

环框微向后倾，其倾斜程度与洞顶的仰坡一致。环框的宽度与洞口外观相匹配，一般不小于70cm，凸出仰坡坡面宽度不小于30cm，使仰坡上流下的水不致从洞口正面淌下。

(2) 端墙式洞门及柱式洞门。端墙式(一字式)洞门是最常见的洞门，它适用于地形开阔、石质较稳定的地区，由端墙和洞门顶排水沟组成。端墙的作用相当于挡土墙，主要抵抗山体纵向推力及支持洞口正面上的仰坡，保持其稳定。端墙的构造一般是采用等厚的直墙，墙身微向后倾斜，斜度约为1∶10，这样可以受到比竖直墙小的土石压力，而且对端墙的抗倾覆稳定性有好处。洞门顶排水沟用来将仰坡流下来的地表水汇集后排走。端墙式洞门具有结构简单、工程量小、施工简便的优点，在岩层较好时使用最为经济。唯其洞门顶排水条件稍差，若横向山坡一侧较低时，宜开挖沟槽横向引排。

柱式洞门是从端墙式洞门发展起来的，当地形较陡，仰坡有下滑的可能性，又受地形或地质条件限制，不能设置翼墙时，可在端墙中部设置2个(或4个)断面较大的柱墩，每侧可以有单柱或双柱，以增加端墙的稳定性。由于柱式洞门墙面有凸出线条，较为雄伟美观，因此在城市、风景区或有建筑艺术装饰要求的地区，宜采用柱式洞门，特别是对于较长大的隧道，采用柱式洞门比较壮观。

(3) 翼墙式洞门及耳墙式洞门。翼墙式洞门俗称八字式洞门，适用于地质条件较差的Ⅳ级以下围岩。山体纵向推力较大时，以及需要开挖较深路堑的地方，可以在端墙式洞门的单侧或双侧设置翼墙。

翼墙式洞门由端墙及翼墙组成。翼墙是为了增加端墙的稳定性而设置的，正面起到抵抗山体纵向推力，增加洞门的抗滑及抗倾覆能力的作用；两侧面保护路堑边坡，起挡土墙作用。翼墙顶面通常与仰坡坡面一致，其上设置水沟，将洞门顶水沟汇集的地表水引至路堑侧沟内排走。若洞外路堑较深较长，翼墙常变为挡土墙，并沿挡土墙设置泄水沟。翼墙开度可随地形变化，也可因地制宜设置单侧翼墙等。

耳墙式洞门即带耳墙的翼墙式洞门。这种洞门结构形式对于排泄边仰坡地表汇水、阻挡洞顶风化剥落体效果良好，并可大大减少对坡面的冲刷，洞口显得宽敞，结构式样比较美观，而且对于边仰坡坡度不一致的洞口，设计时亦便于处理。虽因砌筑耳墙圬工量略有增加，但可减少铺砌范围，在总的造价上与无耳墙的翼墙式洞门相比，增加费用很有限。采用耳墙式洞门可减少运营期间很大的养护工程量，故此种洞门形式受到广泛欢迎，被认为是一种适用、经济、美观的结构形式。

翼墙、端墙式洞门设计时，洞口仰坡坡脚至洞门墙背应有不小于1.5m的水平距离，洞门端墙与仰坡之间水沟的沟底与衬砌拱顶外缘的高度不应小于1.0m，洞门墙顶应高出仰坡脚0.5m以上。洞门墙应根据情况设置伸缩缝、沉降缝，在墙身处应设置泄水孔。洞门墙的厚度可按计算或结合其他工程类比确定，墙身厚度最小不得小于0.5m。洞门端墙与衬砌之间应设置保证结构完整性的连接钢筋，以利于洞口衬砌与端墙的整体稳定性。洞门墙基础应置于稳固的地基之上，并埋入地面以下一定深度。

(4) 台阶式洞门。当洞门处于傍山侧坡地区、地面横坡较陡、洞门一侧边坡较高时，为了提高靠山侧仰坡起坡点，减小仰坡高度及外露坡长，可以将端墙顶部改为逐步升级的台阶形式，以适应地形的特点，减少洞门圬工及仰坡土石开挖量，也能起到一定的美化作用。此种洞门一般配合偏压隧道衬砌使用，故亦称偏压隧道门。

在靠山侧通常需设置挡墙，以降低边坡开挖高度，并压缩端墙宽度。低山坡一侧如地质较差、地面较高，也可采用矮挡墙。选用台阶式洞门时，通常需要根据洞口地形地质条件，与采用明洞或斜洞门做技术经济比较。

(5) 斜交式洞门。当隧道洞口线路与地面等高线斜交时，为了缩短隧道长度，减少挖方数量，可采用端墙平行于等高线与线路呈斜交的洞口，端墙顶处在同一高度上。在松软地层中，不宜采用斜洞门。斜交式洞门端墙与线路中线的交角不应小于45°，一般斜交式洞门端墙与衬砌斜口段应整体灌注。斜交式洞门一般分端墙式和翼墙式两种，个别工点因受地形限制也可采用柱式斜洞门。

由于斜交式洞门及衬砌斜口段的受力复杂，施工也不方便，因此只有在十分必要时才采用它。道路隧道一般应少设或不设斜交式洞门，不得已必须设置时，对视线诱导标志应有较高的要求，以便保证行车安全。

(6) 拱形明洞门。明洞有拱形明洞和棚洞之分，相应明洞门也分拱形明洞门和棚式明洞门两大类。棚式明洞门并不单独设置，通常在棚洞洞口端横向顶梁上加设端墙，以拦截落石，避免其坠入线路而影响行车安全，故一般阐述的明洞门形式多指拱形明洞门。

拱形明洞门可分为路堑式和半路堑式两类。路堑式明洞门有端墙式(常用柱式)和翼墙式两种，与一般隧道门形式相类似。半路堑式明洞门多用于傍山线路，一般用台阶式高端墙。

(7) 削竹式洞门。削竹式洞门由于洞门正面结构形式类似竹筒被斜向削断的样子而得名。削竹式洞门最初使用于洞口为松软的堆积层，为避免大刷边仰坡而采用较长接长明洞的情况。这种洞门结构与环框式非常相似，但洞门坡面较平缓，一般与自然地形坡度相一致，其上一般回填土石恢复自然植被。洞门两侧边墙与翼墙一样能起到保护路堑边坡的作用，倾斜的洞门还有利于向洞内散射自然光。洞门四周恢复自然植被或重新栽植根系发达的树木以使边仰坡稳定。如果具备条件，在引道两旁边沟外侧可以栽植乔木，形成林荫道，对洞外减光十分有益。不过洞门上方及两侧仍应设置排水沟(渠)以排除地表水，或沿洞脸环向设置高度不小于30cm厚的钢筋混凝土帽石，以防止漫流。削竹式洞门适合于洞口宽敞的场合，现在各种围岩条件都有使用。

(8) 喇叭口式洞门。为美观起见，高速公路隧道也修筑了不少喇叭口式洞门。结合建筑物修建洞门，其形式则更加多样化，一般应根据地形条件，与周围环境相协调设计洞门形式。

(9) 遮光式洞门。公路隧道在照明上有相当高的要求，有时要求在入口一侧设置遮光棚等减光构造物，有时要求对洞外环境做某些减光处理，其入口通常外伸很远。这样的洞门位置，就不需要再做洞门建筑艺术设计，而是用明洞和减光建筑将衬砌接长，直至减光建筑物的端部，构成新的入口。出口洞门的朝向如果有眩光问题，在洞门外侧可以设置遮光板，此时洞门也无须做建筑艺术设计。遮光构造物有开放式和封闭式之分，开放式的遮光板之间是透空的，封闭式则用透光材料将前者透空部分封闭。但由于透光材料上面容易沾染尘垢油污，养护困难，因此很少使用后者。遮光构造物在形状上又有喇叭式与棚式之分。

4.2.2　隧道明洞设计

1. 明洞结构概述

明洞是采用明挖法修建的隧道，它的施工方法不同于一般隧道，不是在地层内先挖出坑道，然后修建结构物，而是在露天的路堑地面或是在敞口的基坑内先修筑结构物，然后再回填覆盖土石。

明洞是隧道洞口或线路上起防护作用的重要建筑物，一般修筑在隧道的进出口处。当遇到地质状况差且洞顶覆盖层较薄，在隧道开挖后顶部围岩容易坍塌，难以采用暗挖法时，或洞口路堑边坡上有落石可能危及行车安全，或公路必须在交通线上方通过且不宜做立交桥时，均需要修建明洞。近年来，为了减少隧道工程对环境的破坏影响，保护环境和景观，减少对山体的开挖，公路隧道已经广泛采用接长明洞方式进洞，洞口处多采用削切式和喇叭口式。

明洞主要包括拱式明洞(一般简称明洞)和棚式明洞(一般简称棚洞)两大类。此外还有特殊结构明洞，以适应特殊场合，如泥石流导槽、框架明洞、箱形明洞等。通常根据明洞的用途、地形、地质条件、荷载分布情况、运营安全、施工难易以及经济条件等具体分析比较，确定明洞形式。

2. 拱式明洞

拱式明洞是由拱圈、内外边墙和仰拱(或铺底)组成的混凝土或钢筋混凝土结构，内轮廓与隧道相一致，但结构截面的厚度要比隧道大一些。由于内外墙基础相对位移对内力影响较大，因此对地基要求较高，尤其是外墙基础必须稳固，必要时需要加设仰拱。拱式明洞结构整体性好，能适应较大的岩土压力，可以倒用隧道模板，适用范围广，通常用作洞口接长衬砌的明洞，以及用明洞抵抗较大的塌方推力和支撑边坡稳定等。

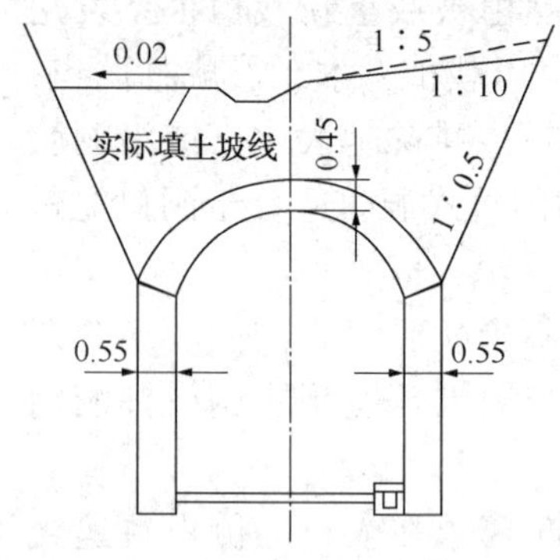

图 4. 4　路堑式拱形明洞
(单位：m)

(1) 路堑式拱形明洞(路堑式对称型明洞)。路堑式拱形明洞，也称路堑式对称型明洞，如图 4. 4 所示，适用于洞顶地面平缓，路堑边坡处于对称或接近对称，边坡岩层基本稳定，仅防边坡有少量坍塌、落石的隧道，或用于隧道洞口岩层破碎、覆盖层较薄而难以用暗挖法修建的隧道。此种明洞承受对称荷载，拱、墙均为等截面，边墙为直墙式。在挖出路堑的基面上，先修建与隧道衬砌相似的结构，然后在上面回填覆盖土石，夯紧并覆盖防水黏土层，并在其上做纵向水沟，以排除地表流水。

(2) 偏压直墙式拱形明洞(路堑式偏压型明洞)。偏压直墙式拱形明洞，也称路堑式偏压型明洞，施工方法与对称型明洞类似，适用于两侧边坡高差较大的不对称路堑，高侧边坡有坍塌、落石或泥石流，低侧边坡明洞墙顶以下部分为挖方，且能满足外侧边墙嵌入基岩要求的地段。它承受不对称荷载，拱圈为等截面，边墙为直墙式，外侧边墙厚度视所处位置的地质和地形情况而定，可以等于或大于内侧边墙的厚度。

(3) 偏压斜墙式拱形明洞(半路堑式偏压型明洞)。在傍山隧道的洞口或傍山线路上，靠山侧边坡较高，有坍塌、落石可能，对行车安全有威胁时，或当隧道必须通过不良地质地段而急需提前进洞时，宜修建半路堑式拱形明洞。

偏压斜墙式拱形明洞，也称半路堑式偏压型明洞，承受偏压荷载，拱圈为等截面，内侧边墙为等厚直墙式，外侧边墙为不等厚斜墙式，适用于地形倾斜，低侧处路堑外侧有较宽敞的地面供回填土石，以增加明洞抵抗侧向压力的能力，且上部填土坡面线能与地面相交以平衡山侧压力的地段。

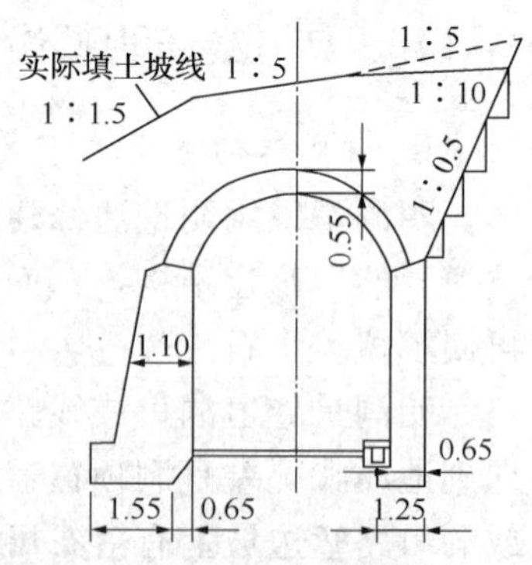

图 4. 5　半路堑单压式拱形明洞(单位：m)

(4) 半路堑单压式拱形明洞。半路堑单压式拱形明洞如图 4. 5 所示，适用于傍山隧道的洞口或傍山线路上半路堑地段，靠山侧边坡或原山坡有坍塌、落石等情况。其外侧地形狭小，地面陡峻，无法回填土石，为平衡内侧压力，可以在结构的外墙顶上接高一段挡墙，用以拦截土石，提高结构的抗倾覆稳定性。此种明洞荷载不对称，受到单侧的压力，拱圈可采用等截面或变截面，内侧边墙为等厚直墙，外墙为设有耳墙的不等厚斜墙。

有时，外侧边墙基底地质不好，不足以承受外墙传来的压力而必须把基础放到下方较深的基岩上时，外墙可以延伸直达基岩，成为内、外墙不同，内短外长的形式，称为长腿式拱形明洞。

当半路堑单压明洞外墙尺寸较厚(3～5m)，而基底地质较好时，外墙可以做成连拱形，每隔3~4m开设一个孔洞，以节省圬工。如果明洞外侧覆盖土不厚，还可以掏成侧洞，使露天的光线可以射进来，外界的新鲜空气可以流进来，以改善明洞内的环境条件。

有时，在隧道洞口有公路或水渠横越而又不宜做立交桥时，为了保持公路的通行和不致中断灌溉农田的水道，可以修建带有渡槽的拱式明洞。在有滑坡的地方，而路线又必须通过时也可以配合挡墙、抗滑桩等，修建抗滑明洞，作为综合治理滑坡的措施之一。

3. 棚式明洞

当山坡的塌方、落石数量较少，山体侧向压力不大，或因受地质、地形限制，难以修建拱形明洞时，可以修建棚式明洞，简称棚洞。棚式明洞的类型常见的有盖板式(墙式)、钢架式、柱式、悬臂式、拱式等，此外还有减光明洞等其他形式的明洞。

(1) 盖板式棚洞(墙式棚洞)。盖板式棚洞是由内墙、外墙及钢筋混凝土盖板组成的简支结构，盖板上回填土石，以保护盖板受山体落石的冲击。

内墙应置于基岩或稳定的地基上，除起挡墙作用外，还承受顶板下传的垂直荷载，一般采用重力式结构，厚度较大。当基岩层完整、坡面较陡、地下水不大，采用重力式内墙开挖量较大时，可采用钢筋混凝土锚杆式内墙。外墙不受侧向压力，仅承受梁和盖板的竖向荷载，它要求的地基承载力较小，厚度较薄，公路上常称为墙式棚洞。外墙也可以根据落石的严重与否以及地质情况，采用立柱式(梁式)或连拱墙式结构以适应地形和节省圬工。

(2) 钢架式棚洞。当地形狭窄，山坡陡峻，基岩埋置较深而上部地基稳定性差时，为了使基础置于基岩上且减小基础工程，可采用钢架式或长腿式外墙，置于稳固的地基上，此时称明洞为钢架式明洞(有时也可采用长腿式明洞)。钢架式棚洞也适用于边坡小量落石，或在连接两座隧道间建明洞时使用，还可为改善隧道通风条件而为公路采用。该明洞主要由外侧钢架，内侧重力式墩台结构、横顶梁、底横撑及钢筋混凝土盖板组成。外墙结构为连续框架，因此对地基承载力要求较高，并做防水层及回填土石处理。

(3) 柱式棚洞。柱式棚洞适用于少量落石，地基承载力高或基岩埋藏浅的地段。其外墙采用独立柱和纵梁方式，结构简单，预制吊装方便，但整体稳定性较差，一般用于公路工程。

(4) 悬臂式棚洞。对稳定而陡峻的山坡，外侧地基不良或地形难以满足一般棚洞的地基要求，且落石不太严重时，可修建悬臂式棚洞。根据山侧岩层的具体条件，内侧可选用重力式边墙或锚杆挡墙等形式，上端接筑悬臂式横梁，其上铺以盖板，在盖板的内端设平衡重来维持结构受外荷载作用下的稳定性。同时，为了保证棚洞的稳定性，要求悬臂必须伸入稳定的基岩内。

(5) 拱式棚洞。拱式棚洞是目前新发展起来的一种明洞形式，主要分为全拱式棚洞和半拱斜柱式棚洞，可以根据地形条件、地质条件、气候条件、防护和环境要求选用。其中，半拱斜柱式棚洞因其结构上更为合理而应用最多。

4. 明洞设计要求

（1）明洞衬砌。明洞宜采用钢筋混凝土结构。当采用拱形明洞时，可按整体式衬砌设计。在地质情况变化较大地段应设置沉降缝，气温变化较大地区应根据长度等情况设置伸缩缝。拱形明洞应设置横向贯穿的伸缩缝，其间隔为6~20m，视实际情况而定。如有侧洞，伸缩缝应避开侧洞位置。

（2）明洞基础。明洞基础应置于稳固的地基上。明洞外边墙、棚洞立柱基础埋置位置在路面3m以下时，应在路基处设置钢筋混凝土横向水平拉杆，并锚固于内边墙基础或岩体中，或采用锚杆锚固于稳定的岩层内；若为棚洞立柱，则宜加设横撑和纵撑，并与相连立柱及内边墙连接，以减小墙底转角，改善结构受力条件，增加墙柱约束，减小其长细比的影响，以确保整个结构的整体性、稳定性。

位于斜坡地段单压明洞的外墙基础，为确保基底稳定，其趾部应埋入稳固的地层中，并与外侧稳固地层边缘保持适当水平距离。公路要求明洞外墙基础趾部应有一定的嵌入深度并应设在冻结线以下0.25m，且保证一定的护基宽度，如表4.2所示。

表4.2 明洞墙基嵌入基岩最小深度和护基最小宽度

岩层种类	埋深 h/m	护基宽度 L/m	说明
较完整的坚硬岩层	0.25	0.3	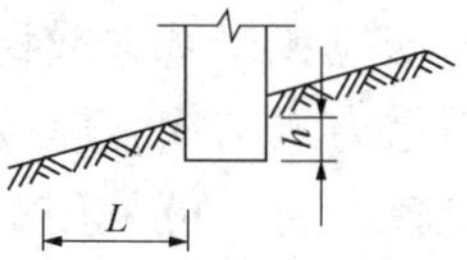
一般岩层（如砂岩、页岩互层）	0.60	1.0	
松软岩石	1.00	1.5	
砂夹砾石	1.50	2.5	

（3）明洞填土。明洞洞顶回填、拱背处理应根据明洞设置目的、作用以及地形条件、山坡病害而定。为防御一般的落石、崩塌而设的明洞，洞顶回填土石的厚度应视落石下坠的实际情况通过计算而定，不宜小于1.5m。

洞顶回填土横向坡度（简称填土横坡）以能顺畅排除坡面水为原则，不小于2%。但考虑山坡崩落的石块，边坡冲刷的泥石，坡面坍塌多堆积于坡脚附近，因此，设计填土坡应较实际填土坡适当加大，作为安全的储备。在一般落石、坍塌的情况下，明洞顶设计填土坡度可为1∶5~1∶3，实际填土坡度可为1∶10~1∶5。

当明洞是为保护洞口自然环境时，应将明洞完全伸出自然山坡坡面，以不破坏自然地面及其景观为原则。可采用拱背部分裸露、按自然地面坡度填土的形式，起坡点在路面标高附近，必要时可在其上采取植保。立交明洞上的填土厚度应结合立交构造物的标高、自然环境、美化要求和结构设计等确定，必要时可设0.8~1.2m的护拱。

明洞应重视拱背和墙背的回填，其中，重视拱背的回填是为了保护拱背及拱脚，增强拱脚的固结，增加其稳定性，起加强的作用。墙背回填质量的好坏，直接影响墙背岩土的稳定、侧压力的大小，也影响墙背抗力的大小。实际采用回填措施时，应根据明洞类型、山坡岩土类别、设计要求、施工方法确定。各种类型明洞的Ⅱ、Ⅲ、Ⅳ级围岩，一般均自墙顶起坡开挖，边墙部位要求与围岩密贴，设计时应考虑围岩弹性抗力作用。此时，墙背如有超挖，应视超挖大小，用混凝土或浆砌片石回填密实，以适合边墙受力条件。V级围岩的边墙，一般不宜垂直开挖，而需用填料回填，但明洞墙背主动土压力是按围岩计算摩擦角计算的，因此边墙背回填的摩擦角不应低于地层的计算摩擦角；但如果设计时已按回填料的计算摩擦角计算，则不应低于该计算用的摩擦角，否则侧压力将增大，影响结构安全。

4.3　公路隧道洞身衬砌结构

开挖后的隧道，为防止围岩变形或坍塌，沿隧道洞身周边用钢筋混凝土等材料修建的永久性支护结构，就是衬砌。

4.3.1　衬砌功能

根据围岩条件和使用目的，隧道洞身衬砌可以分为如下基本类型：

(1) 防护型衬砌。这类衬砌应用于围岩充分稳定的情况，其作用是封闭岩面，防止围岩质量进一步恶化或个别危石的掉落，常采用喷浆、喷混凝土或设置单独锚杆来完成。

(2) 构造型衬砌。这类衬砌应用于围岩基本稳定的情况，所需要的支护强度较低，支护结构可按施工方法和构造要求的最小厚度确定支护参数，通常采用喷射混凝土、设置锚杆和金属网、模筑混凝土等来实现。

(3) 承载型衬砌。承载型衬砌是隧道衬砌的主要类型，应用于围岩暂时稳定的情况，需具有一定的承载力。根据荷载的性质、大小、分布不同，其类型和构造多样，需要根据工程类比和理论计算确定支护参数。

(4) 特殊承载型衬砌。这类衬砌应用于围岩不稳定，如膨胀、偏压、浅埋、高地应力等特殊情况，多采用“先支护后开挖”的超前支护措施及强有力的初期支护，同时后期支护也要承受一定的荷载。

4.3.2　衬砌结构组合类型

隧道工程衬砌的方式可考虑以下途径：

(1) 外部支护，即从外部支撑坑道的围岩，如模筑混凝土整体式衬砌、砖石衬砌、装配式衬砌、喷射混凝土衬砌等。

(2) 内部衬砌，即对围岩进行加固以提高其稳定性，如锚杆衬砌、注入浆液等。

(3) 混合衬砌，即内部与外部支护混合一起的衬砌，如喷锚衬砌。

在实际工程中，衬砌结构(支护结构)通常分为初期支护(一次支护)和永久支护(二次支护、二次衬砌)。初期支护是为了保证施工的安全，加固岩体和阻止围岩的变形、坍塌而设置的临时支护措施，常用支护形式有木支撑、型钢支撑、格栅支撑、锚喷支护等，其中型钢支撑、格栅支撑、锚喷支护一般作为永久支护的一部分，与二次衬砌共同工作。二次支护是为了保证隧道使用的净空和结构的安全而设置的永久性衬砌结构。在实际工程中，衬砌主要指能作为永久支护的结构，常用的衬砌结构类型有整体式混凝土衬砌、装配式衬砌、锚喷衬砌和复合式衬砌等。接下来对上述衬砌结构进行介绍。

4.3.3 整体式混凝土衬砌

整体式混凝土衬砌采用模筑现浇而成，对地质条件的适应性较强，易于按需要成型，整体性好，抗渗性强，而且可以适合多种施工条件，如可用木模板、钢模板或模板台车等，因而在隧道工程中得到广泛应用。它采用混凝土现浇而成，在灌注以后不能立即承受荷载，必须经过一个养护的过程，因而施工进度受到一定的限制。整体式混凝土衬砌可采用多种形式，公路隧道中最为常用的是直墙拱形衬砌和曲墙拱形衬砌。

1. 直墙式衬砌

直墙式衬砌形式通常适用于地质条件较好的地层、以垂直围岩压力为主而水平围岩压力较小的情况，主要适用于我国公路隧道围岩分类中的Ⅰ、Ⅱ、Ⅲ级围岩，有时也可用于Ⅳ级围岩。

直墙式衬砌由上部拱圈、两侧竖直边墙和下部铺底三部分组合而成，拱部内轮廓线系由三心圆曲线组成。一般来说，顶部拱圈可采用圆弧形拱、坦三心圆拱或尖三心圆拱。三心圆拱指拱轴线由三段圆弧组成，其轴线形状比较平坦时称为坦三心圆拱，形状较尖时称为尖三心圆拱。拱圈是等厚的，内外轮廓为圆心重合、半径不同的同心圆弧。两侧边墙是与拱圈等厚的竖直墙，与拱圈平齐衔接。洞内一侧设有排除洞内积水的排水沟，有水沟一侧的边墙要深一些。整个结构下部是敞口的，并不闭合；底部多以素混凝土铺底，称为底板，以便铺设轨道或路面。在特殊情况下，直墙式衬砌结构有半衬砌、大拱脚以及连拱边墙或柱式边墙等几种变化形式。

2. 曲墙式衬砌

曲墙式衬砌适用于地质较差、岩体比较破碎、强度较低且水平围岩压力较大的情况。它由顶部拱圈、侧面曲边墙和仰拱(或铺底)组成。

顶部采用变厚度拱圈，拱顶稍薄，拱脚稍厚，外弧与内弧的半径不同，圆心位置也互不重合。侧墙采用变厚度曲墙，内弧外弧的圆心在同一水平面上。外弧在圆心水平面以下为直线形，稍稍向内偏斜。Ⅴ级或Ⅵ级围岩，压力很大，侧墙外轮廓圆心水平面下的部分做成竖直直线形状，不再向内倾斜，使侧墙底宽度更大，以阻止受压下沉。

4.3.4 装配式衬砌

就地模筑的整体式混凝土衬砌虽然在我国被广泛采用，但是它在灌注以后不能立即承受荷载，必须经过一个养护时期，因而施工进度受到一定的限制。随着社会不断地向着工业化和机械化发展，隧道施工也提出向工业化和机械化改进。于是，出现了装配式隧道衬砌。

1. 装配式衬砌的特点

装配式衬砌，也称拼装式衬砌、管片衬砌，是将衬砌分解为若干块构件(也称管片)，这些构件在现场或工厂预制，然后运到现场安装。

装配式衬砌具有下列优点：

① 一经装配成环，不需养护时间，即可承受围岩压力；

② 预制的构件可以在工厂成批生产，在洞内机械化拼装，从而改善了劳动条件；

③ 拼装时，不需要临时支撑如拱架、模板等，从而节省了大量的支撑材料和劳力；

④ 拼装速度因机械化而提高，缩短了工期，还有可能降低造价。

但装配或衬砌还存在一些缺点，如需要坑道内有足够的拼装空间，制备构件尺寸上要求有一定的精度，接缝多、防水较困难等。由于以上缺点，目前装配式衬砌在我国公路隧道上未能广泛使用。相信在科学技术发展的将来，克服了上述缺点后，装配式衬砌将是一种有前途的衬砌形式。

2. 装配式衬砌的构造

装配式衬砌的构造应满足下列条件：①强度足够而且耐久；②能立即承受荷载；③装配简便，构件类型少，形式简单，尺寸统一，便于工业化制作和机械化拼装；④构件尺寸大小和重量适合拼装机械的能力；⑤有可靠的防水设施。

4.3.5　锚喷衬砌

锚喷衬砌是指采用锚杆加固围岩，同时在围岩表面喷射混凝土，形成隧道永久结构的支护方式。锚喷衬砌具有及时、施工方便和经济性显著等特点，是目前常用的一种围岩支护手段，可充分发挥围岩的自承能力，有效利用洞内净空，提高作业安全性和作业效率，能适应软弱和膨胀性地层中的隧道开挖，并可用于整治塌方和衬砌裂损。

与模筑混凝土不同，锚喷衬砌不是以一个刚度强大的结构物来抵抗围岩压力，而是通过喷射混凝土和施作锚杆，与围岩合成一体，充分发挥围岩本身的自稳能力，是柔性衬砌。锚喷衬砌可有效降低工人劳动强度，减小隧道开挖断面，节省圬工工程量。

锚喷衬砌设计应符合下列要求：

① 锚喷衬砌内部轮廓应比整体式衬砌适当放大，除考虑施工误差和位移量外，应再预留 10cm 作为必要时补强用。

② 遇下列情况不应采用锚喷衬砌：地下水发育或大面积淋水地段；能造成衬砌腐蚀或膨胀性围岩的地段；最冷月平均气温低于-5℃地区的冻害地段；有其他特殊要求的隧道。

4.3.6　复合式衬砌

复合式衬砌是把衬砌分成两层或两层以上，通常由初期支护(又称初衬或初支)和二次衬砌(又称永久支护、内层衬砌)组成。隧洞开挖后，先在洞壁表面喷射一层早强混凝土，厚度多在 5~20cm，有时也同时施作锚杆，凝固后形成薄层柔性支护结构，即为初期支护。待初期支护与围岩变形基本稳定后即可绑扎钢筋、推移模板台车就位、就地灌注混凝土施作二次衬砌。为了防止地下水流入或渗入隧道内，在初期支护和二次衬砌之间通常要敷设防水层。

与其他类型的衬砌相比，复合式衬砌造价较高，施工较复杂，但结构合理，防水效果好，是目前公路隧道的主要支护形式。初期支护施作及时、刚度小、易变形、与围岩密贴，可有效保护和加固围岩，充分发挥围岩的自承作用。二次衬砌表面光洁平整，可以防止初期支护风化、装饰内壁、降低风阻、增强安全感。

1. 初期支护

初期支护是由以喷射混凝土和锚杆为基本组合形式的一系列支护构件组成的，对地层条件的适应性强，但施作工艺比较复杂。初期支护是现代隧道工程中帮助围岩获得初步稳定，并保证隧道施工期间的安全，以便挖除坑道内岩体的一系列支护结构和工程措施。由于复合衬砌主要采用喷射混凝土和锚杆作为基本组合形式，并通过调整初期支护参数来适应围岩级别以及围岩松弛范围和松弛程度变化，因此，初期支护层次较多，变化较多，施作工艺比较复杂。

初期支护也泛指“锚喷支护”(锚杆、喷混凝土、钢拱架)、“超前支护”(超前锚杆、超前管棚)、“注浆加固”(超前小导管预注浆及超前深孔帷幕注浆)等一系列支护措施。锚喷支护是初期支护最基本的结构形式，也是在常规条件下隧道工程中使用最多的工程措施。

(1) 锚喷支护。锚喷支护包括喷射混凝土(有时加钢筋网或钢纤维)、锚杆和钢拱架三部分。

① 喷射混凝土。喷射混凝土是以压缩空气为动力，将掺有速凝剂等外加剂的混凝土拌和料与水混合成为浆状，喷射到坑道的岩壁上并迅速凝结而成的细石混凝土。喷射混凝土根据喷射工艺可分为干(潮)喷、湿喷和混合喷三种，其中以湿喷工艺较优，混凝土质量较好，实际工程中应用较多。

喷射混凝土厚度一般在 5~20cm，最厚不超过 25cm，太薄不足以覆盖局部突出岩石，太厚则失去了柔性衬砌的特点，喷射混凝土强度等级为 C15~C20。

在比较松散软弱的岩层中，为了加强喷层的抗剪强度和韧性，喷射混凝土中可以加金属网或钢纤维，称为“钢筋网喷射混凝土”或“钢纤维喷射混凝土”。钢筋网的钢筋直径一般为 6~10mm，网格孔间距为 200mm。钢筋网与岩面绑扎焊接牢固后，即可喷射混凝土。

② 锚杆。锚杆是安设在隧道及地下工程的围岩体中的杆状构件。锚喷支护通过锚杆较高的抗拉能力来约束围岩的变形，从而提高围岩的自稳能力，实现对围岩体的加固。锚杆按其对围岩加固的区域可分为系统锚杆、局部锚杆和超前锚杆。常规支护中的锚杆主要指的是系统锚杆和局部锚杆。

系统锚杆是指在坑道范围内的岩体被挖除后，沿横断面的径向安装于围岩内部的锚杆群。系统锚杆强调的是多根锚杆的联合作用，以形成对围岩承载环的加固，即“群锚效应”。局部锚杆是指只在一定的区域和方向安装的少量锚杆，如锁脚锚杆。局部锚杆强调的是维护围岩的局部稳定或对初期支护的局部加强。超前锚杆是指沿开挖轮廓线，以稍大的外插角，向开挖面前方围岩内安装的锚杆群。超前锚杆强调的是超前支护，即形成对前方围岩的预加固，使施工人员能够在提前形成的围岩加固圈的保护下进行开挖作业。

锚杆长度一般为 2.5~6.0m，锚杆间距一般不宜大于其长度的一半。对于大跨度隧道，为节省钢材，可以采用长短相间的锚杆支护形式。

③ 钢拱架。钢拱架因其整体刚度和强度均较大，所以对围岩松弛变形的限制作用更强，可及时阻止有害松动，也可以承受已发生的松弛荷载，保证隧道稳定与安全，还可以作为超前支护的支点。钢拱架有花钢拱架和型钢拱架两种结构形式。

花钢拱架(或称格栅钢架)是采用螺纹钢筋焊接而成的拱形钢拱架，一般在工地加工，现场拼装。由于花钢拱架与混凝土及其他材料有更好的相容性，因此在现代隧道工程中广泛用作初期支护。

型钢拱架是采用型钢(多为工字钢)弯制而成的拱形钢架。型钢拱架一般是在工厂加工，也可在工地加工，再运到现场拼装。由于喷射混凝土时，型钢拱架的背面不易密实，与混凝土共同工作性能不好，因此现在多用于抢险和塌方处理。

钢拱架的截面高度一般为100~200mm。当隧道断面较大或围岩压力很大时，钢拱架的截面高度可取200~250mm；当隧道断面很大，围岩压力也很大时，钢拱架的截面高度可取250~300mm。

（2）超前支护。在工作面不能自稳的条件下，需要先采取适宜的工程措施使工作面保持稳定，然后再开挖坑道范围内的岩体。这类针对掌子面前方围岩（包括将被挖除的岩体）而采用的一系列支护措施，称为超前支护，常用的有超前锚杆、超前小导管、超前管棚等。超前锚杆是指沿开挖轮廓线，以稍大的外插角，向开挖面前方围岩内安装锚杆；当需要进行注浆时，可以采用直径较小、孔壁钻孔的钢管。超前管棚指沿开挖轮廓线，以较小的外插角，向开挖面前方围岩内安装直径较大的长钢管，对掌子面前方围岩进行预支承，防止开挖过程中围岩坍塌，主要适用于稳定性很差的围岩条件和洞口区域，安装需要专用机械。

（3）注浆加固。注浆加固是为了改良松散地层的工程力学性能，而将适宜的胶结材料按一定的注浆工艺注入松散地层中的工程措施，也称为“地层改良”。

胶结材料在松散地层中凝结后，松散岩体的力学性能得以改善。这部分经过改良的岩体作为隧道围岩，其稳定性得以增强，改良后的岩体能更好地与初期支护共同工作，成为隧道承载结构。

2. *内层衬砌*

内层衬砌主要作为安全储备，用于承受后期围岩压力。一般是在初期支护后围岩变形基本稳定时，再施作内层衬砌。考虑到隧道投入使用后的服务年限很长，为了承受后期围岩压力，降低洞内空气阻力，满足洞内功能性构造要求和美观要求，以及保证隧道在服务过程中的稳定、耐久，现代隧道工程中一般均设有内层衬砌。内层衬砌多采用等厚度截面，变化较少，构造较简单，必要时只需将两侧边墙下部稍做加厚，以降低基底应力。

内层衬砌有多种材料和构造形式，但以就地模筑混凝土或钢筋混凝土为主，也有采用拼装式钢筋混凝土作为内层衬砌的。

4.3.7　衬砌材料

修建隧道衬砌的材料，应具有足够的强度和耐久性，在某些环境中，还必须具有抗冻、抗渗和抗腐蚀性。此外，衬砌材料还应满足就地取材、降低造价、施工方便及易于机械化施工等要求。常用的隧道衬砌材料有以下几种。

1. *混凝土和钢筋混凝土*

混凝土衬砌整体性和抗渗性较好，既能现场浇筑，也可以在工厂预制，而且能采用机械化施工。可以在水泥中掺入外加剂，以提高混凝土的密实度，从而提高混凝土的抗渗性和防水性能。但是，混凝土浇筑后需要养护而不能立即承受荷载，需要达到一定强度后才能拆模；占用和耗用较多的拱架及模板；某些特殊环境中耐侵蚀性能较差。但其优点是主要的，所以目前混凝土仍然是隧道衬砌结构的主要建筑材料。

混凝土中加入钢筋是为了提高衬砌的抗拉、抗剪性能，所以在明洞衬砌及地震区、偏压、通过断层破碎带或淤泥、流砂等不良地质地段的隧道衬砌中，基本上都采用钢筋混凝土材料，在特殊情况下可加入旧钢轨或焊接钢筋骨架进行加强。

衬砌混凝土强度等级有C15~C50，工程中衬砌混凝土强度多在C20以上。钢筋混凝土材料中混凝土强度等级不低于C20，钢筋最低型号为HPB300，主要受力钢筋一般在HRB400以上。

2. 喷射混凝土

喷射混凝土加入了速凝剂，能很快凝结硬化，早期强度和密实性均较普通混凝土高，能封闭围岩的裂隙，起到支护围岩的作用。其施工过程可以全部机械化，且不需要拱架和模板。在石质较软的不稳定围岩中，喷射混凝土还可以与锚杆、钢丝网等配合使用，是一种理想的衬砌材料。

3. 片石混凝土

仰拱填充及超挖回填，可在混凝土中掺入片石(掺量不超过总体积的20%)，可以节省水泥，降低工程造价。片石混凝土中的片石应选用坚硬的石料，其抗压强度不应低于30MPa，严禁使用风化片石。片石之间要有10cm左右的间距，不得有空洞。

4. 料石或混凝土块

料石或混凝土预制块的优点是：可以就地取材，能节约大量水泥和模板，耐久性和耐侵蚀性能较好，可保证衬砌厚度并能较早地承受荷载。其不足之处是砌缝多，容易漏水，防水性能较差，施工主要靠手工操作，难以机械化施工，费工、费时，施工进度较慢。

4.4 公路隧道附属构筑物

隧道主体结构建成后，为了隧道能够正常使用，保证车辆的安全通行，还必须设置一些附属建筑物来配合，包括防排水设施、运营通风设施、照明设施、安全避让设备、电力通信设施以及监控设施、公用设施、消防设施等应急救援设施等。

4.4.1 隧道防排水建筑与设施

隧道防排水一般应采取“防、排、截、堵相结合，因地制宜，综合治理”的原则，以达到防水可靠、排水通畅、线路基床底部无积水、经济合理的目的。

1. 防水措施

防水即堵水，是指堵住地下水，不让其从衬砌背后渗入隧道。防水措施包括构筑防水混凝土结构、设置防水层、注浆堵水等。

(1) 防水混凝土结构。防水混凝土是指以调整配合比或掺用外加剂的方法增加混凝土的密实性，以提高混凝土自身抗渗性能的一种混凝土，常用的有普通防水混凝土、外加剂防水混凝土、高性能防水混凝土等。防水混凝土结构厚度不应小于30cm，抗渗等级不得低于P6，裂缝宽度不得大于0.2mm，并不得贯通；当为钢筋混凝土时，迎水面主筋保护层厚度不应小于5cm。

(2) 防水层。防水层种类有很多，大致可归纳为两类：一类为粘贴式防水层，如用沥青将油毡(或麻布)粘贴在衬砌的外表面(适用于明挖修建的地下工程)，衬砌内表面渗漏或施工缝处的渗漏可用内贴式防水层，复合式衬砌在初期支护与二次模筑衬砌之间可粘贴软聚氯乙烯薄膜、聚乙丁烯片、聚乙烯片等防水卷材，采用无纺布做缓冲层；另一类为喷涂式防水层，如"881"涂膜防水胶、阳离子乳化沥青等防水剂。

(3) 衬砌施工缝和变形缝防水。

① 施工缝的防水。施工缝是衬砌混凝土间歇灌注时造成的。常见施工缝防水的单一构造形式如图4.6(a)、图4.6(b)所示，也可采用其他新型、成熟、可靠的防水构造形式，如图4.6(c)所示。

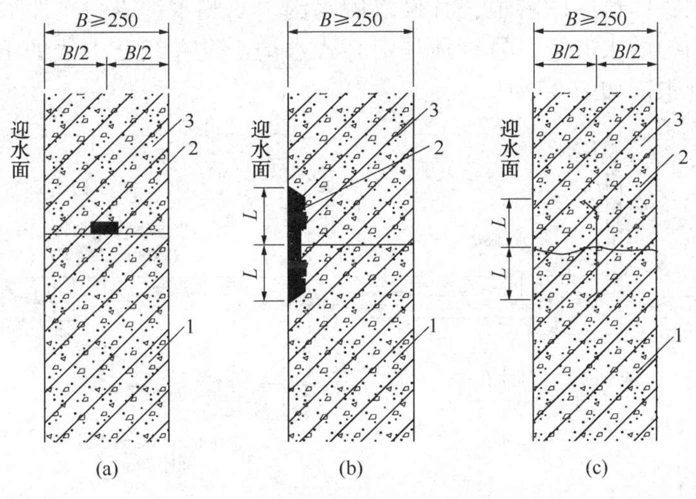

图4.6　施工缝的防水基本构造(单位：mm)

注：(a)遇水膨胀止水条构造；(b)迎水面外部防水构造，外贴止水带 $L \geqslant 150$mm，外涂防水涂料和外抹防水砂浆 $L=200$mm；(c)中埋止水带构造，钢板止水带 $L \geqslant 150$mm，橡胶止水带 $L \geqslant 125$mm，钢边橡胶止水带 $L \geqslant 120$mm；1为先浇混凝土；2为遇水膨胀止水条或外贴防水层或中埋止水带；3为后浇混凝土。

② 变形缝(沉降缝、伸缩缝)的防水。沉降缝是为了防止不均匀沉陷所引起衬砌的开裂而设置的，在地质条件有显著变化处、明洞与隧道衬砌连接处，均应设置沉降缝。伸缩缝是为了防止因温度变化使混凝土自由伸缩产生裂缝而设置的。由于隧道内温差较小，故除严寒地区外，一般地区在隧道内不设置伸缩缝。

(4) 注浆堵水。采用超前小导管或超前长钢管将适宜的胶结材料压注到地层节理、裂隙、孔隙中，不仅可以加固围岩，而且可以起到了堵水作用，更可以防止地下水大量流失，较好地保护地下水环境。在隧道内层衬砌施工完成后，若因内层衬砌混凝土质量等问题产生渗漏，也可以向衬砌与围岩之间的缝隙压注胶结材料，以实现堵水。常用的浆液材料有水泥浆、水泥砂浆、水泥-水玻璃浆液、化学浆液，以及近年来广泛采用的双快水泥浆液等材料。

2. 排水措施

如果衬砌背后的地下水无法排除，地下水位就会逐渐升高，给隧道衬砌施加很大压力，必须采用排水设施将地下水引入隧道内，再经由洞内水沟排至洞外。排水设施主要有衬砌内的纵横向排水沟、衬砌上的引水管(暗槽)或泄水孔、衬砌背后的纵横向盲沟和集水钻孔等。

(1) 排水沟。隧道全长在100m及以下(干旱地区为300m及以下)，且常年干燥的，可不设洞内排水沟。除此之外，均应设排水沟。水沟坡度应与线路坡度一致，水沟断面视水量的大小而定，应有足够的过水能力。一般沟底宽不应小于40cm，沟深不应小于35cm。沟底纵坡宜与线路纵坡一致。水沟上面应设有预制的钢筋混凝土盖板，其顶面应与避车洞底面齐平。排水沟在一定长度上应设检查井，以便随时清理残渣。

排水沟有两种形式：一种是侧式水沟，设在线路的一侧或两侧，视水量大小而定。有仰拱的隧道宜采用侧沟；单线隧道宜优先设置双侧水沟；当地下水较大或长隧道以及采用混凝土宽枕道床或整体道床的隧道，宜设双侧水沟。双侧水沟隔一定距离应设一条横向联络沟，以平衡不均匀的水流量。另一种是中心式水沟，设在线路中线的下方或设在双线隧道两线路之间。排水沟如图4.7所示。

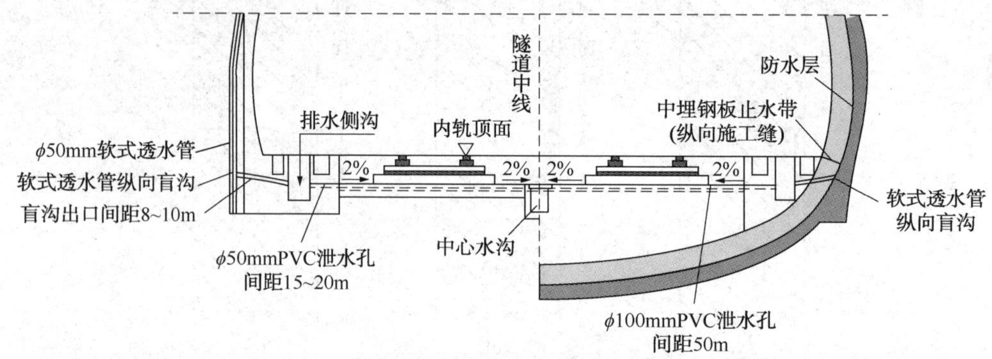

图4.7 隧道排水沟断面图

(2) 盲沟(管)。盲沟(管)是在衬砌与围岩之间设置的汇水、过水通道。它主要用于引导较为集中的局部渗流水，根据需要设置纵向或环向盲沟(管)，将水流引入衬砌墙脚的泄水孔中。盲沟也可以在沟中用干砌片石、卵石等回填作为导水层，将地下水在衬砌背后集中到沟内排入洞内水沟。

现在新型柔性盲沟(管)通常由工厂加工制造，安装方便，布置灵活，连接容易，接头不易被混凝土阻塞，过水效果良好，成本较低。目前使用较多的盲沟(管)是弹簧软管盲沟(管)和化学纤维渗滤布盲沟(管)。

① 弹簧软管盲沟(管)。一般采用10号钢丝缠成直径5~8cm的圆柱形弹簧或采用质硬又具有弹性的塑料丝缠成半圆形弹簧，或带孔塑料管，以此作为过水通道的骨架。安装时，外覆塑料薄膜和铁窗纱从渗流水处开始沿环向铺设并接入泄水孔。

② 化学纤维渗滤布盲沟(管)。这种盲沟(管)以结构疏松的化学纤维布作为水的渗流通道，其单面有塑料敷膜，安装时使敷膜朝向混凝土一面，可以阻止水泥浆渗入滤布。这种渗滤布式盲沟(管)质量轻，便于安装和连续加垫焊接，宽度和厚度也可以根据渗排水量的大小进行调整，是一种较理想的渗水盲沟。

3. 截水措施

截水是指截断地表水和地下水流入隧道的通路。

(1) 洞顶天沟。为防止地表水冲刷仰坡，流入隧道，一般应在洞口边仰坡上方设置天沟，但当地表横坡陡于1∶0.75时可不设天沟。

天沟设于边仰坡坡顶以外不小于5m处，黄土地区应不小于10m。天沟一般沿等高线向线路一侧或两侧排水。天沟坡度根据地形设置，但应不小于3‰，以免淤积。当纵坡过陡时，应设计急流槽或跌水连接。一般在地面自然坡度陡于1∶1时，水沟宜做成阶梯式，以减少冲刷。天沟断面应根据流入截水沟的汇水区流量确定。水沟深度宜高出计算水面20cm，一般底宽和深度均不小于60cm；在干燥少雨地区，深度可减至40cm；水沟分水点深度可减至20cm。天沟长度的确定应满足使边仰坡面不受冲刷、下游应将水引至适当地点排泄、避免危害农田和冲刷山体的要求。流量较大时，不宜将水引向路堑排泄，应根据地形将水引至沟谷或涵洞处排泄。在容易渗漏、沉陷和易冲蚀的地层及易溶于水的岩层中设置的天沟，其底部及侧壁必须用M5水泥砂浆浆砌片石铺砌。通过裂隙岩层的天沟可采取水泥砂浆抹面、勾缝等防止渗漏的措施。

(2) 泄水洞。泄水洞一般是在地下水特别发达、涌水地段较长且水压较高，用其他防排水措施难以收效时才采用。泄水洞应设在地下水上游一侧，与隧道方向平行或近似平行，使周围的地下水经由泄水洞的过滤孔眼流入泄水洞内排走，以达到拦截排水、防止地下水影响隧道的目的。泄水洞与隧道的间距应根据地质情况、地下水位及需要降低水位的程度等来确定，一般情况下其净距为10~15m，如图4.8所示。泄水洞断面尺寸除应保证有足够的排水能力外，还应便于施工和检查维修，一般不小于1.2m(宽)×1.8m(高)。泄水洞纵向坡度应满足流水通畅，一般不小于3‰。

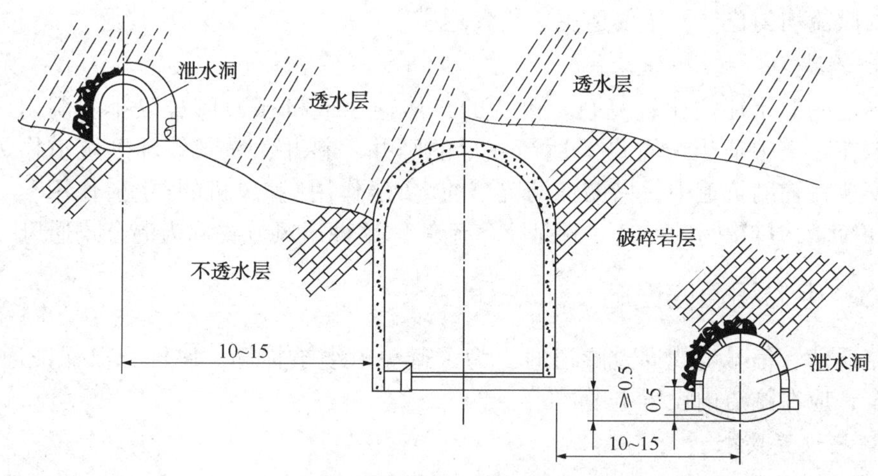

图4.8　拦截地下水疏干地层泄水洞(单位：m)

4.4.2　隧道通风设施

隧道通风可分为施工期间的通风和运营期间的通风。这里主要介绍运营期间通风设施的构造。在运营期间，由于车辆会排放大量烟尘、有害气体和热量，衬砌缝隙也不时渗透出有害和潮湿的气体，维修人员呼出二氧化碳等，隧道内空气变得污浊、炽热和潮湿。因此，必须进行通风，将有害气体及热量等排出洞外，引入新鲜空气。通风方式分为自然通风、机械通风和混合通风三种。

1. 自然通风

自然通风利用洞口两端气压差在洞内形成的自然风流和汽车或列车运行所引起的活塞风流来达到通风换气目的，既简单又节约能源，短隧道应优先选择这种通风方式。

自然通风效果不稳定，在实际应用中，主要根据实践经验确定是否需要采用更有效的通风方式。为保证和改善自然通风效果，应尽量将隧道设计成直线隧道和坡道，并将洞内衬砌表面做得平整光滑，以减少风阻。

2. 机械通风

对长大隧道，自然通风效果往往不能满足要求，应采用更有效的机械通风。通风机械一般采用纵向轴流式通风机。轴流风机的出口风速可达 30m/s，对隧道内空气的纵向流动可以起到“引射作用”，故也称为射流通风。轴流风机的特点是体积小、风力大、风向可逆、设备费用低，但噪声大。

轴流风机的安装位置，通常是悬吊于拱顶部位，也有设置在侧墙部位的，一般都要占用隧道断面空间。因此，在确定隧道净空时，必须考虑到风机的安装位置，保证风机不侵入建筑限界。

轴流风机的纵向布置形式有两种：一种是将风机集中布置在洞口段，但由于风机离洞口较近，“短路”现象较明显，通风效率较低，故主要适用于中长隧道；另一种是沿隧道纵向等距离布置，其间距宜为 100~150m，每个设置断面上设 1~2 台风机，这种布置形式可以保证洞内风流均匀稳定，主要适用于长大隧道。

3. 混合通风

长大隧道的形状往往比较复杂，单一的自然通风或机械通风难以排除洞内污浊空气，此时可考虑在隧道中适当位置设置适当数量的竖井、斜井、横洞等辅助坑道作为通风道，并把风机安置在辅助坑道中，借助辅助坑道的“负压作用”和风机的“引射作用”，加大洞内空气流速和流量，排出污浊空气，保证空气新鲜。这种通风方式称为混合式通风。

4.4.3 电力和通信设施

当公路通信、信号电缆通过隧道时，为了避免电缆被损坏、腐蚀，以保证通信、信号工作的安全，应在隧道内设置电缆槽。

1. 电缆槽设置要求

通信、信号电缆可设在同一电缆槽内，也可以分设，但通信、信号电缆必须和电力电缆分槽铺设。如分槽铺设困难时，电力电缆可沿隧道墙壁架设，但应有必要的防护措施。在地形困难区段，自动闭塞电力电缆可与通信电缆同槽铺设，但应将电缆排列位置固定，两电缆间的最小距离不得小于 0.1m，电力电缆应涂以标志颜色。

电缆在隧道内完成平面或竖向转变过渡时，其弯曲半径不小于 1.2m，对应折线的转折角不应大于 30°，转折长度不小于 0.6m。电缆槽应设盖板，盖板顶面应与避车洞底面、水沟盖板顶面或道床顶面齐平。当电缆槽与水沟并行时，宜分设盖板。电缆槽净空尺寸可由有关专业提供，一般当通信、信号电缆合槽设置时，主要干线为 25cm×20cm（宽×高），非主要干线为 20cm×20cm（宽×高）；当通信、信号电缆分槽设置时，其净空尺寸可适当减小。为使电缆槽内不积水，每隔 3~5m 设流水槽一道。

电缆槽根据隧道衬砌类型、电缆槽位置与洞内水沟异侧或同侧等情况分为甲、乙、丙三种类型。

当隧道长度大于500m时，为便于电缆维修，电缆应留余长，并需在设电缆槽同侧的大避车洞内设余长弧形电缆槽。避车洞原电缆槽仍需照做，并在两槽衔接处预留槽口。隧道长500~1000m时，可在中部设一处电缆槽；隧道长大于1000m时，每500m增设一处电缆槽。为便于电缆维修时使用余长电缆，槽内除电缆位置以外的空间全部用粗砂回填。

2. 无人增音站(洞)

根据电信传输衰耗和通信设计要求，每隔一定距离应设置无人增音站(洞)一处。当无人增音站(洞)位于隧道内时，则应在边墙外增设无人增音站(洞)，以便安装无人增音机。无人增音站(洞)的具体位置由通信专业人员确定，尽量选择在无水、地质条件较好、洞内温差较小的地方，一般多设于大避车洞内。

4.4.4　紧急停车带和避车洞

隧道中行驶的车辆发生故障时，故障车必须尽快离开行车道，以免引起交通阻塞，避免发生交通事故，紧急停车带就是专供紧急停车使用的停车位置。高速公路、一级公路的特长隧道和长隧道，应根据需要设置紧急停车带；10km以上的特长隧道，还应考虑设置回车道设施，使车辆能在发生火灾时避难或退避。

紧急停车带的间隔主要根据故障车的可能滑行距离和人力可能推动的距离而定。我国目前参照国际道路常设协会的隧道委员会推荐值来确定紧急停车带的有关参数，超过2km以上的隧道，间隔约为750m设置宽3.5m、长40m的紧急停车带。

4.4.5　公路隧道的内装、顶棚、路面

1. 内装

为了确保公路隧道中行车安全和舒适，隧道中必须具有足够的能见度，同时墙面须用适当的材料提高噪声消减效果。未经内装的混凝土衬砌表面，容易吸附各种固体颗粒、油污而受到污染，使墙面的反光率降低。采用适当材料进行内装的墙面，具有不易污染、容易清洗、耐冲刷、耐酸碱、耐腐蚀、耐高温等特点，同时可以起到美观作用。常用隧道内装材料有：

(1) 块状混凝土：表面粗糙，易造成污染且不好清洗，但衬砌表面不需特殊处理。

(2) 饰面板、镶板等：不易造成污染，容易清洗，板背后的渗漏水隐蔽，各种管线容易在板背后隐蔽设置，板背后的空间有利于吸收噪声。

(3) 瓷砖：表面光滑，最容易洗净，但没有吸声作用。

(4) 油漆：比块状混凝土材料容易清洗，不及其他两种材料，对衬砌表面要求很高，需要压光、平整，但也没有吸声作用，且不耐潮湿。

2. 顶棚

顶棚的反射率能增加路面亮度。顶棚用漫反射材料可以避免产生眩光，其颜色的明亮程度直接影响路面亮度，所以顶棚最好是浅色的。

顶棚是背景的一部分，特别是在有坡度处和变坡点附近对识别障碍物和察觉隧道内异

常现象颇有帮助。顶棚可以美化隧道，特别是与整齐排列的灯具相互衬托，更可以起到美化的效果，并有明显的诱导作用。

顶棚可根据需要做成平顶或拱顶。在自然通风或诱导通风时，可以用拱顶；在半横向或横向通风时，可以用平顶。顶棚以上还可作为通风道和供管理人员使用的通道。

3. 路面

隧道内的路面需具有足够的强度和耐久性，容易修补；路面材料应能够抵御水冲刷和侵蚀，坡度应易于排水；路面漫反射率高，颜色明亮，照明效果良好，容易发现障碍物；路基应具有足够的承载力；路面与车道分隔线等交通标志之间应有明显的亮度对比和颜色对比。

路面材料主要有混凝土和沥青混凝土两种。混凝土的反射率较沥青混凝土路面高，缺点是产生裂缝时不容易修补，更换时要中断交通；沥青路面的反射率较低，为了改善路面亮度，需要在面层中加入石英和铝的混合物或浅色石子和氧化钛做填充料。

第5章　明挖法隧道施工技术

5.1　明挖法概述

明挖法是指在隧道施工时挖开地面，由上向下开挖土石方至设计标高后，自基底由下向上进行结构施工，当完成地下主体结构后回填基坑及恢复地面的施工方法。明挖法主要包含基坑开挖法和沉管法。

1. 明挖法的特点

明挖法按开挖方式分为放坡明挖和不放坡明挖两种。放坡明挖法主要适用于埋深较浅、地下水位较低的地下工程，边坡通常进行坡面防护、锚喷支护或土钉墙支护。不放坡明挖是指在围护结构内开挖，主要适用于场地狭窄及地下水丰富的软弱围岩地区。围护结构形式主要有地下连续墙、人工挖孔桩、钻孔灌注桩、钻孔咬合桩、SMW 工法、工字钢桩和钢板桩围堰等。

明挖法施工难度小，容易保证质量，工期短及造价低，因此在早期的地下工程施工中应用较多。但由于该法占地多、拆迁量大、影响交通及噪声污染严重，且随着浅埋暗挖法施工技术的进步和盾构法的引进，明挖法在地下工程修建中应用逐渐减少。目前，在国内外地下工程修建中，明挖法主要应用于大型浅埋地下工程的施工。

2. 明挖法的技术要点

（1）严格按其施工组织设计所确定的施工方法分段、分层顺序开挖，严禁在坑底中部掏底开挖。

（2）按照先支后挖原则开挖；基坑开挖至基底时，留足人工修平的预留厚度。

（3）回填土应分层、水平压实，分层厚度不大于 300mm，主体结构两侧应水平、对称同时回填。用机械碾压时，搭接宽度不小于 200mm，人工、小型机具夯压时，夯与夯之间重叠不小于 1/3 夯底宽度。

（4）基坑必须在主体结构和地下管线结构达到设计强度并经隐检合格后方可进行回填，回填过程中要切实做好结构物的保护，结构物及地下管线周边应采用使用小型机具、人工配合的方式进行填筑。

3. 明挖法施工工序

根据地质情况，明挖法施工一般可分为四个步骤：围护结构施工→内部土方开挖→工程结构施工→管线恢复及覆土。而围护结构施工，是明挖法能否顺利实施的关键所在。

明挖法施工中围护结构的选择，应充分考虑地质条件的差异、围护结构的刚度以及对基坑防水的要求等来确定。围护结构可分为排桩围护结构(钢板桩、挖孔桩、钻孔桩、水泥土搅拌桩或劲性水泥土搅拌桩)、地下连续墙围护结构和土钉墙围护结构等。目前，公路隧道明挖基坑所采用的围护结构种类有很多，其施工方法、工艺和所用施工机械也各有差异，因此应根据基坑深度、工程地质和水文地质条件、地面环境条件等综合比较后确定。

围护结构及其支撑体系关系到明挖法实施的成败。常见的基坑内支撑结构形式有现浇混凝土水平面结构、圆形钢管、H 型钢等。支撑的总体结构形状取决于开挖工作面，根据支撑方向的不同，可将支撑分为对口撑、角撑、斜撑等，在特殊情况下，也有设置成环形梁的。当内支撑跨度较大时，还需在坑内设临时立柱，当临时立柱构造和位置恰当时，以后就将其变为结构的永久立柱。

侧压力比较小、基坑较浅时，可以不设支撑。对地下水位较高的地区，土方开挖应注意因水土流失引起支撑不平衡导致的基坑坍塌，或因水土流失引起对周围环境的不利影响。内部结构的施工由下至上分步实施，最后做防水层和完成上部覆土。

明挖法施工工序描述如下：围护结构施工→内井点降水(或基坑底土体加固)→第一层开挖→设置第一层支撑→第 n 层开挖→设置第 n 层支撑→最底层开挖→底板混凝土浇筑→最下层支撑拆除→混凝土内衬浇筑→自下而上逐步拆支撑→顶板混凝土浇筑。

5.2 基坑开挖法

5.2.1 基坑开挖法概述

基坑开挖法分为基坑放坡开挖及在基坑周边施作围护结构后垂直开挖两大类。

放坡开挖的基坑视地质情况确定合理的边坡坡率，一般还需要对边坡采取如钢筋网、锚杆(管)、喷射混凝土、加劲肋等加固措施来保证基坑的安全、稳定。该法施工简单，造价低。

设置围护结构的基坑开挖是预先在基坑周边设置竖向的围护结构，在围护结构的保护下进行基坑开挖，开挖时，视基坑深度一般需要设置数道内支撑以达到控制围护结构的变形和稳定的目的。目前，根据地质情况，一般采用的围护结构有钻(挖)孔排桩、连续墙、SMW 桩、咬合桩等。

在施工场地较宽阔、周边结构物对施工限制少的条件下，适于采用基坑放坡开挖。城市施工场地狭小，周边结构物对施工限制大，则要采用设置围护结构后进行基坑开挖。

5.2.2 基坑开挖法施工工艺

放坡开挖的基坑采用在端头设运输坡道，视基坑尺寸和边坡支护情况分层、分段、分块开挖和支护，施工简单，在此不做赘述。

基坑开挖为了控制变形一般都设有围护结构，土方开挖及内支撑是基坑的主要施工工序，对工程工期、质量、安全具有重大影响。土方开挖根据工程结构基坑规模、几何尺寸、围护及内支撑体系的布置、地基加固和施工条件等要求，严格按照“时空效应”规律，采用分段、分层、分块、对称、平衡、限时支撑的原则进行施工，并确定各工序的时限，保证基坑和周边建筑物安全。

（1）分段、分层。基坑开挖分段的首要依据是工程项目的需求。在设计之初，工程师需要考虑到整个基坑的规模和形状，以及开挖的目的和深度。根据工程的具体要求，将基坑划分为若干个较小的区域，有助于提高工程施工的效率和安全性。

（2）对称、平衡、限时。对称、平衡：基坑土方每小段开挖由中心向两侧对称开挖，两侧的开挖高度一致，起到两侧基坑开挖平衡，保证围护结构均匀受力和方便及时架设支撑。

限时：基坑每开挖层段开挖时间一般不超过10h，随即在6h以内安装支撑(斜撑段总时间控制在20h内)，并及时施加支撑预应力。

1. 工艺流程

（1）基坑开挖竖向顺序。开挖遵循“分段分层、由上而下、先支撑后开挖”的原则，每段从上到下分层开挖。

（2）基坑开挖纵向顺序。纵向开挖顺序与基坑完成时间要求、基坑开挖现场条件有关，一般分为：从两端向中间两个工作面对向开挖，或从中间向两端两个工作面反向开挖，或从一端向另一端一个工作面独头开挖。

2. 前期准备

基坑开挖前须完成下列准备工作：

（1）按设计技术标准、地质资料以及周围建筑物和地下管线资料等，做好基坑施工组织设计和施工操作规程，制定出开挖步骤，并严格遵照执行。

（2）对基坑周边30m范围内的建筑物进行调查，并对基坑、周围建筑物、地面及地下管线等编制详细的监控和保护方案，预先做好监测点的布设、初始数据的测试和检测仪器的调试工作。

（3）对开挖中可能遇到的渗水、边坡失稳、涌泥流砂等现象，提出应急措施预案并提前进行相关的物资储备。

（4）按设计要求备足支撑，并为出土、运输和弃土创造条件，确保连续开挖。

（5）配备足够的开挖及运输机械设备，做好机械的检测、维修保养等工作，确保机械正常作业。

（6）地基加固达到强度要求，在基坑开挖前15~30d提前预降水，并准备好地面排水及基坑内抽排水系统。

（7）采用爆破作业时，事先编制爆破施工组织方案，报城市主管部门及公安部门批准。

5.2.3　基坑(边坡)支护

1. 排桩支护

1）排桩支护结构概述

排桩支护结构是利用常规的各种桩体(例如钻孔灌注桩、挖孔桩、预制桩及混合桩等)，按一定间距或连续咬合排列，形成的地下挡土结构。

按照单个桩体成桩工艺的不同，支护桩桩型大致有以下几种：钻孔灌注桩、预制混凝土桩、人工挖孔桩、压浆桩、SMW工法桩(型钢水泥土搅拌桩)等。这些单个桩体可在布置上采取不同的排列形式形成挡土结构，用来支挡不同地质和施工条件下基坑开挖时产生的水、土压力。常用的排桩支护体系可分为：

(1) 柱列式排桩支护。当土质较好、地下水位较低时，可利用土拱作用，以稀疏钻孔灌注桩或挖孔桩支挡土体。

(2) 连续排桩支护。在软土中一般不能形成土拱，支挡结构应该连续密排。密排的钻孔桩可互相搭接，或在桩身混凝土强度尚未形成时，在相邻桩之间做一根素混凝土树根桩把钻孔桩连起来；也可采用钢板桩、钢筋混凝土板桩。

(3) 组合式排桩支护。在地下水位较高的软土地区，可采用钻孔灌注排桩与水泥土搅拌桩防渗墙组合的方式。下面以钻孔灌注桩为例，简要介绍排桩支护结构的设计内容。

2) 排桩支护结构的设计

(1) 桩体材料。灌注桩可采用水下混凝土浇筑，混凝土强度等级不宜低于 C20(常取 C30)，所用水泥通常为 42.5 级普通硅酸盐水泥。

桩体中纵向受力钢筋采用 HRB335 级或 HRB400 级，常用螺纹钢筋；螺旋箍筋常用 HPB235 级，圆钢。

(2) 桩体平面布置及入土深度。桩体平面布置主要是选择合适的桩径、桩距及桩的平面布置形式。

桩径的选择主要考虑地质条件、基坑深度、支撑形式、支撑或锚杆的竖向间距、允许变形等条件。一般而言，当基坑面积较大、水平支撑造价很高时，可以考虑采用较大的桩径以减小支撑道数。而当基坑呈条形且宽度较小时，可考虑设置多道水平支撑以减小桩径和桩的内力与变形，从而降低造价。实际工程中，常用桩径为 500~1000mm；当开挖深度大且水平支撑相对较少时，宜采用较大的桩径。

桩间距可根据桩径、桩长、开挖深度、垂直度等情况来确定，当按间隔或相切布桩时，桩体净距一般为 150~200mm；当土质较好时，可以充分利用土拱效应适当扩大桩距，桩距宜为 2.5~3.5 倍的桩径。

桩的入土深度需要考虑围护结构的抗隆起、抗滑移、抗倾覆及整体稳定性。由于排桩支护体系的整体性不如地下连续墙，因此在同等条件下，桩体入土深度的确定，应保障其安全度略高于地下连续墙。在初步设计时，软土地区桩体入土深度通常取开挖深度的 1.0~1.2 倍作为预估值。

(3) 桩体配筋构造。

① 纵向受力钢筋。支护桩的纵向受力钢筋宜选用 HRB400 级、HRB335 级钢筋，根数不宜少于 8 根，净间距不应小于 60mm；支护桩顶部设置钢筋混凝土冠梁时，纵向钢筋锚入冠梁的长度宜取冠梁厚度；冠梁按结构受力构件设置时，桩身纵向受力钢筋深入冠梁的锚固长度应符合《混凝土结构设计规范(2015 年版)》(GB 50010—2010)对钢筋锚固的有关规定；当不能满足锚固长度的要求时，其钢筋末端可采取机械锚固措施。

当采用沿截面周边配置非均匀纵向钢筋时，受压区的纵向钢筋根数不少于 5 根；当施工方法不能保证钢筋方向时，不应采用沿截面周边配置非均匀纵向钢筋的形式。

当沿桩身分段配置纵向受力主筋时，纵向钢筋的锚固长度应符合《混凝土结构设计规范(2015 年版)》(GB 50010—2010)的相关规定。

纵向受力钢筋的保护层厚度不应小于 35mm；当采用水下灌注混凝土工艺时，不应小于 50mm。

② 箍筋。箍筋可采用螺旋式箍筋，箍筋直径不应小于纵向受力钢筋最大直径的 1/4，且不应小于 6mm；箍筋间距宜取 100~200mm，且不应大于 400mm 及桩的直径。

③ 加强箍筋。钢筋笼应每隔 1500~2000mm 布置一根直径不小于 12mm 的焊接加强箍筋，以增加钢筋笼的整体刚度，有利于钢筋笼吊放和浇筑水下混凝土时的整体性，防止吊放时钢筋笼的变形。加强箍筋宜选用 HRB400 级和 HRB335 级钢筋，也可考虑采用钢板加工成钢环作为加强箍筋。当纵向受力钢筋较多、直径较大时，宜选用直径较大的加强箍筋。

此外，在加工钢筋笼时，箍筋、加强箍筋与纵向受力钢筋焊接时，要注意沿钢筋笼对称进行，防止箍筋、加强箍筋在焊接应力下变形。

(4) 冠梁设计。排桩支护结构顶部应设钢筋混凝土冠梁连接，冠梁宽度(沿垂直于基坑边线方向)不宜小于桩径，冠梁高度(竖直方向)不宜小于 400mm。冠梁的混凝土强度等级宜大于 C20；当冠梁作为连系梁时可按构造配筋，构造钢筋宜采用 HPB235 级钢筋，直径不宜小于 12mm。净保护层厚度不宜小于 50mm，构造筋间距宜为 200~300mm。

(5) 防渗设计。当基坑开挖深度大于工程所在场地的地下水位高度时，除咬合排桩(桩与桩之间相互咬合排列的一种排桩支护结构)兼具隔水作用外，其他排桩支护结构形式通常需要设置截水帷幕，进行防渗设计。排桩支护结构截水帷幕的设置方法如图 5.1 所示。

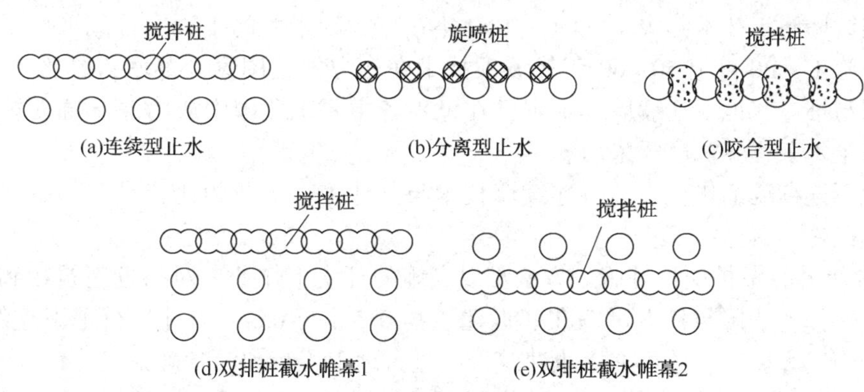

图 5.1　排桩支护结构截水帷幕的设置方法

最常见的截水帷幕是采用水泥土搅拌桩相互搭接形成一排或多排连续的水泥土搅拌桩墙，如图 5.1(a)所示。当因场地狭窄等无法同时设置排桩和截水帷幕时，可采用图 5.1(b)、图 5.1(c)的形式。需要注意的是，在两根桩之间设置旋喷桩截水帷幕时，常因桩距大小不一致或旋喷桩沿深度方向因土层特性的变化而致使旋喷桩桩径不一致，从而引发漏水问题；当采用图 5.1(c)所示的截水帷幕时，通常先施工水泥土搅拌桩，在其硬结之前，在每两组搅拌桩之间施工钻孔灌注桩，相邻两组搅拌桩之间的净距应小于钻孔灌注桩的直径。当采用双排桩支护结构时，视场地条件，可在双排桩之间或之后设置水泥搅拌桩截水帷幕，如图 5.1(d)、图 5.1(e)所示。

截水帷幕的深度应满足如下要求：

① 当坑内存在水头差时，粉土和砂土应进行抗渗流稳定性验算，渗流的水力梯度不应超过临界水力梯度。

② 当上部为不透水层、坑底下某深度处有承压水时，坑内土体应满足抗承压水突涌稳

定性的要求。

截水帷幕要求插入坑底以下相对不透水土层中3~4m。目前，国内常规单轴和双轴搅拌机施工的水泥土搅拌桩截水帷幕深度可达15~18m，三轴搅拌桩施工的截水帷幕可达35m，TRD(Trench cutting Re-mixing Deep wall method，水泥加固土地下连续墙工法)工法可达60m左右。截水帷幕应紧贴支护排桩，其净距不宜大于200mm。在截水帷幕顶宜设置15cm的混凝土面层，并与灌注桩顶圈梁浇成一体，防止地表水的渗入；当土层的渗透性较大且环境要求严格时，宜在截水帷幕和支护桩之间注浆。截水帷幕的渗透系数不宜大于1×10^{-6}cm/s。

另外，当基坑底下存在承压含水层及坑底抗突涌不满足要求，且由于施工设备能力限制使得截水帷幕深度无法达到截断承压含水层时，可对承压含水层采取降低水头的措施。

2. 地下连续墙支护

1）地下连续墙概述

地下连续墙是区别于传统施工方法的一种较为先进的地下工程结构形式和施工工艺。它是在地面上用特殊的成槽设备，沿着深基坑工程的周边，例如地下结构物的边墙，在泥浆护壁的情况下，开挖出一条狭长的深槽，在槽内放置钢筋笼并浇筑水下混凝土，筑成一段钢筋混凝土墙，然后将若干墙段连成整体，形成一面连续的地下墙体。

地下连续墙施工技术起源于欧洲，1950年在意大利米兰的工程中首先采用了护壁泥浆地下连续墙施工，20世纪50~60年代该项技术在西方发达国家及苏联得到推广。经过70多年的改进与推广，地下连续墙技术现已在世界各主要工业国中成为深基坑支护的一种重要手段，在土木工程界被广泛采用。

（1）地下连续墙的优点。地下连续墙技术与其他施工工艺相比，具有一系列特殊的优点及其适用条件，具体如下：

① 可在沉井、板桩支护等施工方法难以实施的环境下作业，对邻近建筑物和地面交通影响较小。例如，法国与日本可以在邻近建筑物0.5m与0.2m以外进行地下连续墙作业。施工时无噪声、无振动，并可在密集建筑群中进行地下工程和深基础施工。

② 能适应不同的地质条件。可穿过软土层、砂层、砾石或碎石层，进入微风化基岩。深度可达50m甚至更深，不受高地下水位的影响，不需要采取降水措施，因而可避免由于降水对邻近建筑物的影响。在一些复杂的条件下，它几乎成为唯一可采用的有效的施工方法。

③ 符合安全要求。全部工作在地面上进行，劳动条件得到改善，且便于机械化施工。

④ 承载能力高、刚度大。由于其整体性、防水性能和耐久性较好，又有满足不同要求的强度和刚度，因此具有多种功能，可作为各种土木工程的永久性结构，也可兼做临时支护设施。地下连续墙可用于高层建筑、地下铁道、地下贮库、地下厂房、给排水构筑物、竖井、船坞、船闸、码头和水坝等工程。

⑤ 可结合逆作法施工，缩短施工总工期。

（2）地下连续墙的缺点。地下连续墙施工方法也存在一定的局限性和不足，具体如下：

① 对于岩溶地区承压水头很高的砂砾层或很软的黏土，如不采取其他辅助措施，目前尚难采用地下连续墙工艺。

② 如施工不当或土层条件特殊，容易出现不规则超挖和槽壁坍塌。

③ 现浇地下连续墙的墙面通常较粗糙，如果对墙面要求较高，墙面的平整处理将增加工期和造价。

④ 地下连续墙如仅用作施工期间的临时挡土结构，当基坑开挖深度较小时造价较高，不如采用其他支护形式经济。

⑤ 需要有一定数量的施工机械和具有一定技术水平的专业施工队伍，限制了该技术的广泛推广；施工现场组织不善时可能造成现场潮湿和泥泞，影响施工，而且会增加对废弃泥浆的处理工作。

(3) 地下连续墙的功能分类。按使用功能要求，地下连续墙可作为下列一种或兼做多种结构使用：

① 临时性挡土结构。在建筑物施工期间可作为基坑的支护结构。

② 永久性挡土结构。在建筑物使用期间起挡土作用。

③ 防渗结构。用以隔阻渗透水流，将水力梯度和渗流量控制在允许值之内。

④ 竖向承载结构。用作深基础。

⑤ 可作为其他地下结构使用。

(4) 地下连续墙的结构形式。目前，工程中应用的地下连续墙的结构形式主要有壁板式、T形、Ⅱ形、格形以及预应力或非预应力U形折板式等几种形式。

① 壁板式。壁板式在地下连续墙工程中应用最多，适用于各种直线和圆弧段墙段。壁板式可分为直线壁板式和折线壁板式，其中，折线壁板式多用于模拟弧形段或转角位置。

② T形和Ⅱ形地下连续墙。T形和Ⅱ形地下连续墙适用于基坑开挖深度较大、支撑竖向间距较大、受到条件限制墙厚无法增加的情况，采用加肋的方式来增加墙体的抗弯刚度。

③ 格形地下连续墙。格形地下连续墙是一种将壁板式和T形地下连续墙两种形式组合在一起的结构形式，多用于船坞及特殊条件下无法设置水平支撑的基坑工程，也可用于大型工业基坑工程中；但由于受自身施工工艺的约束，一般槽段数量较多，施工较复杂。

2）地下连续墙设计

(1) 规划设计。根据地下连续墙的使用功能、地基岩土条件和施工技术水平，通过方案比较，进行地下连续墙结构设计，直至做出施工计划。

(2) 设计原则。地下连续墙结构设计应采用极限状态设计法，满足下列三方面的要求。

① 地基承载力和稳定性的要求。

a. 如侧向承载墙所产生的侧向位移不受严格限制，则可允许墙侧部分土体到达极限平衡状态。

b. 基坑开挖期间，为防止基坑土体剪切破坏和丧失稳定性，应具有足够的安全性。

c. 侧向承载墙应具有抗倾覆和抗滑移的稳定性。

d. 在基坑开挖期间，应满足抗渗流稳定性要求，防止流砂、管涌等现象发生。

e. 竖向承载墙应满足地基承载力验算的要求。

② 墙体和地基变形的要求。

a. 侧向承载墙的侧向位移不应超过该工程所允许的限定值。同时，作为竖向承载墙或当墙外有重要地下设施时，宜进行墙体侧向位移的计算和监测，以免影响墙体的竖向承载能力和周围环境。

b. 当地基持力层为强风化软质岩石或土层时，竖向承载墙应进行地基变形验算，以免影响房屋或结构物的使用功能和外观。

③ 墙体和支撑(或锚碇，下同)构件的强度与刚度要求。

a. 地下连续墙墙体对于所承受的侧向荷载和竖向荷载，必须具有足够的承载力和刚度，必要时应进行墙体抗裂和裂缝宽度的验算。

b. 地下连续墙的支撑体系应进行合理的布置，支撑构件应具有足够的承载力和刚度。

(3) 设计内容。地下连续墙墙体的结构设计，应根据建筑物的安全等级、场地条件和地基岩土条件的类别、结构特点和功能要求，确定其结构形式、平面布置、墙体宽度与埋深以及单元(槽段)形状和长度，并按各施工阶段和使用阶段的实际情况，分别对下列有关项目进行相应的计算：

① 作用效应的计算。

② 墙体和支撑构件的内力及其承载力。

③ 墙体和支撑构件的变形。

④ 基坑土体稳定性验算。

⑤ 地下连续墙的地基承载力和地基变形。

⑥ 防渗与抗渗稳定性。

根据工程的特点和要求，在地下连续墙的结构设计中应选用合理的墙体与主体结构构件的连接形式。兼做多种功能使用的地下连续墙，应同时满足各种功能的设计要求。在地下连续墙结构设计中应考虑地下连续墙在施工期间和使用期间与场地周围环境条件的相互影响，防止影响施工作业或危害邻近建筑(包括地下结构、地下管线等设施)事故的发生。

(4) 墙体厚度和槽段宽度。地下连续墙的厚度一般为0.5~1.2m，而随着成槽设备大型化和施工工艺的改进，墙身厚度可达2m以上。在具体工程中，地下连续墙的厚度应根据成槽机械的规格、墙体的抗渗要求、墙体的受力和变形计算等综合确定。地下连续墙常用的厚度为0.6m、0.8m、1.0m和1.2m。

确定地下连续墙单元槽段的平面形状和成槽宽度时需综合考虑众多因素，如墙段的结构受力特征、槽壁稳定性、周边环境的保护要求以及施工条件等。一般来说，直线壁板式槽段宽度不宜大于6m，T形、折线形等槽段各肢宽度总和不宜大于6m。

(5) 地下连续墙的入土深度。在基坑工程中，地下连续墙既作为承受侧向水、土压力的受力结构，同时又兼具隔水作用。因此，地下连续墙入土深度的确定需要综合考虑挡土和隔水两个方面的要求。

① 根据稳定性确定入土深度。作为挡土受力的围护墙体，地下连续墙底部需要插入基底以下足够深度并进入较好的土层，以满足嵌固深度和基坑各项稳定性要求。工程经验表明，在软土地层中，地下连续墙的嵌固深度一般接近或大于开挖深度方能满足稳定性要求；当基底以下为密实的砂层或岩层等承载力较好的岩层时，地下连续墙的嵌固深度可大大减小。

② 根据隔水要求确定入土深度。地下连续墙通常兼做截水帷幕，应满足基坑抗渗流稳定性的要求，这就需要根据基底以下的水文地质条件和地下水控制要求来确定入土深度。当根据地下水控制要求需要隔断地下水或增加地下水绕流路径时，地下连续墙底部需要进

入隔水层隔断坑内外水力联系，或插入基底以下足够深度以确保形成可靠的隔水边界。

(6) 内力、变形及承载力验算。

① 内力与变形计算。在进行地下连续墙的内力和变形计算时，应按照主体工程地下结构的梁板布置以及施工条件等因素，合理确定支撑标高和基坑分层开挖深度等计算工况，并按基坑内外实际状态选择计算模式，考虑基坑分层开挖、支撑分层设置，以及换撑拆撑等工况在时间上的先后顺序和空间上的不同位置，进行各种工况下的连续完整的设计计算。

② 承载力验算。应根据各工况内力计算包络图对地下连续墙进行截面承载力验算和配筋计算。常规的壁板式地下连续墙需进行正截面受弯、斜截面受剪承载力验算，当需要竖向承载时，还需进行竖向受压承载力验算。对于圆筒形地下连续墙，除上述验算内容外，还需进行环向受压承载力验算。

当地下连续墙仅用作基坑围护结构时，应按照承载能力极限状态对地下连续墙进行配筋计算，当地下连续墙在正常使用阶段又作为主体结构时，应按照正常使用极限状态根据裂缝控制要求进行配筋计算。

3) 地下连续墙的构造要求

(1) 墙身混凝土的构造要求。地下连续墙墙身混凝土强度等级不应低于C30，水下浇筑时混凝土强度等级按相关规范要求提高。墙体和槽段接头应满足防渗设计要求，混凝土抗渗等级不宜小于S6级。地下连续墙主筋保护层在基坑内侧不宜小于50mm，在基坑外侧不宜小于70mm。

地下连续墙的混凝土浇筑面宜高出设计标高以上300~500mm，凿去浮浆层后的墙顶标高和墙体混凝土强度应满足设计要求。

(2) 钢筋笼的构造要求。地下连续墙钢筋笼由纵向钢筋、水平钢筋、封口钢筋和构造钢筋构成，具体要求如下：

① 纵向钢筋沿墙身均匀配置，且可按受力大小沿墙体深度分段配置；纵向钢筋宜采用HRB335级或HRB400级钢筋，钢筋直径不宜小于16mm，钢筋的净距不宜小于75mm。当地下连续墙纵向钢筋配筋量较大、钢筋布置无法满足净距要求时，实际工程中常采用将相邻两根钢筋合并绑扎的方法来调整钢筋净距，以确保混凝土浇筑密实。纵向钢筋应尽量减少钢筋接头，并有一半以上通长配置。

② 水平钢筋可采用HPB235级钢筋，直径不宜小于12mm。

③ 封口钢筋直径同水平钢筋，竖向间距同水平钢筋或按水平钢筋间距间隔设置；封口钢筋与水平钢筋宜采用等强焊接。

④ 此外，应根据吊装过程中钢筋笼的整体稳定性和变形要求配置架立桁架等构造加强钢筋。

钢筋笼两侧的端部和接头管或相邻墙段混凝土接头面之间应留有不大于150mm的间隙，钢筋下端500mm长度范围内宜按1∶10收成闭合状，且钢筋笼的下端与槽底之间宜留有不小于500mm的间隙。

单元槽段的钢筋笼宜在加工平台上装配成一个整体，一次性整体沉入槽中；当单元槽段的钢筋笼必须分段装配沉放时，上下段钢筋笼的连接宜采用机械连接，并采取地面预拼装措施，以便上下段钢筋笼快速连接，接头的位置宜选在受力较小处，并相互错开。

(3) 墙顶圈梁的构造要求。地下连续墙顶部应设置封闭的钢筋混凝土圈梁。顶圈梁的高度和宽度由计算确定，且宽度不宜小于地下连续墙的厚度。地下连续墙采用分幅施工时，墙顶设置通长的顶圈梁有利于增强地下连续墙的整体性。顶圈梁宜与地下连续墙迎土面平齐，以便保留导墙，对墙顶以上土体起到挡土护坡的作用，避免对周围环境产生不利影响。

地下连续墙墙顶嵌入顶圈梁的长度不宜小于50mm，纵向钢筋锚入圈梁内的长度宜按受拉锚固要求确定。

4) 地下连续墙的施工

地下连续墙的施工包括修筑导墙、制备护壁泥浆、开挖槽段、埋设墙段接头装置(如接头管等)、安放钢筋笼、导管浇灌(水下)混凝土等工序。

(1) 修筑导墙。导墙一般为现浇钢筋混凝土结构，主要作用是：挖槽、造孔导向作用；储存泥浆；维护槽壁稳定，避免塌方；支撑造孔开槽机械设备的荷载等。

(2) 护壁泥浆的制备。护壁泥浆的制备与管理是地下连续墙施工的关键工序之一。护壁泥浆的主要作用如下：

① 护壁作用。泥浆在槽壁上会形成一层透水性很低的泥皮，能有效防止槽壁剥落，还可以减少槽壁的透水性。

② 携碴作用。泥浆具有一定的黏度，它能将钻头式成槽机成槽时挖下的土碴悬浮起来，便于土碴随同泥浆一同排出槽外。

③ 冷却和润滑作用。泥浆可降低钻具连续冲击或回转而引起的升温，又具有润滑作用，从而降低钻具的磨损。目前，工程中大量使用的主要是膨润土泥浆。膨润土泥浆是以膨润土为主，以CMC(China Metrology Certification，羧甲基钠纤维素，又称人造糨糊、增黏剂、降失水剂)、纯碱(分散剂)等为辅的泥浆制备材料，利用pH值接近中性的水按一定比进行拌制而成。

(3) 挖槽和清槽。挖槽是地下连续墙的主要工序，其技术要点为：

① 槽段划分，即确定单元槽段的长度，它既是进行一次性挖掘的长度，也是一次性浇筑混凝土的长度，应综合考虑地质条件、对邻近建筑物的影响、钢筋笼吊装和混凝土的供给能力确定。在一般情况下，单元槽段长度为4~8m。

② 槽段开挖。常用钻抓机成槽或多头钻成槽机开挖等。

③ 清槽。无论采用何种施工方法，必须对残留在槽底的土碴、杂物进行清除，可采用吸力泵、空气压缩机和潜水泵等进行排碴。

(4) 槽段的连接。地下连续墙单元之间靠接头连接，接头通常要满足受力和防渗要求，而施工又要求简单。

(5) 钢筋笼的制作与吊放。钢筋笼一般在工厂平台上制作，要求非常平直。吊装时按单元槽段组成整体吊装，或分段连接。钢筋笼的吊放应缓慢进行，放到设计标高后，将其搁置在导墙上定位。

(6) 灌注混凝土。在槽内泥浆中通过导管向槽中灌注混凝土，导管数量与槽段长度和管径有关，槽段长度小于4m时，可使用一根导管，大于4m时，应使用2根或2根以上导管；同时，导管间距一般为3~4m，主要取决于管径。

另外，混凝土的密实度只能依靠其自重和灌注时产生的局部振动来实现，因此混凝土拌和料级配及流动性要求严格，施工工艺要求较高。

3. 土钉墙支护

(1) 土钉墙支护的概念。土钉墙支护是在基坑开挖过程中，将较密排列的细长杆件(土钉)置于原位土体中，注入水泥浆或水泥砂浆形成与周围土体全长紧密结合的加筋注浆体，并在坡面上喷射钢筋混凝土面层，通过土钉、土体和喷射混凝土面层的共同工作，形成复合土体。土钉墙支护充分利用了土层介质的自承力，形成自稳结构，承担较小的变形压力，土钉主要承受拉力。同时，由于土钉排列较密，高压注浆扩散可提高土体性能。

土钉墙支护技术的发展始于20世纪70年代，其设计思想源于20世纪60年代初隧洞围岩支护的“新奥法”，即在充分考虑结构体本身自承能力的前提下进行支护设计。土钉墙支护技术是用于土体开挖和边坡稳定的一种新的挡土技术。由于其在实际施工中可做到边开挖边支护，具有节约投资、施工占地少、进度快、安全可靠等优点，在深基坑开挖支护工程中得到了广泛的应用。

(2) 土钉墙的基本结构。土钉墙主要由土钉、面层、被加固的原位土体以及必要的防排水系统组成。其结构参数与土体特性、地下水状况、支护面坡度、周边环境、使用年限及要求等因素相关。

① 土钉类型。土钉是土钉墙支护结构中的主要受力构件，常用的土钉有以下几种。

a. 钻孔注浆型。钻孔注浆型土钉是先用钻机等机械设备在土体中钻孔，成孔后置入杆体(一般采用 HRB335 级带肋钢筋制作)，然后沿全长注水泥浆。钻孔注浆型土钉几乎适用于各种土层，抗拔力较高，质量较可靠，造价较低，是最常用的土钉类型。

b. 直接打入型。直接打入型土钉是在土体中直接打入钢管、角钢等型钢，以及钢筋、毛竹、圆木等，不再注浆。由于直接打入型土钉直径小，与土体间的黏结摩阻力强度低，承载力低，钉长又受到限制，因此布置较密，可用人力或振动冲击钻、液压锤等机具打入。直接打入型土钉的优点是无须预先钻孔，对原位土的扰动较小，施工速度快，但在坚硬黏土中很难打入，不适用于服务年限大于 2 年的永久性支护工程，杆体采用金属材料时造价稍高，国内应用较少。

c. 打入注浆型。打入注浆型土钉是在钢管中部及尾部设置注浆孔成为钢花管，直接打入土中后压灌水泥浆形成土钉。钢花管注浆土钉具有直接打入型土钉的优点且抗拔力较高，特别适合于成孔困难的淤泥、淤泥质土等软弱土层。

② 面层及连接件。

a. 面层。土钉墙的面层不是主要受力构件，但可以约束坡面的变形，并将土钉连成整体。

土钉墙的墙面坡度需要视场地环境条件而定。坡度越小，土的稳定性越好，算出的土钉墙越经济。土钉墙墙面坡度不宜大于 1∶0.1。

面层一般采用喷射混凝土，并在其中配置钢筋网。喷射混凝土的强度等级一般不低于 C20，厚度不小于 80mm。钢筋的直径一般为 6~10mm，间距为 150~300mm。分层施工上下段钢筋网搭接长度大于 300mm。

此外，面层也可采用现浇，或用水泥砂浆代替混凝土。

b. 连接件。连接件是面层的一部分，不仅要把面层和土钉可靠地连接在一起，还要使土钉之间相互连接。

土钉与面层的连接一般采用螺栓连接或钢筋焊接连接，设置承压钢板或井字形加强钢筋等构造措施。

③ 防排水系统。水流入边坡是造成土钉墙边坡失稳的重要原因。一方面，土体的含水量增加会使土的自重增加，土体的滑动力增大，同时水的渗流会对边坡土体产生一定的动水压力。另一方面，土体内含水量增加会使土体的内摩擦角大大减小，抗剪强度降低，同时会使土钉的承载能力和对土的约束能力降低，最终可能导致边坡失稳，因而土钉墙支护应设置防排水系统。

土钉墙支护的防排水系统包括三个部分：

a. 地表防水。基坑四周支护范围内的地表应加以修整，采用水泥砂浆或混凝土护面，并修筑散水坡和排水沟，防止地表水向下渗透。

b. 坡面泄水。在边坡面层中可根据具体情况设置导流管，将面层后面的积水引到坑内排走。导流管的直径一般不小于40mm，长度为400~600mm，间距为1.5~2.0m。

c. 坡底排水。基坑底面设置排水沟和集水井，以排除积聚在基坑内的渗水和雨水。排水沟一般距离坡脚0.5~1.0m，内部砂浆抹面，防止渗漏。

当土中地下水高于基坑底面时，应采取降水或截水措施。

(3) 土钉墙支护的特点及适用范围。排桩等支护体系虽然可以承受土体的侧压力，并限制土体的位移，但它没有改变土体内的受力性质，属于被动制约机制的支护结构；而土钉墙与土体形成复合土体，提高了土体的强度和整体刚度，属于主动制约机制的支护结构。

① 土钉墙的优点。

a. 土钉墙与土体形成复合土体，共同工作，提高了土体的稳定性和承载能力。

b. 土钉墙增强了土体破坏的延性，延缓了土体失稳的发展过程。这为施工人员及早发现险情、阻止灾害、加固土体提供了充足的时间。

c. 若对土钉墙施工进行信息化管理，边施工边监测，并根据实验、监测情况及时调整土钉的间距和长度，可减少施工风险，保障施工安全。

d. 土钉墙工程施工机具轻便，技术工艺简单易行，有利于文明施工。钻孔、注浆和喷射混凝土等工艺成熟，易于掌握，便于推广。

e. 和其他支护方法相比，可缩短基坑施工工期。一般支护方法(如排桩、地下连续墙、水泥土墙等)需要在土方开挖前施工，单独占用施工工期。而土钉墙可与土方开挖组成流水施工，节约工期。

f. 经济效益较好。基坑侧壁单位面积上土钉墙支护所需的材料用量要比排桩等支护方法少得多，而且机械使用费用低廉，其总成本相对较低。与排桩支护相比，土钉墙支护可节约造价1/3以上。

② 土钉墙的局限性。

a. 土钉的位置必须考虑周围建筑基础、地下管道的限制。

b. 由于土钉墙施工与土方开挖配合进行，分层分段施工，每层各段先挖土，后做土钉，这就要求每层土方开挖后，该层土钉到达设计强度之前，土方边坡能够保持稳定。设计时必须对这些工况进行验算，施工时必须从施工开始就进行监测。

c. 在软土中不宜单独采用土钉墙支护。因为在软土中土钉与土体之间的摩阻力较低，土钉承载力较小，土体变形较大，而且成孔困难。在上海、深圳等软土地区多采用复合土钉支护。

d. 土钉墙的变形会比具有预应力支撑或锚杆的排桩和地下连续墙支护略大。

③ 土钉墙的适用范围。土钉墙支护适用于地下水位以上或经降水后的杂填土、黏性土、粉土及有一定胶结能力和密实程度的砂土层。

土钉墙支护在以下土层中不适用：

a. 含水丰富的粉细砂、中细砂及含水较为丰富的中粗砂、砾砂和卵石层。

b. 缺少黏聚力、过于干燥的砂层及相对密度较小、均匀度较好的砂层。

c. 淤泥质土、淤泥等软弱土层。

d. 膨胀土。

e. 强度过低的土，如新近填土等。

除地质条件外，土钉墙还不适用于以下条件：

a. 对变形要求较为严格的基坑，土钉墙不适于一级基坑工程。

b. 较深的基坑，通常认为，土钉墙适用于深度不大于12m的基坑支护工程。

c. 建筑物地基为灵敏度较高的土层。

d. 对用地红线有严格限制的场地。

5.2.4　土方开挖

土方开挖分层分段进行，每一层开挖深度控制在3.0m左右，且控制在钢支撑底1m为宜，以便于支撑体系的架设及桩间网喷。土方开挖采用反铲挖掘机，开挖顺序为纵向从一端向另一端开挖或从两端向中间开挖，竖向从上到下，按层按段的次序进行。同时，按计划有序地进行相应的喷射混凝土、钢围檩及钢管支撑的施工作业。土方开挖根据结构施工划分的区域，从基坑内的临时马道出土。马道宽度7~8m，坡度为20°，坡道两侧放坡1∶0.75，保证坡面稳定。马道收土时采用挖掘机接力倒土，并尽量加大马道土方的收土，最后剩余土方采用长臂挖掘机配合塔吊或吊车出土并运至场外。

1. 土方开挖顺序及方法

(1) 竖向分层高度按主体结构尺寸、支护深度及钢支撑排距以及挖掘机最大开挖能力确定。纵向根据结构施工划分的区域分段开挖。首先平挖至冠梁底，提供冠梁施工作业面。

(2) 第一层土方平挖至第一道钢支撑下1.5m处，沿基坑纵向拉槽开挖，两侧各留3m宽平台，保证网喷和第一道钢支撑安全顺利完成。

(3) 以下每层拉槽开挖深度不大于3.5m，两侧每次下挖1.5m，既便于桩间喷射混凝土施工，又可利用此平台及时进行封堵围护结构的渗漏水和进行钢支撑安装，可以确保在钢支撑施工时土方开挖照常进行，以加快施工进度，同时可以减小基坑蠕变的速度。在进行下一层土方开挖前分两次再挖除预留平台部位的土方，保证与拉槽开挖同步。依次反复，直至土方开挖至距基底标高30cm时，采用人工配合机械清底，避免对基底产生较大的扰动，影响结构使用功能的实现。

2. 土方开挖技术保证措施

基坑土方开挖前，每段基坑开挖时均要提前开挖水沟，将水汇入集水坑，用抽水机抽排至基坑外的截水沟，排放到沉淀池。雨季施工时，每次施工完后对开挖面采用彩条布覆盖处理，以防止雨水冲刷边坡，造成边坡的坍塌，坑内若有积水必须立即抽排出，严禁积水泡坑。

土方开挖采用台阶式放坡退挖，主要设备为液压反铲挖掘机，开挖过程中及时架设钢管支撑，保证基坑及周边安全。开挖到钢管支撑或基坑边角时，由人工或小型机具配合机械开挖，避免碰撞钢管支撑造成基坑失稳。

为保证坑底平整，控制超欠挖，基坑开挖到设计坑底标高以上 30cm 时，停止机械开挖，采用人工清底，以免机械对地层的扰动，破坏地基承载力。如果开挖至基底，遇到明水或边墙渗水时，要及时设置引流槽、集水井排除坑底积水，并立即进行垫层、防水、封底混凝土施工。开挖深度在 5m 内的基坑边坡坡度限制参照表 5.1。

表 5.1　深度在 5m 内的基坑边坡坡度限值表

土的类别	边坡坡度		
	坡顶无荷载	坡顶有静载	坡顶有动载
中密的砂土	1∶1.00	1∶1.25	1∶1.50
中密的碎石类土	1∶0.75	1∶1.00	1∶1.25
软塑的轻亚黏土	1∶0.67	1∶0.75	1∶1.00
中密的碎石类土	1∶0.50	1∶0.67	1∶0.75
硬塑的亚黏土	1∶0.33	1∶0.50	1∶0.67
老黄土	1∶0.10	1∶0.25	1∶0.33
软土(经井点降水后)	1∶1.00		

设立监测体系，建立信息反馈系统，在开挖过程中对围护桩及钢管支撑、地表沉降、桩顶位移等派专人监测，做好观测记录，并根据监测数据及时调整监测频率，出现异常立即处理。

5.2.5　降排水

1. 降排水设计

基坑施工中，为避免产生流砂、管涌、坑底突涌，防止坑壁土体的坍塌，保证施工安全和减小基坑开挖对周围环境的影响，当基坑开挖深度内存在饱和软土层和含水层及坑底以下存在承压含水层时，需要选择合适的方法进行基坑降水与排水。降排水的主要作用为：

（1）防止基坑底面与坡面渗水，保证坑底干燥，便于施工。

（2）增加边坡和坑底的稳定性，防止边坡或坑底的土层颗粒流失，防止流砂产生。

（3）减小被开挖土体含水量，便于机械挖土、土方外运、坑内施工作业。

（4）有效提高土体的抗剪强度与基坑稳定性。对于放坡开挖而言，可提高边坡稳定性。对于支护开挖，可增加被动区土抗力，减小主动区土体侧压力，从而提高支护体系的稳定性和强度，减小支护体系的变形。

(5) 减小承压水头对基坑底板的顶托力，防止坑底突涌。

目前，常用的降排水方法和适用条件如表 5.2 所示。

表 5.2　常用的降排水方法和适用条件

<table>
<tr><th>降水方法</th><th>降水深度/m</th><th>渗透系数/(cm/s)</th><th>适用地层</th></tr>
<tr><td>集水明排</td><td><5</td><td rowspan="4">$1\times10^{-7}\sim2\times10^{-4}$</td><td rowspan="5">含薄层粉砂的粉质黏土，黏质粉土、砂质粉土、粉细砂</td></tr>
<tr><td>轻型井点</td><td><6</td></tr>
<tr><td>多级轻型井点</td><td>6~10</td></tr>
<tr><td>喷射井点</td><td>8~20</td></tr>
<tr><td>砂(砾)渗井</td><td>按下卧导水层性质确定</td><td>$>5\times10^{-7}$</td></tr>
<tr><td>电渗井点</td><td>根据选定的井点确定</td><td>$<1\times10^{-7}$</td><td>黏土，淤泥质黏土，粉质黏土</td></tr>
<tr><td>管井(深井)</td><td>>6</td><td>$>1\times10^{-6}$</td><td>含薄层粉砂的粉质黏土，砂质粉土，各类砂土，砂砾，卵石</td></tr>
</table>

2. 集水明排

(1) 集水明排的使用范围。

① 地下水类型一般为上层滞水，含水土层渗透能力较弱。

② 一般为浅基坑，降水深度不大，基坑或涵洞地下水位超出基础底板或洞底标高不大于 2.0m。

③ 排水场区附近没有地表水体直接补给。

④ 含水层土质密实，坑壁稳定(细粒土边坡不易被冲刷而塌方)，不会产生流砂、管涌等不良影响的地基土，否则应采取支护和防潜蚀措施。

(2) 集水明排方法。集水明排一般可以采用以下方法：

① 基坑外侧设置由集水井和排水沟组成的地表排水系统，避免坑外地表明水流入基坑内。排水沟宜布置在基坑边净距 0.5m 以外，当有截水帷幕时，基坑边从截水帷幕外边缘起计算；当无截水帷幕时，基坑边从坡顶边缘起计算。

② 多级放坡开挖时，可在分级平台上设置排水沟。

③ 基坑内宜设置排水沟、集水井和盲沟等，以疏导基坑内明水。集水井中的水应采用抽水设备抽至地面。盲沟中宜回填级配砾石作为滤水层。

排水沟、集水井尺寸应根据排水量确定，抽水设备应根据排水量大小及基坑深度确定，可设置多级抽水系统。集水井尽可能设置在基坑阴角附近。

3. 承压水降水

承压水降水概念设计，是指综合考虑基坑工程场区的工程地质与水文地质条件、基坑围护结构特征、周围环境的保护要求或变形限制条件等因素，提出合理、可行的承压水降水设计理念，便于后续的降水设计、施工与运行等工作。

在承压水降水概念设计阶段，需根据降水目的、含水层位置、含水层厚度、截水帷幕的深度、周围环境对工程降水的限制条件、施工方法、围护结构的特点、基坑面积、开挖深度、场地施工条件等一系列因素，综合考虑减压井群的平面布置、井结构以及井深等。

(1) 坑内减压降水。对于坑内减压降水而言，不仅将减压降水井布置在基坑内部，而且必须保证减压井过滤器底端的深度不超过截水帷幕底端的深度，这才是真正意义上的坑内减压降水。坑内井群抽水后，坑外的承压水需绕过截水帷幕的底端，绕流进入坑内，同时下部含水层中的水竖向经坑底流入基坑，在坑内承压水位降到安全埋深以下时，坑外的水位降深相对下降较小，从而减小因降水引起的地面变形。

如果仅将减压降水井布置在坑内，但降水井过滤器底端的深度超过截水帷幕底端的深度，伸入承压含水层下部，则抽出的大量地下水来自截水帷幕以下的水平径向流，不但使基坑外侧承压含水层的水位降深增大，降水引起的地面变形也增大，而且失去了坑内减压降水的意义，成为形式上的坑内减压降水。换言之，坑内减压降水必须合理设置减压井过滤器的位置，充分利用截水帷幕的挡水(屏蔽)功效，以较小的抽水流量使基坑范围内的承压水头降低到设计标高以下，并尽量减小坑外的水头降深，减少因降水而引起的地面变形。

当满足以下条件之一时，应采用坑内减压降水方案：

① 当截水帷幕部分插入减压降水承压含水层中，截水帷幕进入承压含水层顶板以下的长度 L 不小于承压含水层厚度的 1/2，或不小于 10.0m。截水帷幕对基坑内外承压水渗流具有明显的阻隔效应。

② 当截水帷幕进入承压含水层，并进入承压含水层底板以下的半隔水层或弱透水层中时，截水帷幕已完全阻断了基坑内外承压含水层之间的水力联系。

截水帷幕底端均需进入需要进行减压降水的承压含水层顶板以下，并在承压含水层形成了有效隔水边界。由于截水帷幕进入承压含水层顶板以下长度的差异以及减压降水井结构的差异性，在群井抽水影响下形成的地下水渗流场形态也具有较大差别。地下水运动不再是平面流或以平面流为主的运动，而是形成三维地下水非稳定渗流场，渗流计算时应考虑含水层的各向异性，无法应用解析法求解，必须借助三维数值方法求解。

(2) 坑外减压降水。对于坑外减压降水而言，不仅将减压降水井布置在基坑围护体外侧，而且要使减压井过滤器底端的深度不小于截水帷幕底端的深度，从而保证坑外减压降水效果。

如果坑外减压降水井过滤器埋深小于截水帷幕深度，则坑内地下水需绕过截水帷幕底端后才能进入坑外降水井内，抽出的地下水大部分来自坑外的水平径向流，导致坑内水位下降缓慢或降水失效，会使基坑外侧承压含水层的水位降深和降水引起的地面变形增大。换言之，坑外减压降水必须合理设置减压井过滤器的位置，减小截水帷幕的挡水(屏蔽)功效，以较小的抽水流量使基坑范围内的承压水头降低到设计标高以下，尽量减小坑外水头降深与降水引起的地面变形。

当满足以下条件之一时，截水帷幕未在降水目的承压含水层中形成有效的隔水边界，宜优先选用坑外减压降水方案：

① 当截水帷幕未进入下部降水目的承压含水层中。

② 截水帷幕进入降水目的承压含水层顶板以下的长度 L 远小于承压含水层厚度，且不超过 5.0m。

截水帷幕底端未进入需要进行减压降水的承压含水层顶板以下或进入含水层中的长度有限，未在承压含水层形成为人为的有效隔水边界。换言之，截水帷幕对减压降水引起的承压水渗流的影响极小，可以忽略不计。因此，可采用承压水井流理论的解析解公式，计算、预测承压水渗流场内任意点的水位降深，但其适用条件应与现场水文地质条件基本一致。

(3) 坑内坑外联合减压降水。当现场客观条件不能完全满足前述关于坑内减压降水或坑外减压降水的选用条件时，可综合考虑现场施工条件、水文地质条件、截水帷幕特征以及基坑周围环境特征与保护要求等，选用合理的坑内坑外联合减压降水方案。

5.3　沉管法

沉管法是指将预制好的管节通过浮运、沉放、水下对接成一个整体的隧道修建方法。20世纪50年代后期以来，随着水力压接法(水下连接)和压浆法(基础处理)两项关键技术取得突破性进展，沉管法在世界各国水底隧道建设中的应用日益广泛。

5.3.1　管节制作与接头处理

1. 管节制作

随着钢筋混凝土矩形沉管隧道应用越来越多，目前沉管的管节通常在干坞中预制。因此，此处主要介绍干坞工程及钢筋混凝土矩形沉管的管节制作。

(1) 干坞的类型。干坞是用于沉管管节预制的场地，可兼用于沉管管节的舾装、起浮、系泊。干坞按照是否移动分为固定干坞和移动干坞；固定干坞按照是否利用隧道轴线暗埋段基坑又分为轴线干坞与独立干坞。可进行标准化、流水线作业式管节生产的固定干坞称为工厂化干坞。

① 轴线干坞。轴线干坞是将干坞布置在隧道轴线岸上段主体结构位置。其具有以下优点：将干坞与隧道岸上段相结合，减少了施工场地的占用，同时岸上段和干坞共用了一部分基坑开挖和支护，可以减少部分工程费用；管节从坞内拖出后，直接沿隧道纵向浮运，减少了航道疏浚费用。但是这种类型的干坞也具有以下缺点：由于干坞和岸上段主体结构位置相重合，管节与岸上段无法并行作业，会导致工期增加；管节沉放只能从一端往另外一端进行，与两端往中间对称沉放方案相比，将增加管节的沉放工期；采用水下接头时，轴线干坞需要修建管节寄放区系泊预制管节，增加浮运航道疏浚及寄放区建设费用。

② 独立干坞。独立干坞是在隧道轴线以外选择合适的位置建造的干坞。其优点是：岸上段结构、管节制作以及基槽开挖等关键性的工序都可以实现并行作业，从而可以最大限度地节省工期。其缺点是：因独立选址来进行深大基坑开挖支护，且施工坞口岸壁保护结构，导致工程造价高。

③ 移动干坞。移动干坞是采用大吨位半潜驳来替代固定干坞，以其作为管节预制、运输及出运平台。其优点是：节省固定干坞的建造时间，有利于节约工期；节省岸上施工场地；可以节省航道疏浚费用，降低工程造价。其缺点为：当沉管管节规模较大、节数较多时，其造价优势不复存在；移动干坞下潜点自然水深应满足能够注水下潜使船面下潜卸除管节要求，必要时需专门浚挖一个下潜港池。

④ 工厂化干坞。工厂化干坞可进行标准化、流水作业式管节生产，适用于管节数量

多、连续性要求高的管节预制。其主要具有以下优点：可实现管节连续快速流水线预制，有利于提高生产效率；少占用土地；缩短管节浇筑工期，降低综合造价；浇筑施工不受天气与气候的干扰和影响；有利于控制温度环境，可降低管节浇筑的初期裂缝风险。

（2）管节预制。截止到2020年，中国已建的沉管法隧道均采用钢筋混凝土矩形结构，管节长度一般为100~160m，其长度的确定需结合隧道的纵坡、沉管段长度、地基基础条件等因素综合考虑。钢筋混凝土矩形管节目前采用整体式管节和节段式管节两种预制方法。

① 管节横断面浇筑方式。整体式管节横断面宜采用分层浇筑，节段式管节横断面宜全断面一次性浇筑。

② 管节纵向浇筑方式。沉管管节应纵向分段浇筑。整体式管节纵向分段长度宜为15~20m，分段之间采用后浇带连接；节段式管节分段不宜大于23m，分段之间采用节段接头连接。港珠澳大桥沉管隧道采用了节段式管节，沿纵向划分为33段管节，标准管节长180m，每22.5m为1个节段，在管节浮运沉放期间采用纵向预应力索将各节段拉结成一个管节整体。

2. 接头处理

钢筋混凝土沉管的接头主要包括管节接头和最终接头两种，此外节段式管节中还存在节段接头。各类接头构造设计应满足接头的水密性、耐久性、抗震性和可施工性的要求。接头形式可分为刚性接头、半钢半柔性接头、半刚性接头和柔性接头。

（1）管节接头。管节接头宜选用柔性接头，结构构造包括防水构造、剪力键及附加纵向抗震限位措施。防水构造目前主要采用GINA和OMGEGA橡胶止水带或波形止水带双道密封止水；限位装置通常采用竖向和水平剪力键，分别承受运营阶段竖向剪力和地震工况下水平剪力；附加纵向抗震限位措施可选用钢索型或钢板型限位装置。

（2）节段接头。节段接头设置在管节内各节段之间，主要包括防水构造、剪力键、预应力束等构造，可适应允许张开量或允许扭转角。节段接头防水构造采用双道密封防水，可选用中埋式止水带与OMEGA橡胶止水带。节段接头剪力键通常采用混凝土剪力键。

（3）最终接头。当沉管隧道最后一节管节沉放后，在最后沉放管节与先前沉放管节或已建岸坡结构物间还留下1~3m的间隙需要封闭，这最后一小段结构就称为最终接头。最终接头根据位置可分为水中最终接头和岸上最终接头两种，其施工的关键在于止退和防水。

水中接头施工方法分为治水板工法、接头箱体工法、V形箱体工法等。岸上最终接头可采用干式施工工艺，常采用围堰和竖井等方式制作。

5.3.2 基槽开挖与回填覆盖

1. 基槽开挖

在沉管隧道施工中，在隧址处的水底管节沉埋范围内需开挖沉管基槽。基槽开挖方法主要有挖泥、爆破、凿岩等。

（1）挖泥适用于开挖土层或强风化岩层，主要采用各类挖泥船开挖，施工工序主要包括表面清理、基槽切滩、基槽粗挖、基槽精挖等。

（2）水下爆破一般用于清除水下硬质岩层，是通过水上钻爆船（驳）或工作平台，配以套管穿过水层对水下岩石进行钻孔，在船上或平台上进行装药、堵塞、连线、起爆等作业，进行水下爆破开挖。

(3) 凿岩适用于强风化至中风化页岩或砂岩的地质状况。该方法是在挖泥船的抓斗吊机上装铸钢制造的凿岩棒，将其提升到一定高度后自由落下，依靠重力作用冲击河床，以纵向撞击力破碎岩石。

2. 疏浚清淤与回填覆盖

在垫层施工及管节沉放之前，应检查浮运航道及基槽回淤的情况，必要时需要对航道进行疏浚，对基槽进行清淤，防止管节搁浅和沉放不到位。常用的方法有吸砂(泥)船舶清淤、气升式清淤。其中，气升式吸泥管除泥是利用吸泥管中形成的水、气、泥的混合体比水轻的原理吸砂清淤。

基槽回填工作是沉管隧道施工的最终工序，它是对已就位的管节两侧及顶部采用适当的回填材料进行分层回填覆盖，以保护沉管隧道管段，使其具有较好的防冲刷、防锚及防沉船等重物冲击作用，并防止基础外侧形成抗震液化薄弱区域。

5.3.3　地基及基础处理

沉管隧道的地基及基础处理是沉管隧道修建的关键技术之一，主要是解决开挖引起的槽底不平整、地基土软硬不均和基槽回淤与流砂管涌问题。主要采取的措施包括地基处理、预制桩基础、施作基础垫层等，其中，基础垫层处理方法又可分为先铺法和后填法。

1. 地基处理方法

根据国内外沉管隧道的修建经验，可采用的沉管隧道地基处理施工方法包括排水固结法、换填法、砂桩及碎石桩复合地基等。

(1) 排水固结法是对天然地基，或已设置砂井(袋装砂井或塑料排水带)等竖向排水体的地基，在场地上加载预压，使土体中的孔隙水排出从而土体逐渐固结，地基发生沉降，同时地基强度得到逐步提高的方法。排水固结法主要适用于加固黏土、淤泥质黏土、粉质黏土、粉土等软弱地基处理。

(2) 换填法是将基础下一定范围的土层挖去，然后回填以强度较大的砂、砂石或灰土等，并分层夯实至设计要求的密实程度，作为地基的持力层，以提高基础的承载力，增加地基强度，减少基础沉降。换填法用于浅层地基处理，处理深度可达2~3m，适用于淤泥、淤泥质土等浅层软弱地基及不均匀地基的处理。

(3) 碎石桩和砂桩又称为粗颗粒土桩，是指通过振动、冲击或水冲等方式在软弱地基中成孔后，再将碎石或砂挤压入已成的孔中形成大直径的碎石或砂所构成的密实桩体。碎石桩和砂桩适用于砂性土、黏性土、粉质黏土等地基的处理。沉管隧道中主要用砂桩，近年来也开始用碎石桩。

2. 预制桩基础

若沉管管节底面以下的地基土特别软弱，或在隧道轴线方向上基底土层软硬度不均，管节会产生不均匀沉降，或列车通过时的振动会使砂性基础液化，此时基础仅做“垫平”处理是不够的。一般的解决方法是在水下做桩基，即沿着沉管隧道纵向每隔一定距离打入若干排钢筋混凝土桩或钢桩。在含砂量高、地质条件很差的江河开挖沟槽时，存在水底土体稳定性差、淤积浮泥或底砂回淤等问题，采用桩基础处理比较理想。

在沉管隧道基础中采用桩基时，首先要考虑如何使桩的水平标高一致，使桩顶吻合在沉管管节的底面，以便各桩均匀受力。为达到这个目的，通常采用的方法有水下混凝土传力法、砂浆囊袋传力法和可调桩顶法。

(1) 水下混凝土传力法。基桩打好后，先浇一、二层水下混凝土将桩顶裹住，然后在其上铺一层砂石垫层，使沉管荷载经砂石垫层和水下混凝土层传到桩基上。

(2) 砂浆囊袋传力法。在管段底部与桩顶之间，用大型化纤囊袋灌注水泥砂浆加以垫实，使所有桩基能同时受力。

(3) 可调桩顶法。可调桩顶法是在所有桩顶端设一小段预制混凝土活动桩顶，在管段沉放完成后，向活动桩顶与桩身之间的空腔中灌注水泥砂浆，将活动桩顶升到与管底密贴接触为止。在基础顶部与活动桩顶之间，用软垫层垫实，垫层厚度按预计沉降来决定。在管段沉放完成后，管段底与活动桩顶之间，灌注砂浆加以填实。

3. 后填法基础垫层

后填法是将沉管管节先沉放并支承于钢筋混凝土临时支座上，再通过预留孔向管底压(灌)注砂水混合料，以填满管底空隙。后填法克服了刮铺法在管节底宽较大时施工困难的缺点，因此适用于基础面积较宽的大型沉管隧道垫层施工。目前，后填法主要包括灌砂法、喷砂法、砂流法(压砂法)、灌囊法、压浆法等。

(1) 灌砂法。该法是在管节沉放完毕后，从工程船舶上通过导管沿着管节侧面向管节底部灌填粗砂，构成纵向垫层。这种方法不需专用设备，施工方便，是最早的一种后填法基础处理方式，适用于底宽较小的圆形、八角形或花篮形钢壳管节。

(2) 喷砂法。该法主要是在水面上用砂泵将砂、水混合料通过伸入管节底面的喷管向管节底部喷注，以填满其空隙。在喷砂管的两侧设有回吸管，使水在管节底部形成一个规则的流动场，从而使砂有规则地沉淀。

(3) 砂流法。该法又称为压砂法，是在管节底板上预先设置压砂孔，管节沉放后通过压砂孔向基础压注砂水混合料，填满管节与基底间的间隙形成基础垫层。

(4) 灌囊法。该法是对由刮铺法施作的砂、石垫层，采用注入由黏土、水泥和砂配制成的混合砂浆的囊袋充填剩余空隙的基槽垫层施作方法。管节沉放前，在管节底面下事先系扣空囊袋一并下沉，先铺垫层与管节底面之间需预留 15~20cm 的空间，管节沉放后，从工程船舶上向囊袋内灌注混合砂浆，直至管节底面以下的空隙全部充填满为止。

(5) 压浆法。该法是从管节内部，经预埋在管节底板上带单向阀的压浆孔，向管底空隙压注由水泥、膨润土、砂和缓凝剂配成的混合砂浆。压浆法是在灌囊法基础上发展起来的一种基础处理方法，它省去了较贵的囊袋、繁复的安装工艺、水上作业和潜水作业，除具有不干扰航道通行的优点外，还有不受水深、流速和潮汐等水文条件影响等优点。

4. 先铺法基础垫层

先铺法也称刮铺法，是在管节沉放前用刮铺船或整平架上的刮板在基槽底整平铺垫材料(如粗砂、碎石或砂砾石)作为管节基础。先铺法是沉管隧道修建早期采用的基础垫层施工方法，包括刮砂法和刮石法，近年来又在刮石法基础上发展出了带有垄沟的碎石整平法。为了优化节段式沉管管节在沉放时的受力状态、控制沉管总体沉降和不均匀沉降，港珠澳大桥沉管隧道工程研制开发了按拟定纵坡均匀铺设的高精度碎石整平船，代替了传统的刮铺法处理工艺，实现了整平船的准确定位、平台升降锁紧控制、下料管升降及整平台车纵向和横向移动的控制、抛石管整平刮刀的高程调节、基床整平的同步质量检测等自动化控制，攻克了在深水中的基础垫层施工技术难题。

5.3.4 管节安装

在沉管隧道的施工中，在干坞内预制的混凝土管节必须历经干坞注水、管节起浮、浮运和沉放以及水下对接等工序，形成沉埋于水底基槽中的隧道。相关的工序主要包括舾装、浮运、沉放与对接。

1. 管节舾装

沉管舾装源于船舶制造的舾装，但内容完全不同。沉管舾装从空间上分为管内舾装和管外舾装，从工序上分为一次舾装和二次舾装。

(1) 一次舾装为管节下水(试漏、起浮)前做的舾装工作，包括端封墙及水密门、GINA止水带及保护装置、鼻托、压载系统和系缆柱及管节的各种舾装的预埋件等的安装。一次舾装完成后，在坞内进行水密性检漏(试漏)和试浮。

(2) 二次舾装为管节起浮后、沉放前做的舾装工作，主要包括测量塔、人孔井、水平拉合座、吊点、纵横向调节系统和浮箱等的安装。二次舾装可以在坞内深水坞位置完成，也可以在坞外寄放锚地、管节沉放区或专用码头处完成。

2. 管节浮运

管节浮运时先打开坞门(或破除坞堤)，接着使管节出坞，然后将管节浮运至沉放地点。浮运一般采用拖轮浮运，也有采用拖轮拖运移动干坞、绞车拖运与拖轮顶推、岸控绞车和驳船绞车拖运等。

(1) 拖轮浮运方案即采用A拖轮对管节提供浮运主动力，另用四艘拖轮提供顶潮力和控制管节运动方向。该方案的优点是易于操作控制，长距离浮运不受风力影响。但是拖轮和管节占用航道水域较宽，管节拖运速度较慢，拖航受水流因素影响大。拖轮浮运方案也可采用三拖轮浮运和四拖轮浮运方案，根据浮运距离和水流力等因素合理选用。

(2) 拖轮拖运移动干坞方案即管节预制完成后仍然装载在移动干坞上，采用A拖轮对移动干坞提供浮运主动力，另用两艘拖轮分别在移动干坞两侧与移动干坞连接在一起提供转向动力及前进助力，再用一艘尾拖作为备用拖轮并调节管节运动方向。该方案的优点是：移动干坞在航行过程中吃水深度小于管节吃水深，对航道深度的要求低；浮运过程中水流不会对管节产生影响；浮运速度快，航道占用时间短。但该方案操作复杂，受风力影响较大。

(3) 绞车拖运与拖轮顶推方案即在管节前方下锚一艘方驳，其上安装一艘液压绞车作为管节前进的主动力，管节尾部两艘方驳安装绞车作为管节的制动力，管节两侧在浮运时用三艘拖轮顶潮协助施工。该方案对于短距离浮运施工速度快，占用航道时间短，施工中淤泥不会卷入基槽，工序交替简单；若用于长距离作业，方驳和管节下锚次数多，管节浮运速度慢，占用航道时间长。

(4) 岸控绞车和驳船绞车拖运方案即对于轴线干坞等邻近基槽预制管节的情况，可直接采用岸控绞车和水中工作驳船绞车拖运管节。

3. 管节沉放

管节沉放是沉管隧道施工中技术难度最大的工序，不仅受到气候、河流(或洋流)等自然条件的直接影响，而且还受到航道、设备条件的制约。

(1) 沉放方法。管节沉放方法可分为拉沉法和吊沉法。拉沉法利用预先设在沟槽的地垄，通过架设在管节上面的卷扬机来牵拉扣在地垄上的钢丝绳，将管节缓缓拉入水中。拉沉法水底桩墩设置费用较高，尤其是施工水深较大、管节数量较多时很不经济，因此现在沉管隧道施工时已经极少采用。吊沉法包括浮箱吊沉法、起重船吊沉法、船组杠沉法和自升式平台吊沉法等。

① 浮箱吊沉法是在管节顶板上方设置多组浮箱，在浮箱上设置起吊卷扬机，利用管节上的定位索控制坐标，通过逐渐向管节内压载，使管节逐渐下沉到预定位置的方法。

② 起重船吊沉法(浮吊法)是在管节浮运到位后，利用2~4艘起重船提吊管节顶面预设的吊点起吊管节，同时通过逐渐向管节内压载，使管节逐渐下沉到预定位置的方法。起重船吊沉法常用在规模较小、管节较轻的沉管隧道。

③ 船组杠沉法(又称抬吊法或扛吊法)是将一组钢梁(杠棒)的两端担在两只船体上构成一个船组，沿管节设置一个或多个船组，起吊卷扬机安装在杠棒上，船组和管节定位卷扬机安装在船体上，利用定位索控制坐标，通过逐渐向管节内压载，使管节逐渐下沉到预定位置的方法。船组杠沉法按照船组数可分为四方驳抬吊法和双驳抬吊法：四方驳抬吊法多用于规模较小的沉管隧道；双驳抬吊法又分为杠沉法和骑吊法，其稳定性较好，适合规模较大、管节数量较多、施工水深较大、水文环境恶劣的沉管隧道。

④ 自升式平台吊沉法的自升式平台由平台(船体)和4根脚组成，是依靠台浮移到位后，柱脚依靠千斤顶下压至河床以下，平台沿柱脚升出水面，通过逐渐向管节内压载，利用平台上的起吊设备使管节逐渐下沉到预定位置的方法。施工完成后，落下平台到水面，利用平台的浮力拔出柱脚。由于升降平台法沉放管节稳定性好，受风浪等的影响较小，且不需要管节锚定系统，占用的作业水域也较小，因此在交通繁忙的水域得到了广泛应用，但是由于设备成本高，因此该方法适用于水深大、施工水域小且水文条件恶劣的沉管隧道。

(2) 管节沉放步骤。管节沉放过程可以分为以下3个基本步骤：

① 初步下沉。逐步调节压载水，管节初步下沉，并进行初步定位，管节缓慢浮近已沉管节或接口段结构。

② 靠拢下沉。稳定压载水，精确定位，管节靠拢已沉管节或接口段结构，再次校正管节位置。

③ 着地下沉。当管节相互靠拢并确认位置无误后，先将管节前端搁置在已沉管节的鼻托上，通过鼻托上的导向装置使管节自然对中，然后将管节后端搁置在临时支座上或基础垫层上。待管节位置校正稳定后，即可卸去全部吊力。

4. 管节水下交接

管节的水下交接常用的有水下混凝土法和水力压接法。水下混凝土法由于形成刚性接头，且工艺复杂、潜水工作量大，现已较少应用。水力压接即利用作用在管节后端(也称自由端)端面上的巨大水压力，使安装在管段前端(靠近既设管段或风井的一端)端面周边上的GINA止水带发生压缩变形，并构成一个水密性良好且相当可靠的管节间接头。

管节的水下对接主要包括以下 3 个基本步骤：

（1）初步对接。潜水员进一步检查对接区，清洁杂物，并通过拉合千斤顶将刚沉放的管节拉向已沉放管节接头主体结构，实现端头的初步止水。

（2）水压对接、机械拉合。初步止水结果检查并经认可后，打开管节端封墙上的进气阀和排水阀，将端封墙之间的水排除，利用管节自由端产生的巨大压力使 GINA 止水带进一步压缩，在水压与 PC 拉索共同作用下使 GINA 止水带压缩量达到设计要求。

（3）稳定压载。测量与检查压接结果，调节竖向千斤顶，使管节上升预留沉降量，锁死竖向千斤顶，拆除拉合千斤顶，此时便完成了管节沉放和对接。管节内压载水箱中增加压载水量至满足抗浮要求。

压接完毕后，即可拆除前后两节管节间的端封墙，拆除端封墙后的各节既设管节全部与岸上相通。因为没有像盾构施工时那样的出土和管片运输的频繁行车，所以铺设压载混凝土、路面，安装平顶、灯具等工作都可立即开始，沉管隧道工期相对较短。

第6章 钻爆法隧道施工技术

新奥法与传统矿山法均采用钻爆法施工。新奥法属于钻爆法的一种新型施工方法。

从发展趋势来看，钻爆法仍将是今后山岭隧道中常用的开挖方法。

新奥法与传统矿山法的最大不同的是，新奥法充分考虑了围岩，并视围岩为主体承载结构，考虑其适当变形以充分发挥围岩的自承能力和及时支护以控制围岩变形，另进行施工监测，关注围岩变形情况，以指导施工。

本章在6.1节对传统矿山法和新奥法进行简要概述，再通过6.2~6.8节对新奥法的施工技术进行介绍。

6.1 传统矿山法与新奥法概述

6.1.1 传统矿山法

矿山法因其最早应用于坑道采矿而得名，因其采用钻眼爆破方式破岩，故隧道工程中也称其为钻爆法。它采用纵向分段，横向全断面或分部开挖，每一部分开挖成型后即对暴露围岩加以适当的支撑或支护，继而提供必要的永久性人工结构，以保持隧道长期稳定的施工方法。矿山法由于支撑或支护的结构和材料的不同，人们习惯性将采用钢、木构件作为临时支撑的施工方法叫作传统矿山法，日本隧道界则称之为背板法。

早期的传统矿山法主要采用木构件作为临时支撑，施作后的临时木构支撑只是作为维护围岩稳定的临时措施。待隧道开挖成型后，再逐步地将其拆除，并代之以砌石或混凝土衬砌。由于木构支撑的耐久性差和对坑道的适应性差，尤其是支撑撤换工作既麻烦又不安全，且对围岩有进一步扰动，因此已很少采用。

后来，由于材料的改进和钢材产量的增加，传统矿山法发展为主要采用钢构件承受早期围岩压力，以维护围岩的临时稳定，然后在此基础上再施作内层衬砌，以承受后期围岩压力，并提供后期储备。钢构件支撑具有较好的耐久性，并对坑道形状有较好的适应性。施作后的钢构件支撑无须拆除和撤换，也更为安全。至今，这种方法仍然沿用。

6.1.2 新奥法

随着隧道工程理论及施工工艺的不断发展，人们逐渐深刻地认识到隧道是围岩和支护组成的体系，应充分地保护围岩，发挥围岩自身的承载能力，维护围岩的稳定性。隧道设计和施工与隧道的围岩条件密切相关，只有充分掌握隧道的围岩条件，才能有合理的隧道设计与施工，而传统矿山法明显不符合岩石力学的基本原理。

于是20世纪50年代，奥地利学者拉勃塞维兹提出了新奥法的概念，即新奥地利隧道施工方法的简称，原文是“New Austrian Tunneling Method”，简写为NATM。

新奥法是以既有的隧道工程经验和岩体力学的理论为基础，将锚杆和喷射混凝土组合在一起作为支护手段，便于充分发挥围岩的自承能力，通过监测反馈回来的信息对支护参数进行调整，从而更好地控制围岩的变形。这种施工方法经过奥地利、瑞典、意大利等国家大量隧道与地下工程实践和理论研究及科学论证，于20世纪60年代取得专利权并正式命名为新奥法（NATM）。之后新奥法在欧洲及美国、日本等国家隧道与地下工程中获得极为迅速的发展，已成为现代隧道工程新技术标志之一。

目前，新奥法已经成为在软弱破碎岩体中修建隧道的一种基本方法，技术经济效益显著。

新奥法与传统的矿山法相比，不仅仅是手段上的不同，更重要的是对围岩的认识有了更深刻的理解，并且在支护结构设计理念上与传统矿山法有很大不同，是人们对隧道及地下工程认识和理解的深化。

不能单纯地将新奥法看成是一种施工方法或是一种支护方法，也不应片面地理解为仅用锚喷支护就是采用新奥法了，事实上喷锚支护并不能完全表达新奥法的含义。新奥法是既包括隧道工程设计，又包括隧道工程施工，贯穿于隧道工程整个过程的基本指导思想和基本原则。

新奥法是应用岩体力学的理论，以维护和利用围岩的自承能力为基点，采用锚喷支护为主要支护手段，能及时进行支护，控制围岩的变形和松弛，使围岩亦成为支护体系的组成部分，并通过对围岩和支护结构的测量、监控来及时而正确地指导隧道和地下工程设计施工的方法与基本原则。

1. 新奥法施工特点

（1）及时性。新奥法施工以喷射混凝土锚支护为主要手段，最大限度地跟随开挖面施工。因此，可以利用开挖面的时空效应来限制支护前的变形发展，防止围岩进入松散状态，必要时可进行超前支护。此外，喷射混凝土的早期强度和综合黏结性保证了支护的及时性和有效性。喷锚支护可以有效阻止岩石变形的发展，控制应力降低区的扩大，降低支护的承载力，提高岩层的稳定性。

（2）封闭性。因为喷锚支护可以及时施工，是一种综合密集的支护，能及时有效地防止水和风化对围岩的破坏及剥落，防止膨胀岩体的潮解和膨胀，保护原岩体的强度。巷道开挖后，围岩可能因爆破产生新的裂缝，原有地质结构中的裂缝可能随时产生变形或坍塌。当喷射混凝土支护高速喷射到岩石表面时，可以很好地填充围岩的裂缝、节理和凹坑，大大提高了围岩的强度（提高围岩的黏聚力C和内摩擦角）。同时，喷锚支护起到封闭围岩的作用，隔离水、气与岩层的接触，使裂隙填料不会软化、崩解而导致裂缝张开及围岩失去稳定性。

（3）黏结性。喷锚支护可与围岩充分黏结。这种黏结效应可以产生以下几种效应：

① 产生连锁效应，即由裂缝分隔的岩块黏结在一起。如果围岩中的危岩或活岩发生滑动或坠落，会引起相邻岩块的连锁反应，进而失去稳定性，导致大范围的顶板坠落或滑移。如果巷道掘进后能及时进行喷锚支护，喷锚支护的黏结力和抗剪强度可以抵抗围岩的局部破坏，防止个别围岩活石的滑移和坠落，从而保持围岩的稳定性。

② 围岩与支护可以形成一个复杂的应力系统来共同支护围岩。喷锚支护可以提高围岩的稳定性和自身的支护能力。同时，它与围岩共同形成一个力学系统，将岩石荷载转化为岩石承载结构，从根本上改变支护负承载的弱点。

③ 巷道掘进后，及时进行喷锚支护，可以对围岩表面不平整的部分进行填充，消除不平整岩石表面造成的应力集中，避免应力集中过大对围岩造成破坏。另外，巷道周围的围岩将受到两个方向的应力，从而提高围岩的黏聚力 C 和内摩擦角，即围岩的强度。

④ 产生柔性。这是一种柔性薄支护，能与围岩紧密配合。由于喷锚支护具有一定的柔性，它能与围岩一起产生变形，在围岩中形成一定范围的非弹性变形区，并能有效控制和允许围岩塑性区适度发展，从而充分发挥围岩的自承能力。另外，喷锚支护在与围岩共同变形中受到压缩，对围岩产生越来越大的支护反力，它可以抑制围岩的过度变形，防止围岩的松动和破坏。

2. 新奥法的理论要点和施工要点

（1）新奥法与传统施工方法的区别。传统方法认为巷道围岩是一种荷载，采用厚壁混凝土支护松动围岩。新奥法认为，围岩是一种承载机制。建造薄壁、柔性、紧密的支护结构（主要采用喷射混凝土和锚杆），使围岩与支护结构形成支护环，最大限度地承受压力，保持围岩的稳定性，不发生松动和破坏。新奥法将围岩视为道路承载构件的一部分。因此，在施工过程中，应尽可能进行全断面开挖，以减少对巷道周围围岩应力的扰动，并采取光面爆破、微差爆破等措施，以减少围岩振动，保持其完整性。同时，道路表面应尽可能光滑，以避免局部应力集中。新奥法将锚喷混凝土适当结合，形成相对较薄的衬砌层，即采用锚喷混凝土支护围岩，使喷混凝土层与围岩紧密结合，形成围岩支护体系，保持两者共同变形，因此可以最大限度地利用围岩本身的承载力。

（2）保护巷道围岩的承载力。新奥法施工在巷道开挖后采取了一系列综合措施：修建防水层和围岩巷道排水；选择合理的截面形状和尺寸；预留支架变形余量；巷道打开后，及时支护和封闭围岩，保护巷道围岩承载力，将围岩扰动影响控制在最小范围内；加强围岩，提高围岩强度，使其与人工支护结构共同承受巷道压力。

（3）允许围岩发生一定程度的变形，以充分发挥围岩的固有强度。围岩变形应控制在一定范围内。必须避免围岩过度变形，否则会削弱围岩强度，导致坍塌和失稳。支护结构具有一定的变形量，使巷道围岩产生一定的变形，从而减轻巷道的巨大压力，进一步降低支护荷载。

（4）新奥法施工测量的特殊性。由于施工条件的复杂性和对工程设计参数的精确要求，有必要通过多种测量手段对施工过程中的围岩动力学、支护结构的工作状态进行监测。并利用监测结果修改初步设计，指导施工。测量结果可作为施工现场分析参数和修改设计的依据，从而预测事故和险情，及时采取措施预防事故，提高施工安全程度。如上所述，新奥法的支护原则是：围岩不仅是承重对象，也是承重结构；围岩支承环与支护体构成巷道的统一体，是一个力学系统；巷道的开挖与支护是为了维护、改善和提高围岩的自支撑能力。

3. 新奥法施工程序和施工原则

（1）新奥法施工程序。采用新奥法施工的隧道，应视其规模、地质条件以及安全要求、施工方法，并充分利用现场监控、量测信息指导施工，严格按施工程序进行，不得有任何省略。

新奥法的特征之一是采用现场监控、量测信息指导施工，即通过对隧道施工中量测数据和对开挖面的地质观察等进行预测、预报和反馈。并根据已建立的量测为基准，对隧道施工方法(包括特殊的、辅助的施工方法)、断面开挖步骤及顺序、初期支护的参数等进行合理调整，以保证施工安全、坑道围岩稳定、工程质量和支护结构的经济性等。新奥法施工程序如图 6.1 所示。

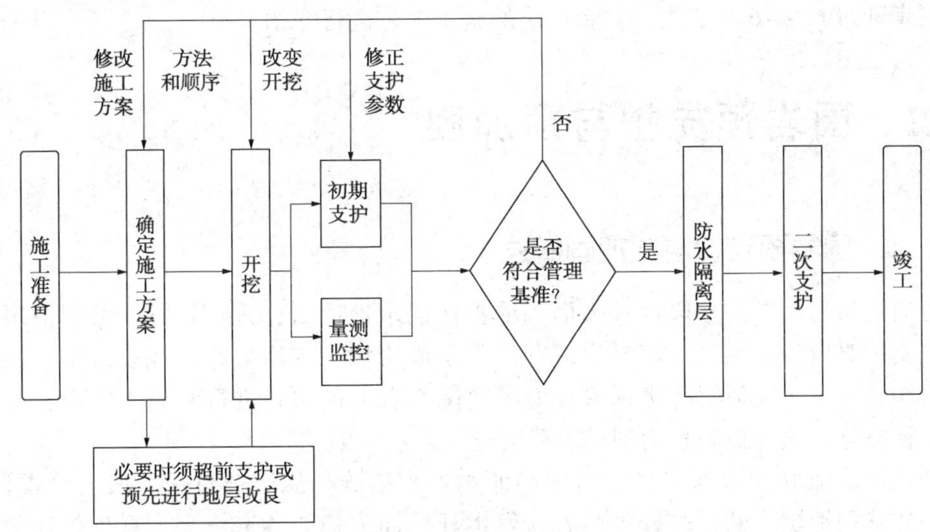

图 6.1　矿山法(新奥法)施工的基本流程

(2) 新奥法施工基本原则。根据我国隧道采用新奥法施工的经验，隧道施工采取的基本原则可以概括为“少扰动、早喷锚、勤量测、紧封闭”十二字方针。

① 少扰动。具体来说，少扰动是指在隧道开挖时，必须严格控制，尽量减少对围岩的扰动次数、扰动强度、扰动持续时间和扰动范围，以使开挖出的坑道符合成形的要求，因此，能采用机械开挖的就不用钻爆法开挖。采用钻爆法开挖时，必须先做钻爆设计，严格控制爆破，尽量采用大断面开挖。选择合理的循环掘进进尺，自稳性差的围岩循环掘进进尺宜用短进尺，支护应紧跟开挖面，以缩短围岩应力松弛时间及开挖面的裸露风化时间等。

② 早喷锚。早喷锚是指对开挖暴露面应及时进行地质描述并及时施作锚喷支护。经初期支护加固，使围岩变形得到有效控制且不致变形过度而坍塌失稳，以达到围岩变形适度而充分发挥围岩的自承能力。必要时，可采取超前支护辅助措施。

③ 勤量测。在隧道施工全过程中，应对围岩周边位移进行现场监控量测，并及时反馈修正设计参数，指导施工或改变施工方法。以规范的量测方法获得量测数据及信息，通过对施工中量测数据的分析和对开挖面的地质观察，进行预测和评价围岩与支护的稳定状态，或判断其动态发展趋势，以便根据建立的量测管理基准，及时调整隧道的施工方法(包括开挖方法、支护形式、特殊的辅助施工方法)，并对断面开挖步骤及顺序、初期支护设计参数等进行合理的调整，以确保施工安全、坑道稳定以及支护衬砌结构的质量和工程造价的合理性。

④ 紧封闭。是指对易风化的自稳性较差的软弱围岩地段，应使开挖面及早施作封闭式支护(如喷射混凝土、锚喷混凝土等)防护措施，可以避免围岩因暴露时间过长而产生风化降低强度及稳定性，并可使支护与围岩进入良好的共同作用工作状态。

新奥法施工是从实际经验中总结出来的，又在不断实践经验中得以丰富其内容和进一步发展。新奥法施工在我国推广以来，经过几十年的发展，通过科研、设计、施工三结合，在修建中梁山、二郎山、西山坪等多座公路隧道中，应用新奥法原理及其相应的技术，取得了较大的成就。

接下来通过 6. 2~6. 8 节主要对新奥法的施工工艺进行介绍。

6.2 围岩预支护与预加固

6.2.1 围岩预支护与预加固概述

隧道通过自稳性差的地段以及大面积淋水或涌水地段时，采用锚杆、喷射混凝土、钢架等常规支护难以稳定围岩，容易出现开挖掌子面垮塌、围岩失稳、地表沉陷，甚至隧道冒顶、坍塌、突水、突泥等恶劣现象。为了确保隧道工程顺利进行和施工安全，必须采取一定的工程措施，这些措施称为辅助工程措施。

辅助工程措施可分为围岩稳定措施和涌水处理措施。隧道通过浅埋段、严重偏压段、自稳性差的软弱地层、断层破碎带，容易发生开挖面失稳、隧道坍塌、冒顶等地段时，对这类地层可采取围岩稳定措施以增强围岩的稳定性。围岩稳定措施包括超前管棚、超前小导管、超前锚杆、超前钻孔注浆、超前水平旋喷桩、超前玻璃纤维锚杆、地表砂浆锚杆、地表注浆、锁脚锚杆、小导管径向注浆、临时支撑等。在围岩涌水突泥地段、地下水丰富需要治理的地段，可采取涌水处理措施以减少地下水对隧道施工和运营的危害或减少地下水流失。涌水处理措施包括超前围岩预注浆堵水、围岩径向注浆堵水、超前钻孔排水、泄水洞排水、井点降水等。

围岩稳定措施又可以分为对围岩预加固措施和围岩预支护措施。

在隧道掌子面自稳性差、掌子面开挖可能坍塌、拱顶掉块时，可采用预留核心土、喷射混凝封闭开挖面、超前锚杆支护、超前小导管支护、超前管棚支护、预衬砌、超前水平旋喷加固等措施进行预支护，以稳定掌子面。稳定掌子面措施、超前支护措施较多，可根据现场围岩条件、施工条件合理选用，灵活组合。这些辅助工程措施还包括超前自进式锚杆、钢轨超前顶进、双层超前小导管等。

在隧道施工容易造成地表下沉、围岩失稳和坍塌、围岩大变形地段，在隧道开挖前需采用各种预加固措施进行围岩加固。围岩加固有两种途径，一是从地面对围岩进行加固，二是在洞内对围岩进行加固。地面加固措施包括地面砂浆锚杆、地表注浆、地面旋喷桩，洞内加固措施包括围岩超前注浆、围岩径向注浆、超前水平旋喷桩、长锚杆、锚索等。在围岩自稳性特别差的地段，有时需要采用多种围岩加固措施。

隧道开挖掌子面出现垮塌、溜坍、掉块涌水、突泥、流砂等危及施工安全生产的迹象时，为防止进一步扩大，应在保证作业人员安全的条件下及时封闭和稳定掌子面。可采取的措施除上述预支护预加固措施外，还包括喷射混凝土封闭围岩、混凝土封堵墙封堵、锚杆加固等。另外，当隧道底部地基承载力不足时，可采用预制桩、钢管桩、旋喷桩、小导管注浆等措施进行隧底加固。

这些辅助措施的选用，应视围岩地质条件、地下水情况、施工方法、环境要求等具体情况而定，并尽量与常规施工方法相结合，进行充分的技术经济比较，选择一种或几种同时使用。

随着开挖技术、锚喷支护技术、预支护与预加固技术的研究应用和发展，现代隧道工程施工的开挖和支护变得更简捷、及时、有效，也更具有可预防性和安全性。

6.2.2 超前锚杆

超前锚杆是在开挖掘进之前，在开挖面的拱部一定范围内，沿开挖轮廓线，以稍大的外插角向开挖面前方一定范围内打入的纵向锚杆(或小钢管)。通过锚杆对围岩的加固作用，形成超前于工作面的围岩加固棚，在此棚的保护下进行开挖。开挖一个进尺后，再打入一排纵向锚杆，再掘进，如此往复推进。这是一种先加固后开挖的逆序作业，即锚杆安装先于岩体开挖，故称为“超前锚杆”。

锚杆超前支护施工简单，柔性较大，整体刚度较小。它主要适用于应力不太大、地下水较少的破碎、软弱围岩的隧道工程中，如裂隙较发育的较硬围岩、砂土地层、堆积地层、断层破碎带、水平薄层状地层、浅埋和塌方地段等，且一般与系统锚杆同时使用，形成联合支护。

超前锚杆常用 ϕ18～28mm 的螺纹钢筋。公路隧道也用 ϕ32mm 小钢管。自进式锚杆直径可取 28～76mm，长度宜为 5～10m。

超前锚杆以往多采用砂浆锚杆，锚杆体用螺纹钢筋加工，将钢筋头部加工成扁铲形或尖锥形，尾部焊箍。施工时，都要先钻孔，用凿岩机或凿岩台车引孔。钻孔时应控制用水量，以防塌孔。钻孔应保证设计的位置和锚杆外插角。利用注浆泵往孔内注入早强水泥砂浆。注浆时，以水引路，将拌和好的砂浆装入注浆器并充满管路，且将注浆管插入管口离孔底 10cm 位置。开进风阀门，用高压空气将水泥砂浆压入孔眼中，注浆管逐渐被砂浆向外推挤，注到孔深的 2/3 以上时停止注浆。然后用锤击或风钻将锚杆顶入，孔内多余的砂浆被挤出孔口，最后将锚杆尾部端头与钢架焊接牢固。

超前锚杆的安装误差，一般要求孔位偏差不超过 5cm，外插角不超过 1°～2°，锚入长度不小于设计长度的 96%。开挖时应注意保留前方有一定长度的锚固区，以使超前锚杆的前端有一个稳定的支点。其尾端应尽可能多地与系统锚杆及钢筋网焊连。超前锚杆与被支撑围岩间出现间隙时，应采用喷射混凝土填满。若掌子面出现滑坍现象，则应及时喷射混凝土封闭开挖面，并尽快打入下一排超前锚杆，然后才能继续开挖，下一循环的开挖应考虑适当缩短掘进循环进尺。超前锚杆施工完成 8h 后方可进行开挖。开挖后应及时喷射混凝土，并尽快封闭环形初期支护。开挖过程中应密切观察锚杆变形及喷射混凝土层的开裂、起鼓等情况，以掌握围岩动态，及时调整开挖及支护参数。开挖时锚杆之间仍有掉块，说明锚杆间距过大，需补打锚杆，增加支护密度，下一环超前锚杆的横向间距需要加密。如遇地下水时，则可钻孔引排，但应密切注意地下水是否变浑及流量增减情况。必要时应在洞内钻孔进行超前地质探察，以便针对突然出现的不良地质情况制定相应的预备施工方案和紧急处理措施。

6.2.3 超前小导管

1. 构造组成

超前小导管是在开挖前，沿坑道周边向前方围岩内打入带孔小导管，并通过小导管向围岩压注起胶结作用的浆液，待浆液硬化后，坑道周围岩体就形成了有一定厚度的加固圈的加固措施。超前小导管尾端与初期支护钢架焊接，共同组成棚架支护，也称“小管棚”。在此保护下即可安全地进行开挖等作业。若小导管前端焊一个简易钻头，则可钻孔、插管一次完成。这称为自进式注浆锚杆或迈进锚杆，是将超前锚杆与超前小导管注浆相结合的一种先进的超前支护措施，增强了加固效果。

2. 性能特点及适用条件

超前小导管的作用和布置方式与超前锚杆相同，区别是小导管采用钢管，每根钢管管壁带有小孔，通过钢管以一定的压力向围岩体内注浆。它既能起到对未开挖段围岩的预支护作用，又能起到对围岩的预加固作用，而且填塞了裂隙，阻隔了地下水向坑道渗流的通道，起到了堵水作用。因此，超前小导管较超前锚杆能适应更多的地层，对砂土地层、堆积地层、断层破碎带和塌方地段更容易施作成形，支护范围更大，在隧道开挖后掌子面不能自稳地段、拱部易出现剥落或局部坍塌的地段以及塌方段、浅埋段、地质较差的洞口段均可采用。但超前小导管注浆对围岩加固的范围和加固处理的程度是有限的，注浆压力较低。因此，超前小导管注浆主要适用于渗透系数较大的无地下水或水量和压力较小的一般软弱破碎岩体的地层条件。若用于渗透性差的地层，则容易形成“跑浆”，即浆液沿管外与孔壁之间形成回流。

3. 小导管布置和安装

小导管一般采用 ϕ42~50mm 无缝钢管制作，长度宜为 3~5m，前端做成尖锥形，前段管壁上每隔 15~30cm 交错钻眼，眼孔直径宜为 6~8mm，后面 0.5~1.5m 不钻孔，其余设计参数与超前锚杆相同。在隧道围岩破碎、岩体层间结合较差的地段，可采用小导管径向注浆。此时，小导管长度不宜小于 3.5m，间距宜为 1.0~2.5m。

小导管钻孔安装前，应对开挖面及 5m 范围内的坑道喷射 5~10cm 厚的混凝土封闭。钻孔直径应较管径大 20mm 以上，环向间距应按地层条件而定。极破碎围岩或处理塌方时可采用双排管；地下水丰富的松软层，可采用双排以上的多排管；大断面或注浆效果差时，可采用双排管。小导管插入后应外露一定长度，以便连接注浆管，并用塑胶泥将导管周围孔隙封堵密实，管口应设置止浆阀。超前小导管管内应注满砂浆。超前小导管施工完成 8h 后方可进行开挖。

4. 注浆材料

（1）注浆材料种类及适用条件。注浆材料有水泥浆液和化学浆液两大类。注浆材料按浆液组成可分为单液和双液，分别适用于不同的地层条件。注浆材料的选择主要应考虑被加固地层渗透条件，应先对被加固围岩进行土力学试验，包括渗透系数、土颗粒组成、孔隙率、饱和度、密度、pH 值、剪切和抗压强度等。必要时应做现场抽水试验和注浆试验，采用适用的注浆材料，并确定更为合理的注浆压力、单孔注浆扩散半径等参数。

① 在断层破碎带及砂卵石地层（裂隙宽度或颗粒粒径大于 1mm，渗透系数 $k \geqslant 5\times10^{-4}$ m/s）等强渗透性地层中，应采用料源广且价格便宜的注浆材料。一般对于无水的松散地层，宜优先选用单液水泥浆；对于有水的强渗透地层，则宜选用水泥-水玻璃双浆液，以控制注浆范围。

② 断层带，当裂隙宽度（或粒径）小于 1mm，或渗透系数 $k \geqslant 10^{-5}$ m/s 时，注浆材料宜优先选用水玻璃类和木胺类浆液。

③ 细砂层、粉砂层、细小裂隙岩层及断层地段等弱渗透地层中，宜选用渗透性好、低毒及遇水膨胀的化学浆液，如水玻璃（主剂）-氯化钙、水玻璃（主剂）-水泥、水玻璃（主剂）-铝酸钠、聚氨酯类，或超细水泥浆等。

受沥青、油脂、石油化合物等浸透的土以及地下水 pH 值大于 9 的土不宜采用硅化法加固。

④ 对于不透水的黏土层，则宜选用水玻璃或聚氨酯类化学浆液采用高压劈裂注浆。

（2）注浆材料的配比。注浆材料的配比应根据地层情况和胶凝时间要求，并经过实验而定：

① 采用水泥浆液时，水灰比可采用 0.5∶1～2∶1，需缩短凝结时间时，可加入氯盐、三乙醇胺速凝剂。

② 采用水泥-水玻璃浆液时，水泥浆的水灰比可用 0.5∶1～1.5∶1；水玻璃浓度为 25～40°Bé，水泥浆与水玻璃的体积比宜为 1∶1～1∶0.3。

5. 注浆

（1）注浆设备应性能良好，工作压力应满足注浆压力要求，并应进行现场试验运转。

（2）小导管注浆的孔口最高压力应严格控制在允许范围内，以防压裂开挖面，注浆压力一般为 0.5～1.0MPa，止浆塞应能经受注浆压力。注浆压力与地层条件及注浆范围要求有关，一般要求单管注浆能扩散到管周 0.5～1.0m 的半径范围内。单孔注浆浆液扩散半径 $R=(0.6\sim0.7)b$，其中 b 为导管中至中间距（m）。

（3）要控制注浆量，即每根导管内已达到规定注入量时就可结束；若孔口压力已达到规定压力值，但注入量仍不足时，亦应停止注浆。

（4）注浆结束后，应做一定数量的钻孔检查或用声波探测仪检查注浆效果，如未达到要求，应进行补注浆。

（5）注浆后应视浆液种类，等待 4（水泥-水玻璃浆）～8h（水泥浆）方可开挖。开挖长度不宜太长，以保留一定长度的止浆墙（亦即超前注浆的最短超前量）。

6.2.4　深孔帷幕注浆

隧道围岩的注浆加固，除了上述超前小导管注浆外，可以结合具体条件，选用超前局部注浆、超前周边注浆、全断面注浆、开挖后径向注浆等深孔预注浆措施。

向围岩内打入带孔长钢管，并通过长钢管向围岩内压注起胶结作用的浆液，待浆液硬化后，坑道周围岩体就可形成较大范围的一定厚度的筒状封闭加固区，同时形成止水帷幕，在此加固圈的保护下即可安全地进行开挖等作业，这个过程称为深孔帷幕注浆。

深孔预注浆一般可超前开挖面30~50m，可以形成较长范围内(隧道纵向)的有相当厚度的筒状封闭加固和堵水区，从而使得堵水的效果更好，也使得注浆作业次数减少。它不仅适用于无地下水或少地下水的一般软弱破碎岩体的地层条件，更适用于水量和压力均较大的破碎岩体的地层条件，也更适用于采用大中型机械化施工。深孔帷幕注浆已成为隧道及地下工程中改良地层、增强软弱岩体的稳定性、封堵地下水的有效措施和常用手段，尤其适用于软弱围岩及断层破碎带、堆积土地层，以及隧道开挖可能引起掌子面突泥、流坍地段。

1. 注浆范围

超前深孔帷幕注浆作业可以在洞内进行，如果隧道埋深较浅，则注浆作业可在地面进行；对于深埋长大隧道可利用辅助平行导坑对正洞进行预注浆，这样超前深孔帷幕预注浆钻孔和注浆作业不需要进入洞内施工作业循环，可以避免与正洞开挖等作业的干扰，缩短施工工期。

隧道开挖后，周边围岩出现涌水、股状水、大面积渗水时，应根据围岩条件、地下水类型、地下水性质、补给条件、允许排放量、环保要求以及对施工的影响程度等，采用全断面径向注浆、局部径向注浆和径向点注浆等堵水措施。集中出水点应埋设导管原位引出。注浆范围宜控制在开挖轮廓线以外3~6m。

2. 注浆机理

注浆加固的作用机理，可分为压力注浆和电动注浆两类。大多数地层条件可采用压力注浆加固；但在软黏土中，土的渗透性很低，压力注浆法效果极差，可综合采用电动注浆法，但目前应用较少。压力注浆又可以按注浆压力大小和注浆机理分为如下4种：

(1) 渗透注浆：对于破碎岩层、砂卵石层、中细砂层、粉砂层等有一定渗透性的地层，采用中低压力将浆液压注到地层中的空穴、裂缝、孔隙里，凝固后将岩土或土颗粒胶结为整体，以提高地层的稳定性和强度。前述小导管注浆、管棚注浆的注浆机理即为渗透注浆。

(2) 劈裂注浆：对于渗透性较差甚至不透水的地层，如含水量较大而颗粒较细的黏土地层、软土地层，采用较高压力将胶结材料强行挤压入钻孔周壁，使胶结材料将黏土层劈裂，形成裂缝并充塞凝结于其中，通过土体中形成的浆液脉状固结作用对黏土层起到挤压加固和增加高强夹层加固作用，以提高其强度和稳定性。

(3) 压密注浆：用浓稠的浆液注入土层中，使土体形成浆泡，向周围土层加压使土层得到加固。

(4) 高压喷灌注浆：通过灌浆管在高压作用下，从管底部的特殊喷嘴中喷射出高速浆液射流，促使土粒在冲击力、离心力及重力作用下被切割破碎，随注浆管的向上抽出与浆液混合形成柱状固结体，以达到加固之目的。

3. 超前注浆加固施工

超前注浆加固注浆段的长度应根据前方地质条件确定，需加固的地层范围较长时应采用多循环方式进行，每循环注浆长度宜为30~50m，用于堵水时一次注浆长度为10~30m(公路)。注浆管应采用钢花管，管径不宜小于70mm，管壁应留有出浆孔，孔径宜为8~12mm，间距宜为300~500mm。在孔口1~1.5m范围内不应留出浆孔。注浆孔底中心距宜为

1.5~3.0m，或取浆液扩散半径的1.5~1.7倍。注浆强度应满足设计要求，注浆压力、浆液的胶凝时间应根据现场试验确定。

（1）注浆孔布置。注浆孔的布置角度、深度及注浆孔间距应根据每一循环加固范围、循环长度和浆液扩散半径确定，并应满足设计要求。一般渗透性强的地层，可以采用较低的注浆压力和较大的钻孔间距，钻孔量少，但平均单孔注浆量大。

对于洞内超前小导管注浆而言，Ⅴ级围岩劈裂、压密注浆时，可采用单排/孔；Ⅵ级围岩或处理塌方时，可采用双排管/孔；地下水丰富的松软层，可采用双排以上的多排管/孔；渗透注浆宜采用单排管/孔；隧道断面较大，需要加固的范围较大，或注浆效果较差时，可采用双排管/孔。

钻孔可用冲击式钻机或旋转式钻机，应根据地层条件及成孔效果选择。钻孔位置应满足设计要求，孔口位置偏差不超过5cm，孔底位置偏差不超过孔深的1%。钻孔应清洗干净，并做好钻孔检查记录。

（2）注浆压力。注浆压力要视地层的渗透条件、注浆管/孔的间距、注浆材料种类、单孔浆液扩散半径、地下水压力等条件来确定。采用渗透式注浆时，注浆压力应大于待注浆底层的静水压力；采用劈裂式注浆时，注浆压力应大于待注浆底层的水压力与土压力之和，并取一定的储备系数，一般为1.1~1.3。

（3）注浆管和孔口套管。深孔注浆采用一次式注浆时，孔内可用注浆管或不用；采用分段式注浆时需用注浆管。注浆管一般采用带孔眼的钢管或塑料管。注浆管壁上有眼部分的长度应根据注浆孔的位置和注浆区域来确定，其余部分不钻眼，并用止浆塞将其隔开，使浆液只注入有效区域。

注浆孔孔口应设止浆塞，止浆塞应能承受注浆终压。止浆塞常用的有两种，一种是橡胶式，一种是套管式。橡胶式安装时，将止浆塞固定在注浆管上的设计位置，一起放入钻孔，然后用压缩空气或注浆压力使其膨胀而堵塞注浆管与钻孔之间的间隙，此法主要用于深孔注浆。还有一种堵塞器是用在套管式注浆管上的，靠灌浆压力使其贴紧孔壁，这种方法多用于深孔注浆或局部注浆。

另外，若采用全孔注浆，因浆液流速慢，易造成“死管”（尤其是深孔注浆），因此，多采用前进或后退式分段注浆。

（4）注浆施工。注浆前应检查注浆设备，并试运转正常。在注浆施工过程中，无关人员应撤离现场。注浆顺序应按先上方后下方，或先内圈后外圈、先无水孔后有水孔、先上游（地下水）后下游的顺序进行。应利用止浆阀保持孔内压力直至浆液完全凝固。注浆作业面与注浆加固段之间应有足够的地层安全防护厚度，当围岩不能承受注浆压力时，应设止浆墙。注浆堵水时止浆墙应为现浇混凝土墙，厚度不应小于0.8m。在注浆施工过程中，应记录孔位、孔径、孔深、浆液配比、注浆压力、注浆量、跑浆、串浆、终止注浆等参数。

5. 洞内径向注浆加固施工

洞内径向注浆加固围岩适用于围岩松散、自稳能力较差的地段。洞内径向注浆加固施工应在初期支护完成，且喷射混凝土强度达到设计强度100%后，在防水板铺挂之前实施。

施工时应以5~10m纵向距离为一个段落进行，注浆孔间距为0.8~2.0m，按梅花形布置，孔深应控制在5.0m以内。注浆管应为钢管，管径不应小于42mm。如为径向注浆堵水，注浆终压力宜为0.5~1.5MPa。通过斜向孔对出水点注浆堵水，注浆终压宜为1~2MPa。注浆施工顺序应按由低到高、由边墙至拱顶的顺序进行。注浆孔钻完一孔后应立即对该孔注浆，并应在一孔注浆浆液终凝后，再进行相邻孔开孔。注浆材料和注浆参数应根据现场施工效果及时调整。

注浆完毕后，应进行注浆效果检验，注浆效果不满足设计要求时，应重新布孔注浆。

6.2.5 地表预加固

1. 地面锚喷预加固

在浅埋、洞口地段，由于覆盖层较薄，可能会形成边挖边塌的局面，使得进洞困难；在偏压洞口段，往往一侧边坡开挖过高，形成不稳定边坡，危及施工和运营。在这样的情况下，采用地表锚喷加固是比较合适的。

（1）地表锚喷预加固类型与加固方法。

① 洞口边仰坡表层预加固。先按设计坡度刷坡，然后沿坡面喷射混凝土，必要时加设钢筋网。这种方法适用于松软砂土质地层坡面的加固，可防止表层的剥落和滑塌，其加固范围一般为刷坡范围。

② 洞门上方陡坎加固和仰坡加固。洞门上方陡坎系指洞门端墙施工前，衬砌拱顶外缘至仰坡坡脚的陡立壁面。如果岩体较软弱，可往陡坎中水平打入锚杆（或小导管），锚杆布置宽度以隧道洞宽为准，并喷射混凝土将陡坎面封闭，必要时加设钢筋网。地表锚杆可以垂直于坡面打入，也可竖直打入（垂直于水平面），一般采用后者较多。

③ 洞口浅埋段预加固。洞口浅埋段自然坡面较平缓，围岩软弱，隧道覆盖层浅（一般不大于25m），洞口开挖后地层不能自稳时，以锚杆加固为主。为保证加固效果，锚固砂浆达到70%强度后，才能进行下方隧道的开挖。

（2）地表锚喷预加固经验参数。地表锚喷预加固喷射混凝土厚度为5~10cm；锚杆直径为16~22cm，长度一般为3~6m，或依具体情况而定。锚杆间距为1~2m，沿隧道纵向宜密一些，横向可稀一些，呈梅花形布置。以往多采用砂浆锚杆，锚杆孔直径≥40mm，如工程造价允许，建议采用中空锚杆，效果更好。钢筋网采用直径6~8mm钢筋编扎成40cm×40cm的网格，焊接于锚杆地表出露端。

2. 地表注浆加固

地表注浆加固也是一种浅埋隧道围岩加固方法，用于地层松散、围岩稳定性较差、掌子面自稳能力弱、开挖过程中可能引起塌方的浅埋段或洞口地段加固。

地表注浆加固注浆管宜竖向设置。注浆管深度应根据需加固地层范围、隧道埋深确定，但不宜超过隧道底部开挖线以下1m。注浆管平面布置应满足设计要求。注浆管应采用钢花管，钢管直径不宜小于70mm，在需加固地层范围的钢管管壁应留有出浆孔，孔径宜为8~12mm，间距宜为单孔浆液扩散半径的1.4~1.7倍或300~500mm。沿隧道纵向加固范围应超出不良地质段5~10m，加固宽度可取1.5~2.0倍隧道宽度。注浆管施工前应在现场进行试验，找出合理注浆压力、单孔注浆量和注浆配比等参数后再进行施工。相邻孔不得同时施工，应在一孔注浆浆液终凝后，再进行相邻孔开孔。注浆施工应满足环保要求，注浆强度达到设计强度的70%后方可进行隧道开挖。

6.3　钻爆开挖

6.3.1　钻爆开挖概述

1. 基本概念

钻爆开挖法全称"钻孔爆破法施工"，指通过钻孔、装药、引爆炸药而破碎岩土介质的地下洞室开挖方法，简称钻爆法，它是目前国内外应用最广泛的一种隧道施工方法。

用钻爆法开挖，都有如下基本工序：①钻孔；②装药爆破；③通风；④必要的施工支撑；⑤出碴清场。它们组成一个周而复始的过程，称为爆破循环；每次爆破掘进的距离，称为循环进尺。挖开的断面需要衬砌，理想的做法是洞室断面一次爆破成型，再按工艺要求自下而上浇筑混凝土衬砌，但往往由于岩体不稳定及施工机具的限制，钻爆法施工时要分块开挖，分部衬砌。

2. 钻孔机具

目前在隧道开挖爆破中，广泛采用的钻孔机具为凿岩机和钻孔台车。其工作原理都是利用镶嵌在钻头体前端的凿刃反复冲击并转动破碎岩石而成孔，有的可通过调节冲击功的大小和转动速度以适应不同硬度的石质，以达到最佳成孔效果。

(1) 凿岩机。凿岩机的种类有很多，按使用动力可分为风动凿岩机、内燃凿岩机、电动凿岩机和液压凿岩机四种；按钻进工作原理不同，则可分为冲击转动式、旋转式及旋转冲击式。

目前在隧道开挖中，广泛使用的是风动凿岩机和液压凿岩机。

① 风动凿岩机。俗称风钻，它以压缩空气为动力，具有结构简单、制造维修容易、操作方便、作业安全、不怕超负荷和反复启动，在多水、多尘等不良环境中仍能正常工作等优点，目前广泛使用于中小型隧道工程中。其缺点在于压缩空气供应设备复杂、能量利用率低、成本高、噪声大等。

根据支承和向前推进方式的不同，风动凿岩机又分为手持式、伸缩式和导轨式 3 种。手持式凿岩机一般支承在气腿上凿岩，气腿支承凿岩机的重量，同时对凿岩机产生向前的推力，其质量轻，就位转移方便，适用于隧道分部开挖施工中。伸缩式凿岩机将气腿与凿岩机机体在同一条纵轴线上连成一体，气腿伸长时，凿岩机即向上推进，它专门用于打朝上的竖向炮眼。导轨式凿岩机的质量多在 45kg 以上，安装在导轨上，由自动推进器向前推进，随导轨转向，可以在各个方向上钻孔眼，适用于安装在台车上使用。

风动凿岩机的凿孔过程是冲击转动凿岩。它工作时，利用在汽缸内做往复运动的活塞，频繁地锤击钻杆末端，将钻头打入岩石；活塞后退时，能旋转并同时带动钻杆旋转一个角度，使炮眼凿成圆形。凿岩机的凿岩速度与活塞的冲击频率有关，一般的风动凿岩机都是中低频的(2500 次/min 以下)，欲提高凿岩速度，则要选用较高频率的凿岩机械。

② 液压凿岩机。它是由液压马达驱动凿岩元件做冲击、回转运动，通过压力补偿泵，根据岩石坚硬程度调节油量、压力和冲击频率进行凿岩，具有广泛的适应性。

液压凿岩机与风动凿岩机相比有以下特点：

a. 动力消耗少，能量利用率高。液压凿岩机动力消耗一般仅为风动凿岩机的 1/3～1/2；能量利用率，液压的可达 30%～40%，风动的仅为 15%左右。

b. 凿岩速度高。液压凿岩机凿岩速度比风动凿岩机的高 50%～150%。

c. 能针对不同硬度岩石，自动调节在高频低能或低频高能状态下工作，以提高凿岩功效。

d. 结构设计比较合理，全部运动部件几乎都是在油液中工作的，润滑条件好，使用寿命长，传递能量好。

e. 环境保护好。排气少，噪声小，液压钻的噪声比风钻的降低 10～15dB，改善了开挖面的工作环境。但是液压凿岩机也存在质量大、附属装置多、仅能在台车上使用、需要专门技术人员在有专门设施的车间进行维修保养、对液压油选择和密封管理要求严格、制造精度高、造价高等特点。

(2) 凿岩台车。将多台凿岩机安装在一个专门的移动设备上，实现多机同时作业，集中控制，称为凿岩台车。它可以同时进行多孔凿岩，以缩短钻孔时间，加快掘进速度，适宜于在大断面或全断面隧道开挖中使用。按结构形式的不同，凿岩台车可分为门架式、实腹式和液压钻臂式；按行走方式不同，则可分为轮胎式、履带式和轨道式。

当前，我国较普遍采用的是实腹结构轮胎走行式的全液压凿岩台车，它可以安装 1～4 台凿岩机及一支工作平台臂，其立定工作范围可达宽 10～15m、高 7～12m，分别可适用于不同断面的隧道中。但实腹式凿岩台车占用隧道空间较大，需与出碴运输车辆交会避让，多用于断面较大的隧道中。

3. 爆破基本知识

(1) 炸药的爆破。炸药的爆破反应是有机物的氧化还原反应，具有高温、高压和高速度的特点。炸药的爆炸过程是爆轰波的传播过程，也是爆炸生成气体和初始做功的过程。当炸药在岩(土)体中爆炸时，爆轰波轰击岩面，以冲击波形式向岩体内部传播，形成动态应力场。冲击波作用时间极短，能量密度极高，使炮孔周围岩石产生粉碎性破坏。爆炸气体静压和膨胀做功，有使岩石质点做远离药包中心运动的倾向。岩体受切向拉力，其强度达到岩石抗拉强度时，则岩石破坏，产生径向裂隙。

(2) 爆破作用指数。爆破漏斗半径与最小抵抗线的比值称为爆破作用指数，这是一个描述爆破漏斗大小、爆破性质、抛掷堆积情况等因素的重要相关系数。通常把 $n=1$ 的爆破称为标准抛掷爆破，其漏斗称为标准抛掷爆破漏斗；爆破指数 $n>1$ 的爆破称为加强抛掷爆破或扬弃爆破；$0.75<n<1$ 的爆破称为加强松动或减弱抛掷爆破；$n\leq0.75$ 的爆破称为松动爆破。平坦地形的松动爆破结果，只能看到岩土破碎和隆起，并没有爆破漏斗可见。临空面数目的多少对爆破效果有很大影响，增加临空面是改善爆破状况、提高爆破效果的重要途径。

(3) 隧道工程中常用的炸药。隧道爆破中使用的炸药，应该是爆炸威力大、使用安全、产生有毒气体少的炸药。目前，工程用炸药一般以某种或几种单质炸药为主要成分，另加一些外加剂混合而成。

① 铵梯炸药。铵梯炸药的主要成分是硝酸铵、木粉和梯恩梯，具有化学安定性好、爆

炸后无固体残渣、产生有毒气体少，对震动、摩擦不敏感等特点，而且制造简单，原料来源丰富，价格便宜，使用安全，并可通过调整配料比例即能制成威力、性能各异的多种混合炸药，以满足多种爆破需要。目前，在一般隧道中多使用 2 号岩石硝铵炸药；在有瓦斯的隧道中则使用煤矿硝铵炸药，它是在 2 号岩石硝铵炸药的基础上外加一定比例的食盐作为消焰剂制成的。铵梯炸药的缺点是，抗水性能差，容易吸潮结块，结块后将会影响其爆炸性能，降低爆炸威力等。

② 浆状(水胶)炸药，是近十年发展起来的一种新型安全炸药。这类炸药含水量较大，爆温较低，比较安全，发展前景良好。浆状炸药是由氧化剂水溶液、敏化剂和胶凝剂为基本成分组成的混合炸药。水胶炸药是在浆状炸药的基础上应用交联技术，使之形成塑性凝胶状态，进一步提高了炸药的化学稳定性和抗水性，炸药结构更均一，提高了传爆性能。该种炸药具有抗水性强、密度高、爆炸威力大、原料广、成本低和安全等优点，常用于有水爆破中。

③ 乳化炸药。通常是以硝酸铵、硝酸钠水溶液与炭质燃料通过乳化作用形成的乳脂状混合炸药，也称为乳胶炸药。其外观随制作工艺不同而呈白色、淡黄色、浅褐色或银灰色。乳化炸药具有爆炸性能好、抗水性能强、安全性能好、环境污染小、原料来源广、生产成本低、爆破效率比浆状炸药及水胶炸药更高等优点，尤其适用于硬岩爆破。

我国通常将隧道爆破用的炸药制成药卷使用，标准药卷规格为外径 ϕ32mm，装药净重 150g，长度为 200mm。另外，常用的药卷直径型号还有 ϕ22mm、ϕ25mm、ϕ35mm、ϕ40mm 等，长度为 165~500mm，可按爆破设计的装药结构和用药量来选择使用。

用于光面爆破的炸药，有爆速低、猛度小、密度小的要求，通常制成小直径药卷。

(4) 起爆传爆材料(系统)。设置起爆传爆系统的目的是，在装药以外的安全距离处通过发爆(点火、通电或激发枪)和传递，使安在药包或药卷中的雷管起爆，并引发药包或药卷爆炸，从而爆破岩石。

① 导火索和火雷管。

a. 导火索，又称导火线，由药芯和索壳组成。外径 5.2~5.8mm，药芯为黑火药，药芯外面包裹棉、麻纤维和防潮层，呈圆索状。正常燃烧速度为 110~130m/s，其作用是传递火焰给火雷管，使火雷管在火焰作用下爆炸，配合火花起爆法使用。外表多呈白色。导火索具有一定的防潮耐水性能，在水中浸泡 2h 后，其燃烧速度和燃烧性能基本不变。普通导火索不能在有瓦斯或有矿尘爆炸危险的场所使用。

b. 火雷管。用导火索喷出的火焰引爆的雷管，又叫普通雷管，是最简单的一种雷管。火雷管成本低，使用比较简单灵活，不受杂散电流的影响，应用广泛，但受撞击、摩擦和火花等作用时能引起爆炸。火雷管全部是即发雷管，一点火就爆炸。火雷管按照管内装药的不同，分成十个等级，号数越大，起爆能力越强。工程上常用的是 6 号和 8 号雷管。

② 电雷管。主要由电发火装置和一个火雷管组成，它是用导电索传输电流使装在雷管中的电阻发热而引起雷管爆炸的。它品种较多，常用的有即发电雷管和迟发电雷管。迟发电雷管又称延期电雷管，有秒延期和毫秒(微差)延期之分。

即发电雷管是把点火用的电桥丝埋入引爆药内，当通以足够的电流后，即可以引起爆炸。

秒延期电雷管是在电引火装置与起爆药之间安装了延期药或安装一段精制的导火索，使通电点火后能延长一段以秒计的时间间隔，然后才爆炸。由于延期时间较长，精确度不太高，多用于分段起爆。国产秒延期电雷管按延期时间的长短分为七段，段数越大，延期时间越长。

毫秒延期电雷管的延期元件是用特殊化学物质组成的缓燃剂，延期时间较为精确，可以实现微差爆破。国产毫秒延期电雷管共有五个系列，其中第二系列在工程中最常用。

电雷管起爆电源可用交、直流照明或动力电源，也可以用各种类型的专用电起爆器。目前，电线、电雷管起爆系统在隧道工程中已经很少采用。

③ 塑料导爆管与非电雷管。

a. 塑料导爆管。塑料导爆管是用来传递微弱爆轰波给非电雷管，使之爆炸的传爆材料之一。它是由瑞典科学家诺雷尔(Norell)发明的，故又称诺雷尔管。它是在聚乙烯塑料管(外径3.0mm，内径1.4mm)的内壁涂有一层高能炸药(主要成分是奥托金或黑索金，每米约16mg)。管壁上的高能炸药在冲击波作用下可以沿着管道方向连续稳定爆轰，从而将爆轰传播到非电雷管使之起爆。弱爆轰在管内的传播速度为1600~2000m/s，但因其微弱，不至于损坏塑料管。导爆管需用专用的击发元件起爆，比如工业雷管、导爆索、击发枪、激发笔等。

塑料导爆管具有以下优点：抗电、抗火、抗水、抗冲击性能好；起爆传爆性能稳定，甚至纽结、180°对折、局部断药均能正常传爆；运输和使用过程中抗破坏能力强；安装简单，使用方便，价格便宜等，且可作为非危险品运输，因而在隧道工程中被广泛使用。它不能直接起爆炸药，应与非电毫秒雷管配合使用。

b. 非电雷管。为配合非电导爆管起爆系统使用的非电雷管，亦有即发、秒延期和毫秒延期之分。它与电雷管的主要区别在于：不用电点火装置，而是用一个与塑料导爆管相连接的塑料连接套，由塑料导爆管传递的爆轰波进行点火，由延期药实现延期。其结构构造与毫秒电雷管相似，用途、效果与电雷管基本相同。

④ 导爆索和继爆管。

a. 导爆索，又称传爆线，结构上与导火索相似。索芯用高烈性炸药(黑索金或太安)制成。它经雷管起爆后，可以直接引爆炸药。传爆速度一般为6800~7200m/s，外表涂成红色或红黄相间颜色。根据适用条件不同，导爆索主要分为普通导爆索和安全导爆索两种。

普通导爆索是目前生产和使用较多的一种，它具有一定的防水性能和耐热性能。普通导爆索在爆轰过程中火焰强烈，只能用于没有瓦斯的隧道中。

安全导爆索在普通导爆索的药芯或外壳内加了适量的消焰剂，使爆轰过程中产生的火焰小、温度低，不会引爆瓦斯或矿尘，专供有瓦斯爆炸危险的隧道爆破中使用。

因导爆索能直接引爆炸药，故在隧道工程中，若采用小直径药卷装药时，常用导爆索将各种被动药卷和主动药卷相连接，以使被动药卷均能连续爆炸，从而减少雷管数量和简化装药结构，实现减少装药量，达到有控制的弱爆破的目的。在装药计算中，应将导爆索的爆力计入炸药用量中。

b. 继爆管，是一种专门与导爆索配合使用的，具有毫秒延期作用的起爆器材。它实质上由不带点火装置的毫秒延期雷管与一根消爆管组成。

导爆管与继爆管具有抵抗杂散电流和静电引起的爆炸危害的能力，装药时可不停电，增加了纯作业时间，所以导爆索-继爆管起爆系统在隧道工程中得到了一定的应用。该系统的缺点是成本高，且在有瓦斯环境中危险性高，网络中的导爆索不能交叉。

4. 隧道内常用的爆破方法

隧道内常用的爆破方法是传统的炮眼爆破，其主要内容包括掏槽爆破技术、炮眼参数确定及炮眼布置、装药起爆等。

(1) 炮眼种类和作用。隧道开挖爆破的炮眼数目，多在几十至一百多范围内。炮眼类型则由这些炮眼所在的位置、爆破作用、布置方式和有关参数的不同而大体上可分为如下三种。

① 掏槽眼。针对隧道开挖爆破只有一个临空面的特点，为提高爆破效果，宜先在开挖断面的适当位置(一般在中央偏下部)布置几个掏槽炮眼，如图6.2所示的1号炮眼。爆破时让其最先起爆，为临近炮眼的爆破创造临空面。

② 辅助眼。位于掏槽炮眼与周边炮眼之间的炮眼称为辅助眼，如图6.2中的2号炮眼。其作用是扩大掏槽炮眼炸出的槽口，为周边炮眼的爆破创造临空面。

③ 周边眼。沿隧道周边布置的炮眼称为周边眼，如图6.2中的3号、4号、5号炮眼。其作用在于炸出一个合适的爆破轮廓。按其所在位置不同，又可分为帮眼(3号眼)、顶眼(4号眼)和底眼(5号眼)。

通常的隧道开挖爆破，就是将开挖断面上的不同种类炮眼分区布置和分区顺序起爆，逐步开挖扩大槽口，共同完成一个循环进尺的爆破掘进。

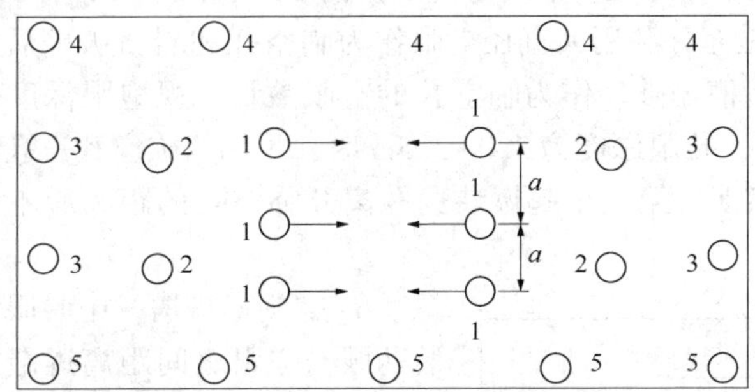

图6.2　炮眼种类

注：a为上下两炮眼的间距。

(2) 掏槽眼的形式。掏槽爆破质量的好坏，直接影响整个隧道爆破的成败。根据施工方法、开挖断面大小、围岩状况和凿岩机具的不同，可将掏槽方式分为斜眼掏槽和直眼掏槽。

① 斜眼掏槽。它的种类很多，如锥形掏槽、爬眼掏槽、各种楔形掏槽、单斜式掏槽等。隧道爆破中比较常用的是垂直楔形掏槽和锥形掏槽。

a. 垂直楔形掏槽。掏槽炮眼呈水平对称，爆破后将炸出楔形槽口。炮眼轴线与开挖面之间的夹角为α，上下两炮眼的间距a和同一平面上一对掏槽眼眼底的距离b是影响此种掏槽爆破效果的重要因素。这些参数随围岩类别的不同而不同，表6.1列出了一些经验值供参考。

表 6.1 垂直楔形掏槽炮眼布置参数

围岩级别	α/(°)	斜度比	a/cm	b/cm	炮眼个数/个
Ⅰ级	55~70	1∶0.47~1∶0.37	30~50	20	6
Ⅱ级	70~75	1∶0.37~1∶0.27	50~60	25	6
Ⅲ级	75~80	1∶0.27~1∶0.18	60~70	30	4~6
Ⅳ级以上	70~80	1∶0.27~1∶0.18	70~80	30	4

b. 锥形掏槽。这种炮眼呈角锥形布置，常用于受岩层层理、节理、裂隙等影响较大的围岩及竖井的开挖爆破。根据掏槽炮眼数目的不同分为三角锥、四角锥及五角锥等。

斜眼掏槽具有操作简单、精度要求较直眼掏槽低、能根据岩层实际情况改变掏槽角度和掏槽方式、掏槽眼数量少、炸出槽口大等优点。但是因斜度影响，炮眼最大深度受到开挖面宽度和高度限制，不便钻成深眼，也不便于多台钻机同时钻眼，钻眼方向不准确。

② 直眼掏槽。所有掏槽炮眼均垂直于开挖面的掏槽形式，称为直眼掏槽。

直眼掏槽不受围岩软硬和开挖断面大小的限制，可以钻深眼，长短钻杆配合可实行多台凿岩机同时作业，爆破碴石集中，便于快速出碴，从而为加快掘进速度提供了有利条件，且不易打坏支撑排架及其他设备。但其炮眼个数较多，炸药单耗量加大，另外必须严格控制钻眼方向和相互距离，否则会影响掏槽效果。目前，现场多采用大直径(>100mm)中空直眼掏槽，利用钻孔台车钻眼。大直径空眼的作用相当于为装药掏槽眼提供了临空面，可以取得良好的掏槽效果。为了保证掏槽炮眼爆炸后岩碴有足够的膨胀空间，一般要求空眼体积为掏槽槽口的10%~20%为宜。常用的直眼掏槽形式有以下几种：

a. 柱状掏槽。它是充分利用大直径空眼作为临空孔和岩石破碎后的膨胀空间，使爆破后能形成柱状槽口的掏槽爆破。作为临空孔的空眼数目，视炮眼深度而定，一般当孔眼深度小于3.0m时取一个；孔眼深度为3.0~3.5m时，采用双临空孔；孔眼深度为3.5~5.15m时采用三个孔。试验表明，第一个起爆装药孔离开临空孔的距离应不大于1.5倍临空孔直径 D。

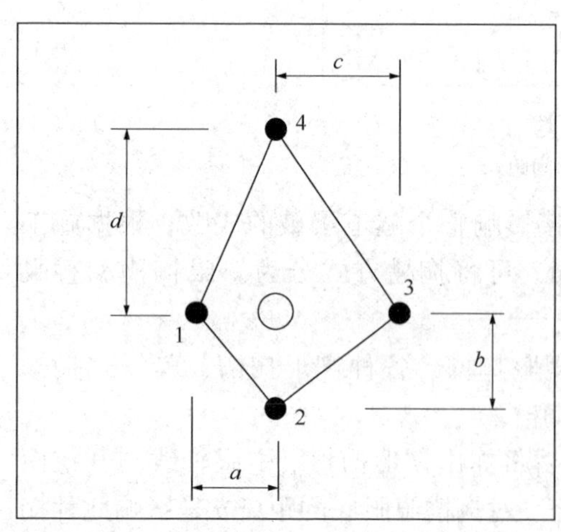

图 6.3 螺旋形掏槽

b. 螺旋形掏槽。中心眼为空眼，邻近空眼的装药眼与空眼之间距离逐渐加大，其连线呈螺旋形状，如图6.3所示。装药眼与空眼之间距离分别为 $a=(1.0\sim1.5)D$；$b=(1.2\sim2.5)D$；$c=(3.0\sim4.0)D$；$d=(4.0\sim5.0)D$。D 为空眼直径，一般不宜小于100mm，亦可用 $\phi60\sim\phi70$mm 的钻头钻成8字形双孔。爆破按1、2、3、4顺序起爆。

5. 炸药品种的选择、用量及分配

炸药品种选择及用量计算应充分考虑岩石的抗爆破性、炸药的性能和价格，以获得较好的爆破效果和较低的费用。

(1) 炸药品种的选择。炸药的品种有很多，应根据现场实际的岩石情况及各种炸药的性能进行选用。但应注意的是，越脆和韧性越强的岩体，应选用猛度较高、爆速较高的炸药。

(2) 炸药的用量。炮孔装药数量的多少，是影响爆破效果的重要因素。药量不足，会出现炸不开、块度偏大、炮眼利用率低、轮廓线不整齐等现象；药量过多则会破坏围岩的稳定，抛碴分散影响装运，而且很不安全。合理的炸药量应根据所使用炸药的性能、地质条件、开挖面情况及爆破的质量要求来确定，理论上按达到预定爆破效果的条件下爆炸功与岩石阻抗相匹配的原则来计算确定。目前多采取先用体积法计算出一个循环的用药总量，然后按各种类型炮眼的爆破特性进行分配，再在爆破实践中加以检验和修正，直到取得良好的爆破效果为止。用体积法计算用药总量 Q 的公式见式(6.1)：

$$Q=K\cdot L\cdot S \tag{6.1}$$

式中，Q 为一个爆破循环的总药量，kg；K 为爆破单位体积岩石的炸药平均消耗量，简称炸药的单耗量，kg/m^3；L 为一个爆破循环的掘进进尺，m；S 为开挖断面的面积，m^2。

(3) 炸药单耗量值的确定。K 值主要受岩石的抗爆破性、断面进尺比 S/L、临空面的数目、炮眼布置形式、掏槽效果等因素的影响。

一般而言，岩石的完整性系数 f 值越大，K 值越大，断面进尺比 S/L 越大，则 K 值越小；临空面越多，K 值越小，炮眼布置不当或掏槽效果不佳，K 值会增大。

隧道爆破中实际采用的炸药单耗量通常在 0.7～2.5kg/m^3，表 6.2 是断面面积为 4～20m^2的隧道爆破开挖的 α 值表。20m^2以上的大断面隧道，其值参照有关工程实例选取。

表 6.2　装药系数 α 值

岩石条件		爆破条件							
		4～6m^2		7～9m^2		10～12m^2		13～15m^2	16～20m^2
		硝铵炸药	62%胶质炸药	硝铵炸药	62%胶质炸药	硝铵炸药	62%胶质炸药	硝铵炸药	硝铵炸药
岩石等级	软岩 $f<3$	1.50	1.10	1.30	1.00	1.20	0.90	1.20	1.10
	次坚岩 $f=3\sim6$	1.80	1.30	1.60	1.25	1.50	1.10	1.40	1.30
	坚石 $f=6\sim10$	2.30	1.70	2.00	1.60	1.80	1.35	1.70	1.60
	特坚石 $f>10$	2.90	2.10	2.50	2.50	2.25	1.70	2.10	2.00

6.3.2　隧道钻爆施工

1. 施工工艺

采用光面爆破，控制开挖轮廓，减少超欠挖，同时减少对围岩的扰动，软弱围岩采用机械开挖或微震爆破开挖。Ⅳ级、Ⅴ级围岩采用台阶法施工，断层破碎带地段可采用带临时仰拱或横撑的台阶法施工。隧道开挖工艺流程图如图 6.4 所示。

2. 施工方法

(1) 测量放线。钻孔前测量放样，准确绘出开挖轮廓线及周边眼、掏槽眼和辅助眼的位置，用激光铅直仪控制边线。距开挖面 50m 处埋设中线桩，每 100m 设置临时水准点。每次测量放线的同时，要对上次爆破断面进行检查，利用隧道开挖断面量测系统对测量数

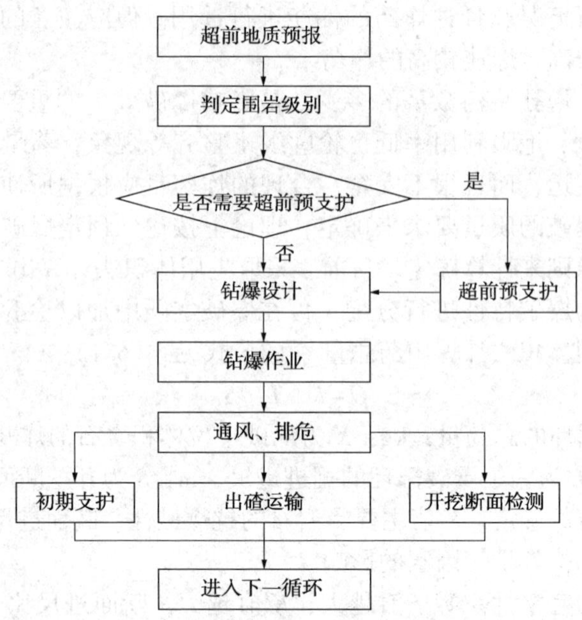

图 6.4　隧道开挖工艺流程图

据进行处理，及时调整爆破参数，以达到最佳开挖断面效果。

(2) 钻孔作业。钻孔前，钻工要熟悉炮眼布置图，严格按钻爆设计实施。特别是周边眼和掏槽眼的位置、间距及数量，未经主管工程师同意不得随意改动。定人定位，周边眼、掏槽眼由经验丰富的司钻工进行司钻。准确定位凿岩机钻杆，使钻孔位置误差不大于 5cm，保持钻孔方向平行，严禁相互交错。

周边眼钻孔外插角度控制：眼深 3m 时外插角<3°，眼深 5cm 时外插角<2°，使两茬炮接口处台阶不大于 15cm。同类炮眼钻孔深度要达到钻爆设计要求，眼底保持在一个铅垂面上。

3. 周边眼的装药结构

周边眼的装药结构是实现光面爆破的重要条件，严格控制周边眼装药量，采用合理的装药结构，尽量使炸药沿孔深均匀分布。施工时采用不耦合装药结构，不耦合装药系数一般控制在 1.4~2.0 范围。

4. 装药及起爆

根据岩石强度选用不同猛度爆速的炸药，有水地段及周边眼采用乳化炸药，其余地段均采用 2 号岩石硝铵炸药。周边眼用 $\phi25\times200$mm 小药卷，不耦合装药；其余炮眼用 $\phi40\times200$mm 药卷，连续装药。采用塑料导爆管复式起爆网路非电起爆。装药按钻爆设计图确定的装药量定人、定位、定段别，自上而下顺序进行，导爆管要“对号入座”。所有炮眼均以炮泥堵塞，堵塞长度不小于 20cm。

5. 爆破作业管理控制

按“一标准、二要求、三控制、四保证”的原则进行光面爆破施工。“一标准”即一个控制标准。“二要求”即钻眼作业要求和装药连线作业要求。“三控制”即控制钻眼角度、深度、密度；控制装药量和装药结构；控制测量放线精度。“四保证”即搞好思想保证，端正态度，纠正“宁超勿欠”等错误思想；搞好技术保证，及时根据爆破实际情况调整钻爆设计参数；搞好施工保证，落实岗位责任制，组织QC小组活动，严格工序自检、互检、交接检；搞好经济保证，落实经济责任制。

装药前，所有炮眼全部用高压风吹洗，严格按爆破设计的装药结构和药量施作；严格按设计的连接网络实施，控制导爆索连接方向和连接点牢固性。

6.3.3 博深高速水洞山隧道钻爆施工案例

1. 工程概况

粤湘高速公路博罗至深圳段(简称“博深高速”)水洞山隧道是博深高速的控制性工程，由中铁隧道集团一处有限公司承建，隧道左线全长2929m，右线全长2906m，整个隧道穿越具有“小九寨”之称的东莞市银屏山自然风景保护区。水洞山隧道隧址区地表岩性主要为破残积土层及风化层组成，洞身围岩为白垩系下统白云嶂组熔结凝灰岩，岩性单一，未发现有毒有害气体、放射性等不良地质存在，隧道场地属较稳定地块，工程地质条件较简单，设计洞身围岩级别主要为Ⅱ级。

水洞山隧道属长三车道大断面公路隧道，由于银瓶山自然保护区对环境保护严格要求，洞身段禁止开设斜井与横向通道，只能从另一端洞口长距离独头掘进。这对于处于银瓶山自然保护区浅埋、富水等复杂地质条件区的隧道快速与安全施工构成了巨大挑战。

2. 博深高速水洞山隧道钻爆施工方案

(1) 炸药及雷管基本参数。对于博深高速隧道Ⅱ级围岩，确定选用2号岩石乳化炸药。因为钻头直径一般为40cm，钻孔为42cm，所以炸药选用ϕ32mm，为现场方便，选用长度为20cm(其参数如表6.3所示)。如果周边眼线装药量过大，可将ϕ32mm乳化炸药卷切成条使用。

表6.3 2号岩石乳化炸药的主要性能及参数

药卷规格/(mm/g)	药卷长度/mm	殉爆距离/mm	爆速/(m/s)	猛度/mm	药卷质量/g	每箱质量/kg
ϕ32/200	200	≥30	≥3200	≥12	200±10	24

隧道常用的工业雷管有火雷管、电雷管和导爆管雷管三大类。因为导爆管雷管易于保存、操作简单，确定选用导爆管雷管引爆。

(2) 主要施工技艺。正洞Ⅱ级围岩衬砌段采用全断面法开挖。每循环进尺3.0m，每天2.5个循环，日进尺7.5m。全断面采用钻孔平台辅助人工持风枪钻眼掘进，光面爆破采用2号岩石乳化炸药和气雷管，采用塑料导爆管起爆系统，毫秒微差有序起爆。出碴采用无轨运输。

每个炮眼在装好药后应用炮泥堵塞密封，堵塞长度一般为20~45cm。光面爆破的分区起爆顺序为：掏槽眼→辅助眼→周边眼→底板眼。采用多段微差起爆(由内向外)，其中主爆区的周边眼比辅助眼跳2段起爆，并用同一段雷管。主爆区使用非电毫秒雷管，周边眼使用导爆索一次同时起爆。

6.4 出碴运输

装碴运输是隧道作业的基本工序之一。装碴运输作业时间一般要占单循环作业时间的40%~60%。因此，装碴运输作业能力的强弱，决定了它在整个作业循环中所占的时间比率，并进而对施工速度产生很大的影响。

装碴运输工序可以分解为装碴、运碴和卸碴三项作业。

6.4.1 碴量计算

装碴就是把开挖下来的石碴装入运输车辆。钻爆开挖一个单循环产生的石碴量应为爆破后的虚碴体积，可按式(6.2)计算：

$$Z=R\cdot\Delta\cdot L\cdot S \tag{6.2}$$

式中，Z 为单循环爆破后石碴量，m^3；R 为岩体松胀系数，即岩体松方体积与其实方体积的比值(岩体被爆破后的松胀系数 R 值的大小与岩体的密度有关，隧道工程中常按围岩级别确定 R 值，见表6.4)；Δ 为超挖系数，根据爆破对超挖的控制情况而定，一般可取1.15~1.25；L 为设计循环掘进进尺，m；S 为开挖断面面积，m^2。

表6.4 岩体松胀系数 R 值

岩体级别	土石名称	松胀系数 R
Ⅰ	石质	1.7
Ⅱ	石质	1.8
Ⅲ	石质	1.6
Ⅳ	石质	1.6
Ⅴ	硬黏土	1.35
	砂夹卵石	1.30
Ⅵ	黏性土	1.25
	砂砾	1.15

6.4.2 装碴

1. 装碴方式

隧道施工的装碴方式有机械装碴和人力装碴两种。机械装碴速度快，可缩短作业时间，目前隧道施工中常用，但仍需配适当数量的人工辅助作业。人力装碴，劳动强度大，速度慢，仅在短隧道缺乏机械或断面小而无法使用机械装碴时，才考虑采用。

2. 装碴机械

装碴机械的类型有很多，按其拾碴机构形式可分为挖斗式、蟹爪式、立爪式和铲斗式四种。铲斗式装碴机为间歇性装碴机，有翻斗后卸、前卸和侧卸式三个卸碴方式。隧道用蟹爪式、立爪式和挖斗式装碴机均配有刮板或链板式转载后卸机构，是连续装碴机。

装碴机的走行方式有轨道走行、履带走行和轮胎走行3种，也有同时配备履带走行和轨道走行两套走行机构的。轨道走行式装碴机须铺设走行轨道，因此其工作范围受到轨道位置的限制；当工作面较宽时，可增铺轨道来满足更大的工作宽度要求。履带走行和轮胎走行的装碴机移动灵活，工作范围不受限制。但在泥土质的隧道中，有可能因洞内临时道路承载能力较低和道路泥泞而出现打滑和下陷。

装碴机的工作能力因拾碴方式、走行方式、装备功率的不同而各不相同。装碴机的选择应充分考虑上述洞内作业条件和问题，尤其应与运输车辆相匹配，以充分发挥各自的工作效能，缩短装碴的时间。隧道施工中几种常用的装碴机分述如下。

（1）挖斗式装碴机。这种装碴机是近几年才应用于隧道工程中的装碴机。其拾碴机构为自由臂式挖斗，由于自由臂采用了电力驱动全液压控制系统，灵活且工作臂较长。例如，ITC312H4型的立定工作宽度可达3.5m，工作长度可达轨道前方7.11m，且可以下挖2.8m和兼做高8.34m范围内工作面的清理及找顶工作。这种装碴机的生产能力为250m^3/h，配备有轨道走行和履带走行两套走行机构。

（2）挖斗式装碴机。这种装碴机多采用轮胎走行或轨道走行。轮胎走行的铲斗式装碴机多采用铰接车身，由液压控制系统和燃油发动机驱动。轨道走行的铲斗式装碴机因工作效率较低，工程中已很少使用。

轮胎走行铲斗式装碴机转弯半径小，移动灵活，铲取力强，铲斗容量大，达0.76~3.8m^3，工作能力强；可侧卸也可前卸，卸碴准确，但燃油废气污染洞内空气，须配备净化器或加强隧道通风，常用于较大断面的隧道装碴作业。

（3）蟹爪式装碴机。这种装碴机多采用履带走行，电力驱动。它是一种连续装碴机，其前方倾斜的受料盘上装有一对由曲轴带动的扒碴蟹爪。装碴时，受料盘插入岩堆，同时两个蟹爪交替将岩碴扒入受料盘，并由刮板输送机将岩碴装入机后的运输车内。

因受蟹爪扒碴限制，岩碴块度较大时，其工作效率显著降低，故主要用于块度较小的岩碴及土的装碴作业。工作能力一般在60~80m^3/h。

（4）立爪式装碴机。这种装碴机多采用轨道走行。装碴机前方装有一对扒碴立爪，可以将前方或左右两侧一定范围内的石碴扒入受料盘，然后再通过刮板输送机把岩碴装入机后的运输车内。

立爪式装碴机以采用电力驱动、液压控制的较好。立爪扒碴的性能较蟹爪式的好，对岩碴的块度大小适应性强。轨道走行立爪式装碴机，其工作宽度可达到3.8m，工作长度可达到轨端前方3.0m，工作能力一般在120~180m^3/h。

6.4.3　运输

1. 运输方式

运输隧道施工的出碴、进料运输方式有轨道运输和无轨运输两种。

轨道运输是铺设小型轨道，用轨道式运输车出碴和进料。轨道运输多采用电瓶车或内燃机车牵引，斗车或梭式矿车运碴。它既可适用于小断面开挖的隧道，也适用于大断面开挖的隧道，尤其适应于3000m以上的长隧道运输，是一种适应性较强的和较为经济的运输方式。

无轨运输是采用各种无轨运输车出碴和进料。其特点是机动灵活，不需要铺设轨道，能适用于弃碴场离洞口较远和道路坡度较大的场合。缺点是由于多采用燃油发动机驱动，作业时，在整个洞中沿程排出废气，污染洞内空气，故一般适用于大断面开挖和中等长度以下的隧道中。当隧道较长时，应充分考虑洞内空气污染问题，采取有效的通风措施。

2. 有轨运输的设备与运行

(1) 常用的轨道运输车辆。

① 斗车。斗车结构简单，使用方便，可适用于多种条件下各种物料的装载运输。斗车容量大小可分为容量小于 $3m^3$ 的小型斗车和容量大于 $3m^3$ 的大型斗车。

小型斗车轻便灵活，满载率高，调车方便，可采用机械牵引，也可以采用人力牵引，人力操纵翻斗卸碴也很方便，它主要用作小断面坑道，如斜井平行导坑的运输车辆。大型斗车单车容量较大，较大的可达 $20m^3$，须用动力机车牵引，并采用驼峰机构侧卸或翻车机构卸碴，以及配套使用大型装碴机械装碴，才能保证快速装运。采用大型斗车，可以减少装碴调车作业次数，缩短装碴运输作业时间，但对轨道线路条件要求较高。

② 梭式矿车。梭式矿车采用整体式车体，下设两个转向架，车箱底部设有刮板式或链式转载机构，便于将整体车厢装满和转载或向后卸碴。它对装碴机械的配套条件要求不高，能保证快速运输，但车体结构和机械系统较复杂，机械购置费和使用费较高。

梭式矿车的单车容量为 $6\sim18m^3$，可以单车使用，也可以 2~3 辆车搭接使用，以减少调车作业次数。其刮板式自动卸碴机构，可以向后(轨道端头)卸碴，也可以使前后转向架分别置于相邻的两股道上，实现向轨道侧面卸碴，扩大弃碴的范围。要求侧向卸碴时，轨道间距应为 2.0~2.5m，车体与轨道的交角可达 35°~40°。

(2) 牵引类型。常用的轨道运输牵引机车有电瓶车、内燃机车，主要用于坡度不大的隧道运输牵引。当采用小型斗车和坡度较缓的短隧道施工时，还可以采用人力推送。

电瓶车牵引无废气污染，但电瓶储蓄电能数量有限，一次充电后的工作时间不长，补充电时间较长，充电液须定期更换，需要建设专用的充电车间。因此，在实际应用中，必须配备足够数量的电瓶车，以保证牵引能力和行车速度。

内燃机车牵引能力较大，可以随时加油，不占时间，但运行时增加洞内废气污染和噪声污染。在洞内空气含氧量不足时，油料燃烧不充分，牵引能力明显降低，必须配备废气净化装置并加强通风，且其保养和维修技术要求较高。

(3) 单线轨道运输。单线轨道通过能力较低，常用于长度较长而断面较小的隧道工程中。

采用单线轨道运输时，为调车方便和提高运输能力，在整个路线上应合理布设会车道。相邻会车道的间距应根据装碴作业时间和行车速度计算确定，一般条件下应每隔 300m 设一个会车道；并编制和优化列车运行图，制定有效的行车作业制度，以减少避让等待时间。会车道的站线长度应能够容纳整列车，并保证正线车辆安全通过。

(4) 双线运输。双线轨道的进、出车分道行驶，无须避让等待，故通过能力较单线轨道有显著提高。为了调车方便，应在两线间合理布设渡线。

渡线间距应根据工序安排及运输调车需要来确定，一般间距为 100~1000m，或更长，并每隔 2~3 组渡线设置一组反向渡线。

(5) 工作面轨道延伸及调车措施。

① 工作面的轨道延伸，应及时满足钻眼、装碴、运输机械的走行和作业要求，并避免轨道延伸与其他工作的干扰。有时需延至开挖面。延伸的方法可以采用接短轨，或浮放"卧轨""爬道"。轨道走行车辆轴重较大时，宜采用接短轨延伸轨道，待开挖面向前推进后，将连接的几根短轨换成长轨。轨道走行车辆轴重较小时，可采用浮放卧轨或爬道延伸轨道。

② 工作面附近的调车设施，应根据机械走行要求和转道类型来合理选择，并尽量使之离开挖面近一些，以缩短调车作业时间。

单线运输时，首先应利用就近的会车道线调车；当开挖面距离会车道较远时，则可以设置临时岔线、浮放调车盘或平移调车器来调车，并逐步前移和接续轨道。

双线运输时，应尽量利用就近的渡线来调车，当开挖面距渡线较远时，则可以设置浮放调车盘，并逐步前移和接续轨道。

(6) 洞口轨道布置。洞口外轨道布置包括卸碴线、上料线、修理线、机车整备线以及调车线等。

卸碴线应设置卸碴码头，可利用弃碴填筑和延伸。若需二次倒运，则应在临时存碴场边缘设置固定卸碴码头。固定卸碴码头应采用浆砌片石挡墙或搭设方木垛来稳定边坡。

(7) 轨道铺设要求。

① 轨距常用的有900mm、762mm、600mm三种。双线线间净距不小于20cm；

单线会车道线间净间距不小于40cm。车辆距坑道壁式支撑净间距不小于20cm；双线可不另设人行道。单线必须设人行道，人行道净宽不小于70cm。

② 轨道线路平面应尽量使用较大的曲线半径；道岔应不小于6号道岔，并安装转辙器。在一般条件下，最小曲线半径，在洞内应不小于机车车辆轴距的7倍，洞外不小于10倍；使用有转向架的梭式矿车时，最小曲线半径不小于12m。

③ 洞内轨道纵坡按隧道坡度设置。洞外卸碴线的重车方向应设置一段1%~3%的上坡，并在轨端加设车挡，以防止卸碴车溜出码头。其他各线均应满足使用要求和安全要求，并在轨道终端加设车挡。

④ 隧道施工常用钢轨质量有38kg/m、43kg/m两种，轨枕截面(厚×宽)有10cm×12cm、10cm×15cm、12cm×15cm、14cm×17cm几种。钢轨和枕木的选择应根据各种机械的最大轴重来确定，轴重较大时应选用较重的钢轨和较粗的枕木，枕木间距一般不大于35~70cm。

⑤ 轨道铺设可利用开挖下来的碎石碴作为道砟，道床厚度不小于20cm，并铺设平整、顺直、稳固。若有变形和位移，应及时养护和维修，保证线路处于良好的工作状态。

3. 无轨运输的设备与运行

(1) 无轨运输车辆。可供隧道施工用的无轨运输车品种较多，多为燃油(柴油)式动力、轮胎走行的自卸卡车，载重量2~25t不等。为适应在隧道内运输，有的还采用了铰接车身或双向驾驶的坑道专用车辆。

随着大型装载机械及重载自卸汽车的研制和生产，近年来无轨运输在隧道掘进中得到了越来越广泛的应用。无轨运输不需要铺设复杂的运输轨道，具有运输速度快、管理工作简单、配套设备少等特点。但由于内燃机排放大量废气，对洞内空气污染较为严重，尤其在长大隧道中使用时，需要有强大的通风设备。

（2）无轨运输车辆选择和配套原则。隧道工程出碴运输要求选用体形小、载重大、自重轻、轴距短、转弯半径小、机动灵活、车体坚固、能自卸的运输车(包括装碴机械)，尤其应当注意是否配有尾气净化装置，以及尾气净化装置的工作效能和维护要求，加强通风，保证洞内空气质量。

无轨运输车的选择应注意与装碴机的匹配，尤其是能力配套，以充分发挥各自的工作效率，提高整体工作效率。

装碴机械和运输车辆的能力配套是指，总的工作能力应满足隧道施工循环作业的总体要求，并保证在规定的时间内完成出碴运输工作。再者就是装碴机械的工作能力与运输车辆的工作能力的配套。在一定的装碴工作能力条件下，运输车辆的数量和单车运载能力的选择是可变的，它需要根据运输距离的变化加以动态调整。

若配备的单车运载能力较大，则可减少车辆的数量，这种配置可减少装车趟数和调车次数，缩短装运作业时间。若配备的单车运载能力较小，则需要的车辆数量较多，这种配置增加了装车趟数和调车次数，延长了装运作业时间。因此，目前隧道工程中多数尽量采用前一种配置。

（3）无轨运输道路和组织。采用无轨运输时，为方便车辆转向、缩短调车作业时间和保证车辆会车安全，应根据隧道开挖断面大小和洞内运输距离的长短，合理选择调车方式。常用的调车方式有以下几种。

① 在单车道公路隧道中，当洞内运输距离较短时，可考虑汽车倒行进洞，装碴后正向开行出洞，不设置转向或会车场地。当洞内运行距离较长时，可在洞内每隔 100~300m 设置一处会车点。会车点可以局部扩大洞径，车辆可在会车点转向或会车。必要时还可以在洞内作业面附近设置机械式转向盘。

② 在隧道断面较大、足够并行两辆汽车时，应布置成双车通道，车辆在装碴点附近转向，空车、重车各行其道，可以提高出碴运输速度。若为侧壁导坑开挖，可考虑在适当位置将导洞向侧壁扩挖加宽构成转向或会车场地。在设置有辅助坑道的长大隧道中，应考虑构成循环运输通路，并制定单向循环行使制度和相应的管理措施。

无轨运输组织可参照有轨运输组织的原则进行。无论采用何种形式的装碴机械和运输车辆的配置，都应特别注意提高运输效率，减少车辆在洞内等待等无效工作时间，使各项运输作业相对集中，以减少洞内空气污染的频次和缩短污染时段，降低通风能耗和费用。

值得注意的是，在长大隧道工程中，当洞内、洞外运输距离较长时，应配备足够数量的运输车辆，以便在同一个时段内就将一个掘进循环爆破出来的石碴全部运完。

6.4.4 卸碴

卸碴工作主要是考虑石碴如何处理以及卸碴场地的布置。隧道工程挖出的石碴多数可以作为建筑填料，用于填筑路基及洞外工作场地。有些符合混凝土粗骨料质量(强度等)标准要求的岩块石碴，则可以加工成碎石，用作衬砌混凝土的粗骨料。对多余的石碴，则应弃置于合适的山谷或河滩。但弃碴场地的选择，应考虑卸碴方便，不占良田，不堵塞河道，不污染环境，并加以综合利用，如造田和填筑场地。

卸碴作业应符合以下要求：

(1) 应根据弃碴场地条件、弃碴的利用情况、车辆类型妥善布置卸碴线，卸碴应在布置的卸碴线上依次进展；

(2) 卸碴宜采用自动卸碴或机械卸碴设备，卸碴时有专人指挥卸碴、平整；

(3) 卸碴场地应修筑永久排水设施和其他防护工程，确保地表径流不致冲蚀弃碴堆；

(4) 轨道运输卸碴时，卸碴码头应搭设结实并设挂钩、栏杆，轨道末端应设置可靠的挡车装置。

6.5　初期支护

隧道初期支护主要形式为锚喷支护，采用锚喷支护可以充分发挥围岩的自承能力。锚喷支护包括锚杆支护、喷射混凝土支护、喷射混凝土锚杆联合支护、喷射混凝土钢筋网联合支护、喷射混凝土与锚杆及钢筋网联合支护、喷钢纤维混凝土支护、喷钢纤维混凝土与锚杆及钢筋网联合支护以及上述几种类型加设型钢(或钢拱架)而成的联合支护等。

6.5.1　初期支护工艺流程

初期支护的工艺流程见图6.5。

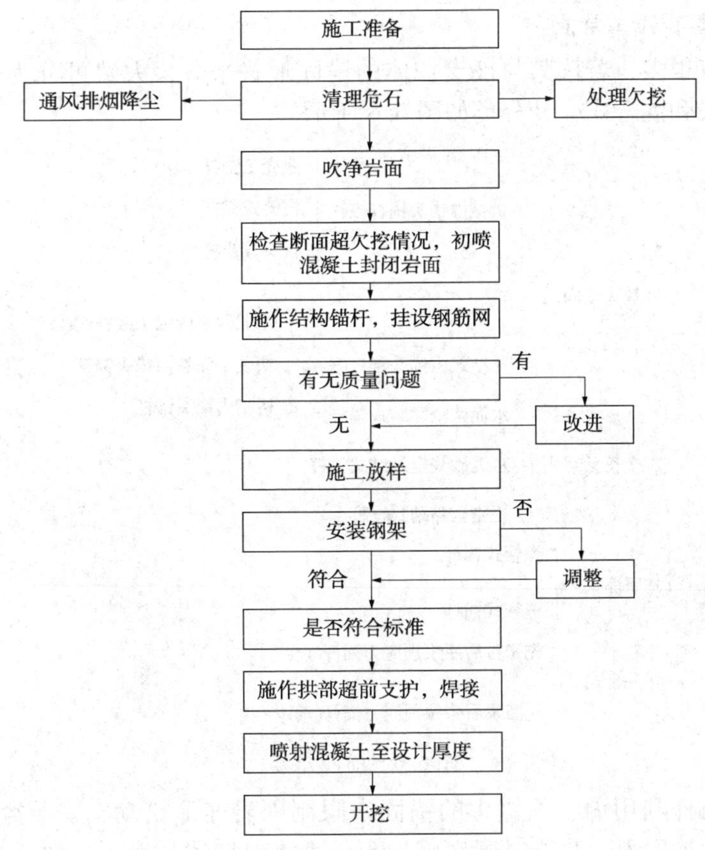

图6.5　初期支护工艺流程示意图

6.5.2 锚杆

1. 锚杆的支护效应

锚杆(索)是用金属或其他高抗拉性能的材料制作的一种杆状构件。使用机械装置、黏结介质，将其安设在地下工程的围岩或其他工程体中，形成能承受荷载、阻止围岩变形的锚杆支护。锚杆加固围岩可以根据不同围岩的岩层产状和稳定状况灵活进行。其作用原理如下。

(1) 支承围岩。锚杆能约束围岩变形，并向围岩施加压力，使洞室附近的围岩保持三相应力状态，因而能阻止围岩强度的恶化。

(2) 加固效应。按一定距离在隧道周边呈放射状布置的成组锚杆(或称系统锚杆)，由于系统锚杆的加固作用，使围岩中尤其是松动区中的节理裂隙、破裂面得以连接，因而增大了锚固区围岩的强度；锚杆对加固节理发育的岩体和围岩松动区是十分有效的，有助于裂隙岩体和松动区形成整体，成为"加固带"。

(3) 悬吊作用。把隧道洞壁附近具有裂隙、解理的不稳定岩体，用锚杆固定在深层的坚固稳定的岩体上，可将不稳定岩体的自重传递给深层坚固的岩体负担，以起到悬吊作用。

(4) 提高层间摩阻力，形成"组合梁"。对于水平或者缓倾斜状的围岩，用锚杆群能把数层岩层连在一起，增大层理间摩阻力，从结构力学观点来看，就是形成"组合梁"效应。

2. 锚杆的分类和施工特点

锚杆的种类有很多，若按其与被支护体的锚固形式来分，大致可分为端头锚固式、全长黏结式、摩擦式和混合式，其分类如图 6.6 所示。

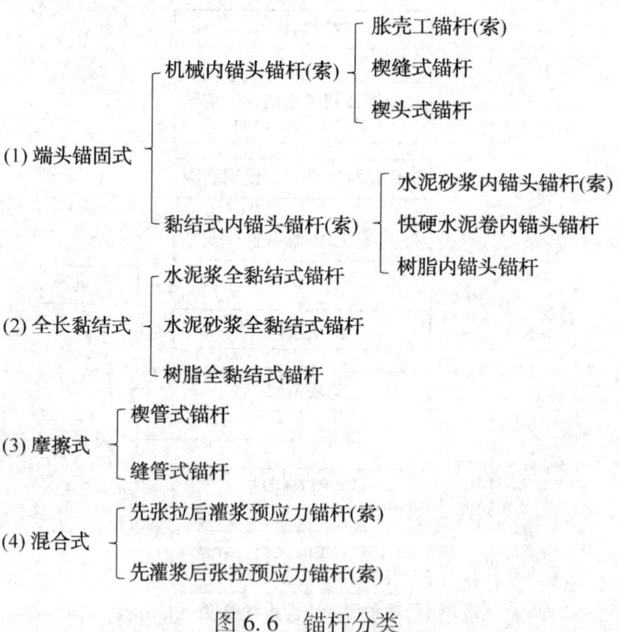

图 6.6 锚杆分类

端头锚固式锚杆利用内、外锚头的锚固来限制围岩变形松动，安装容易，工艺简单，安装后即可起到支护作用，并能对围岩施加预应力，但杆体易腐蚀，锚头易松动，影响长期锚固力，一般用于硬岩地下工程中的临时加固。在隧道工程中，其常用作局部锚杆。

全长黏结式锚杆采用水泥砂浆(或树脂)作为填充黏结料，不仅有助于锚杆的抗剪和抗拉以及防腐蚀作用，而且具有较强的长期锚固能力，有利于约束围岩位移。安装简便，在无特殊要求的各类地下工程中，可大量用于初期支护和永久支护。在隧道工程中，常用作系统锚杆和超前锚杆。

摩擦式锚杆是一种沿纵向开缝(或预变形)的钢管，装入比钢管直径小的钻孔，对孔壁施加摩擦力，从而约束孔周岩体变形。摩擦式锚杆安装容易，可以安装后立即起作用，能及时控制围岩变形，又能与孔周变形相协调。但其管壁易锈蚀，故一般不适于做永久支护。在隧道工程中，常由于端头机械锚固容易失效，或全长黏结不便施工(不能生效)，而采用全长摩擦式锚杆。

混合式锚固锚杆端头锚固方式与全长黏结锚固方式的结合使用，既可以施加预应力，又具有全长黏结锚杆的优点，但安装施工较复杂，一般用于大体积、大范围工程结构的加固，如高边坡大坝、大型地下洞室等。

(1) 普通水泥砂浆锚杆。普通水泥砂浆锚杆是以普通水泥砂浆作为黏结剂的全长黏结式锚杆。

普通水泥砂浆锚杆的施工顺序为：施工准备→初喷混凝土面上标注孔位→钻孔→清孔→往孔中注入砂浆→插入杆体→固定杆体、待强→安装垫板。

(2) 早强水泥浆锚杆。早强水泥砂浆锚杆的构造、设计和施工与普通水泥砂浆锚杆基本相同，所不同的是：早强水泥砂浆锚杆的黏结剂是由硫铝酸盐早强水泥、砂、TI型早强剂和水组成的。因此，它具有早期强度高、承载快、不增加安装困难等优点，弥补了普通水泥砂浆锚杆早强低、承载慢的不足。尤其是在软弱、破碎、自稳时间短的围岩中显示出其一定的优越性。

另外，以快硬水泥或树脂作为黏结剂的全长黏结式锚杆，也具有以上优点，但费用较高，在一般隧道工程中使用较少。

(3) 混合式锚杆。混合式锚杆从受力上讲，是一种端部锚固方式与全场黏结锚固方式相结合的锚杆，其代表类型为中空注浆锚杆。中空注浆锚杆由中空锚杆杆体和垫板、螺母、排气管等附件组成，主要设在开挖断面的拱部及围岩较差地段的拱墙。

其施工顺序为：施工准备→布孔→钻孔、清孔→组装中空锚杆体、排气管、止浆塞→安装锚杆→连接注浆管、注浆→锚杆杆体孔口回浆→浆体待强、安装垫板螺栓。

(4) 摩擦式锚杆。摩擦式锚杆，目前主要采用的是缝管式摩擦锚杆，由薄钢板卷成的中空有缝的杆体和托盘组成，其支护原理先进，结构简单，安装方便，锚固力大，承载及时，支护应变能力强，适用于各类围岩的支护。

3. 锚杆的布置

锚杆的布置分为局部布置和系统布置。

(1) 锚杆局部布置。局部布置主要用在坚硬且裂隙发育或有潜在龟裂及解理的围岩中。重点加固不稳定块体，隧道拱顶受拉破坏区为重点加固区。

锚杆局部布置的原则为：拱腰以上部位锚杆方向应有利于锚杆的受拉；拱腰以下及边墙部位锚杆宜逆向不稳定岩块滑动方向。

（2）锚杆的系统布置。在破碎和软弱的围岩中，一般采用系统布置的锚杆，对整个围岩起到加固作用。

锚杆系统布置的原则：

① 在隧道横断面上，锚杆宜垂直隧道周边轮廓布置，对水平成层岩层，应尽可能与层面垂直布置，或使其与层面呈斜交布置。

② 在岩面上锚杆宜成菱形排列，纵、横间距为0.6~1.5m，其密度为0.6~3.6根/m^2。

③ 为了使系统布置的锚杆形成连续均匀的压缩带，其间距不宜大于锚杆长度的1/2。在Ⅳ级、Ⅴ级围岩中，锚杆间距宜为0.5~1.2m；但当锚杆长度超过2.5m时，若仍按间距不大于1/2锚杆长度的规定，则锚杆间的岩块可能因咬合和连锁不良而导致掉块坠落，为此，其间距不宜大于1.25m。

6.5.3 喷射混凝土

喷射混凝土是使用混凝土喷射机，按一定的混合程序，将掺有速凝剂的细石混凝土喷射到岩壁表面，并迅速固结成一层支护结构，从而对围岩起到支护作用。

喷射混凝土可以作为隧道工程Ⅱ~Ⅴ级围岩中的永久性和临时性支护，也可以与各种形式的锚杆、钢纤维、钢拱架、钢筋网等构成复合式支护结构。它的灵活性也很大，可以根据需要分次追加厚度。因此除用于地下工程外，还广泛应用于地面工程的边坡防护及加固、基坑防护、结构补强等。

1. 喷射混凝土的作用

（1）支撑围岩。喷层能与围岩密贴和粘贴，并给围岩表面以抗力和剪力，从而使围岩处于三向受力的有利状态，防止围岩强度恶化；此外，喷层本身的抗冲切能力有助于阻止不稳定块体的滑塌。

（2）“卸载”作用。由于喷层属柔性，能有控制地使围岩在不出现有害变形的前提下，进行一定程度的变形，从而使围岩“卸载”，同时喷层中地弯曲应力减小，有利于混凝土承载力的发挥。

（3）填平补强围岩。喷射混凝土可射入围岩张开的裂隙中，填充表面凹穴，使裂隙分割的岩层面粘连在一起，保护岩块间的咬合、镶嵌作用，提高其间的黏结力、摩阻力，有利于阻止围岩松动，并避免或缓和围岩应力集中。

（4）覆盖围岩表面。喷层直接粘贴岩面，形成风化和止水的保护层，并阻止节理裂隙中充填物流失。

（5）阻止围岩松动。喷层能紧跟掘进进程后及时进行支护，早期强度较高，因而能及时向围岩提供抗力，阻止围岩松动。

（6）分配外力。喷层能把外力传给锚杆、钢拱架等，使支护结构受力均匀分担。

2. 喷射混凝土的特点

（1）喷射混凝土具有强度增长快、黏结力强、密度大、抗渗性好的特点。它能较好地填充岩块间裂隙的凹穴，增加围岩的整体性，防止自由面的风化和松动，并与围岩共同工作。

（2）与普通模筑混凝土相比，喷射混凝土施工将输送、浇筑、捣固几道工序合而为一，更不需模板，因而施工快速、简捷。

（3）喷射混凝土能及早发挥承载作用。它能在10min左右终凝，一般2h后即具有强度，8h后可达2MPa，16h后达5MPa，1d后可达7~8MPa，4d可达到28d强度的70%左右。

（4）试验表明，喷射混凝土与模筑混凝土相比，密实性和性能稳定性要差。

3. 喷射工艺种类

喷射混凝土的工艺流程有干喷、潮喷、湿喷和混合喷四种。主要区别是各工艺的投料程序不同，尤其是加水和速凝剂的时机不同。

（1）干喷和潮喷。干喷是将骨料、水泥和速凝剂按一定的比例干拌均匀，然后装入喷射机，用压缩空气使干骨料在软管内呈悬浮状态送到喷枪，再在喷嘴处与高压水混合，以较高速度喷射到岩面上。此法须由熟练人员操作，水灰比宜小，石子须用连续级配，粒径不得过大，水泥用量不宜太少，一般可获得28~34MPa的混凝土强度和良好的黏着力。干喷作业流程图如图6.7所示。

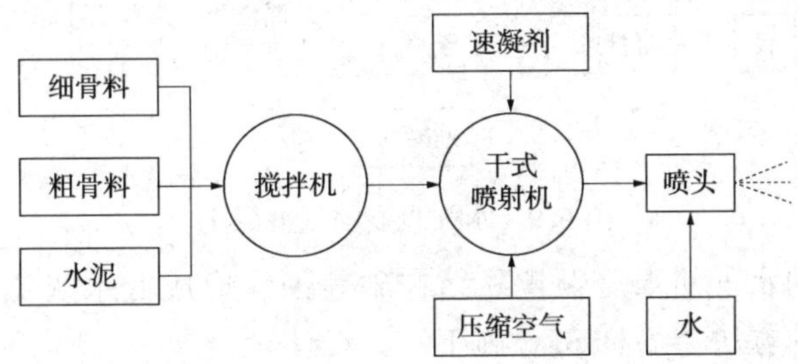

图6.7 干喷工艺流程

干喷的缺点是产生的粉尘量大，回弹量大，加水是由喷嘴处的阀门控制的，水灰比的控制程度与喷射手操作的熟练程度有关，影响混凝土强度，但使用的机械较简单，机械清洗和故障处理容易。

潮喷是将骨料预加少量水，使之呈潮湿状，再加水泥拌和，从而减少上料、拌和和喷射时的粉尘。但大量的水仍是在喷头处加入和喷出的，其喷射工艺流程和使用机械同干喷工艺。目前，施工现场较多使用的是潮喷工艺。

（2）湿喷。湿喷是将骨料、水泥和水按设计比例拌和均匀，用湿式喷射机压送到喷头处，再在喷头上添加速凝剂后喷出，其工艺流程如图6.8所示。

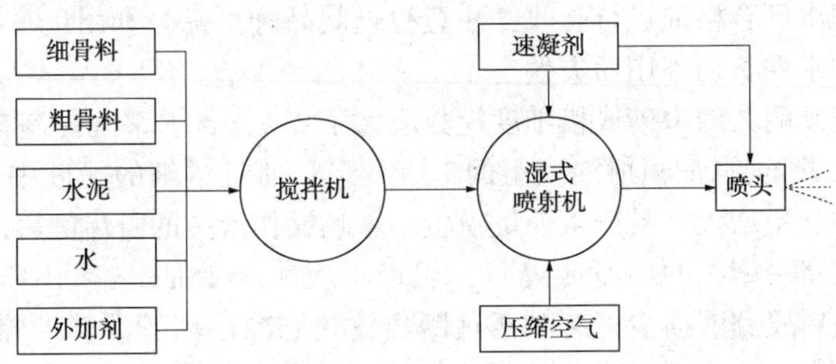

图6.8 湿喷工艺流程

施工时宜用随拌随喷的办法，以减少稠度变化。此法的喷射速度较低，由于水灰比增大，混凝土的初期强度亦较低，但回弹情况有所改善，喷射过程中的粉尘很少，材料配合易于控制，工作效率高于干喷法。

湿喷工法对喷射机械要求较高，因为喷射的混凝土为速凝混凝土，机械清洗和故障处理较麻烦。对于喷层较厚的软岩和渗水隧道，则不易使用湿喷。

(3) 混合喷射。混合喷射又称水泥裹砂造壳喷射法，是将一部分砂加第一次水拌湿，再投入全部水泥强制搅拌造壳，再加第二次水和减水剂，拌和成 SEC(Sand Enveloped with Cement)砂浆，将另一部分砂和石、速凝剂强制搅拌均匀，然后分别用砂浆泵和干式喷射机将其压送到混合管混合后喷出。其工艺流程如图 6.9 所示。

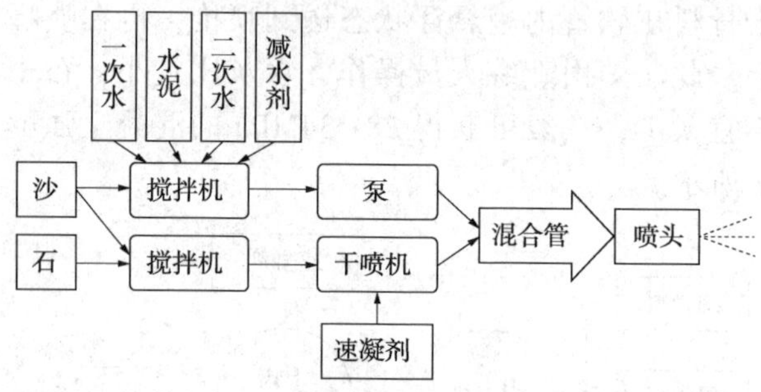

图 6.9　水泥裹砂喷射混凝土

在砂中加上适量的水，使水泥颗粒黏结在砂表面，形成低水灰比的净浆薄壳，用以提高混凝土或砂浆强度的方法，简称 SEC 施工法。

混合喷射工艺使用的主要机械设备与干喷工艺基本相同，混凝土的质量比干喷混凝土质量好，且粉尘和回弹率有大幅度降低。但使用机械数量较多，工艺较复杂，机械清洗和故障处理很麻烦。因此，混合喷射工艺一般只用在喷射混凝土量大和大断面隧道工程中。

另外，由于喷射工艺的不同，喷射混凝土强度不同，干喷和潮喷混凝土强度较低，一般只能达到 C20，而混合喷射和湿喷的则可达到 C30~C35。

4. 喷射混凝土的原材料及其配比

水泥：水泥的品种和规格应根据巷道支护工程的要求、水泥对所用速凝剂的适应性，以及现场供应条件而定。应优先选用普通硅酸盐水泥，其特点是凝结硬化快，保水性好，早期强度增长快。水泥宜选用普通硅酸盐水泥，过期、受潮结块或混合的水泥均不得使用。水泥进库时应根据出厂合格证进行验收，注意检查其品种、标号和出厂日期，并按批堆放，防止堆放在底部的水泥长期不用而失效。

砂：应采用坚硬耐久的中砂或粗细度模数应大于 2.5，含水率宜控制在 5%~7%，含泥量不得大于 3%。细砂会增加喷射混凝土的干缩变形，而且过细的粉砂中小于 5μm 的颗粒和游离二氧化硅的含量增大，易产生大量粉尘，影响操作人员的身体健康。

石子：应采用坚硬耐久的卵石或碎石，粒径不应大于 15mm。采用卵石，因其光滑干净，对喷射机和输料管路磨损少，有利于远距离输料和减小堵管故障。碎石混凝土比软石混凝土强度高，喷射作业中回弹率也较低，但碎石有棱角，表面粗糙，对喷射机和输料管路磨损严重，应尽量少用。

水：凡能饮用的自来水及天然水都可作为喷射混凝土混合用水。混合水中不应含有影响水泥正常凝结与硬化的有害物质，不得使用污水以及 pH<4 的酸性水和含硫酸盐量按 SO_4^{2-} 计算超过水重 1%的水。

速凝剂分为两类：一类是以铝酸盐和碳酸盐为主，再复合一些其他无机盐类组成的；另一类则以水玻璃为主要成分，再与其他无机盐类复合组成。按其形状可分为粉状和液状两类。具体选用种类后，依说明进行配制。

配合比：由于喷射混凝土施工工艺的特点，在选择喷射混凝土时，既要满足支护结构对喷射混凝土的物理力学性能方面的要求，又要考虑喷射混凝土施工工艺方面的要求，而使喷射混凝土足够抗压、抗拉，具有足够的黏结强度，以使喷射混凝土收缩变形值保持最小、喷射作业的回弹力最低。

混合料配合比是指每 $1m^2$ 喷射混凝土中，水泥、砂、石子所占比例。水泥用量大，喷射混凝土的收缩也大，容易开裂，而且费用增加。为了减少喷射时的回弹物，喷射混凝土与普通混凝土相比，其石子用量要少得多，而砂用量则相应增大，甚至达 50%。

一般喷射混凝土混合料的配合比如下。

水泥与砂石之质量比为 1∶4~1∶4.5；含砂率宜为 45%~55%；水灰比宜为 0.4~0.45。速凝剂掺加时应根据产品性能通过试验确定。

喷浆时，水泥∶砂为 1∶2~1∶3(质量比)，水灰比为 0.45~0.55。

喷射混凝土时，水泥∶砂∶石子为 1∶2∶2 或 1∶2.5∶2，初喷时可适当减少石子掺量，水灰比为 0.4~0.5。

原材料按质量计，水泥和速凝剂的称量允许偏差均为±2%，砂和石子的称量允许偏差均为±3%。

5. 喷射混凝土的施工工艺

喷射混凝土施工技术如图 6.10 所示。

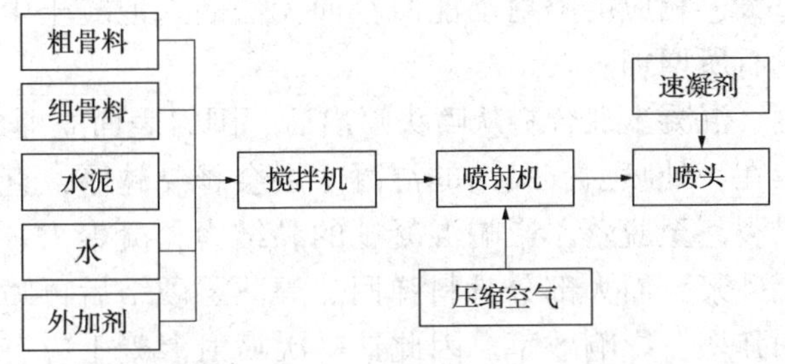

图 6.10　喷射混凝土施工技术示意图

(1) 工作压力。工作压力是指喷射混凝土正常施工时，喷射机工作罐或转子体内的大气压力。喷射混凝土是靠压缩空气来输送混合料的，因此，正确掌握气压是十分重要的。气压掌握是否适当，对于减少喷射混凝土的回弹、降低粉尘、保证喷射混凝土质量、防止输送管路堵塞等都有很大影响。

为了控制粉尘和回弹，大都采用低气压。一般来说，水平输送距离 30~50m，喷射机的供气压力保持在 0.12~0.18MPa 是适当的和有效的。向上垂直输料时，要求工作气压比水平输料时大，每增加设计 10m，可增加工作气压 0.02~0.03MPa。

在喷射混凝土施工过程中，喷射机司机应与喷射手密切配合，根据实际情况及时调整喷射机的工作压力。

(2) 水压。为了保证喷头处加水，通过水环使气流迅速通过混凝土混合料使其充分湿润，一般水压应比气压高0.1MPa左右。采用双水环比单水环的效果好一些。应当采用专用水箱，装上压力表，操作人员调节喷头水环上的水阀来控制水压。

(3) 水灰比。掌握合理的水灰比对于减少回弹、降低粉尘和保证喷射混凝土有着直接关系。混合料加水变成混凝土是在喷头处水环供水瞬间实现的，理论上最合适的水灰比是0.4~0.5。但实际操作中全靠喷射手的经验加以控制，及时调整，主要靠目测，而不能实测。根据经验，如果新喷射的混凝土易黏着，回弹量少，喷层表面有一定的光泽，说明水灰比是合适的。如果喷射时出现干斑，粉尘飞扬，回弹量大，喷层表面无光泽，说明水灰比偏低，应适当增加水量。如果喷射时表面塑性大，出现流淌现象，则说明水灰比偏高，应适当减少水量。

(4) 喷头方向。当喷头喷射方向(喷射料束方向)与受喷面(围岩表面)垂直，并略向刚喷射的部位倾斜时，回弹量最小。这时，因喷射方向与受喷面垂直，粗骨料遇岩面或混凝土层碰撞后总有一部分按垂直的相反方向弹回。弹回物受到喷射料束的约束，抵消了部分回弹的能量，有利于嵌入砂浆或混凝土层中。而喷头喷射方向略微向刚喷部位倾斜，则可使喷出的料束有相当部分直接冲入黏塑状态的混凝土中，而避免一部分骨料与岩面直接碰撞而增大回弹量。因此，除喷岩帮侧墙下部喷头的喷射角度可下俯10°~15°外，其他顶板及两帮喷射混凝土时，要求喷头的喷射基本上垂直于围岩受喷面。

(5) 喷头与受喷面的距离。喷头与受喷面最佳距离是根据喷射混凝土强度最高和回弹最小来确定的，最大限度为800~1000mm。一般输料距离为30~50m，供气压力为0.12~0.18MPa，喷帮最佳喷距为300~500mm，喷顶的最佳喷距为450~600mm。如果距离过小，粗骨料喷射时所受空气阻力很小，而喷射动能很大，增大了回弹；如果距离过大，粗骨料喷射时所受空气阻力过大，相应的喷射动能减小而无法嵌入混凝土中，而且有可能出现料束扩散较大，使回弹量有所增加。

(6) 一次喷射厚度。混凝土混合料从喷头喷出后，围岩表面立即黏结一层喷射混凝土。如果不移开喷头而连续在一处喷射，黏结的混凝土层会越黏越厚，直至混凝土支持不住本身的重量，就会出现错裂甚至脱落，影响混凝土的黏结力与凝聚力。如喷头移动过快，地岩面上会留下薄薄一层砂浆，而大部分骨料弹回。等薄层硬结后再喷第二层，相当于又向岩面喷射，势必增加回弹率，影响效率。因此，一次喷射混凝土应有一定的厚度，其厚度主要根据岩性、围岩应力、裂隙、巷道规格尺寸及其他形式支护(如锚杆)的配合情况来确定。过厚、过薄均不利。一般一次喷射混凝土的厚度：掺速凝剂时，水平喷100mm，向上喷射60mm；不掺速凝剂时，水平喷射70mm，向上喷射40mm。

(7) 喷射层间的间隔时间。因设计要求或围岩部凹穴很深，喷射混凝土厚度往往超过一次喷射所能达到的厚度，要进行二次或多次复喷，其间隔时间应当是喷射混凝土终凝后且产生一定强度，能经受下次喷射流束的冲击而不至损坏。合理的间隔时间与水泥品种、速凝剂掺量、环境温度、水灰比大小、施工方法、支护性能等有密切关系。实际操作时，可根据具体情况和施工组织设计或作业规程的要求来掌握。

6.5.4 砂浆锚杆施工工艺结构

1. 材料控制

需要选择硅酸盐水泥；杆体直径为 ϕ22mm 螺纹钢筋，其质量应符合设计要求；砂的粒径不得大于 2.5mm。使用前应进行筛分，严防石块和杂物混入；水泥砂比一般为 1.50~1.45。

2. 钻孔

采用自制简易钻孔操作平台架，采用风动凿岩机按设计要求的间距和深度钻孔，孔内岩屑被高压空气吹走，然后用灌浆机将早强水泥砂浆注入锚孔。

3. 螺栓安装和灌浆固结

对于向下的螺栓，将灌浆管插入孔底，然后在灌浆时拔出灌浆管，直至灌浆满为止；向上锚杆采用排气灌浆法将内径 4~5mm、壁厚 1~1.5mm 的软塑料排气管沿锚杆全长固定在杆体上，并在孔外留有约 1m 的余长；将锚杆缓慢送入孔内至设计位置；用早强或超早强水泥将长 250~300mm、外径约 25mm 的薄壁钢管固定在管口处，并将管口封堵严密；灌浆前，应检查排气管。确认灌浆管畅通后，方可进行灌浆。在正常情况下，灌浆过程中会排出气体。当排气管未排出或溢出浆液时，可停止灌浆；3 天后，安装底板并拧紧螺母。

4. 钢筋网的悬挂

钢筋网在使用前应进行清洁和除锈，并在现场进行预点焊。在围岩表面喷一层混凝土后，应随喷面起伏进行悬挂和铺设。钢筋网与锚杆连接牢固，喷射混凝土时不得晃动。网片加工和铺设应符合以下要求：

(1) 钢筋网采用的钢筋型号和网格尺寸必须符合设计要求；

(2) 钢筋网铺设前必须除锈；

(3) 钢筋网与地脚螺栓、钢纤维钉和网格钢架焊接牢固，网格搭接长度不小于 20cm；

(4) 钢筋网铺设时，靠近支护面，保持 30~50mm 的保护层。

6.6 监控量测

在隧道的施工过程中，使用各种仪器设备和量测元件，对地表沉降、围岩与支护结构的变形、应力、应变进行量测，据此来判断隧道开挖对地表环境的影响范围和程度、围岩的稳定性和支护的工作状态，这种工作称为隧道的监控量测。

6.6.1 监控量测概述

1. 监控量测的定义和目的

(1) 监控量测的定义。施工中监控量测是一项非常重要的工作。通过监控量测，掌握围岩和支护动态变位情况，及时提供围岩稳定程度和支护结构可靠性的安全信息，确保隧道安全、经济、快速地施工。

（2）监控量测的目的。在隧道的施工作业中，通过对隧道的地质状态、拱顶沉降、地表沉降及周边位移等进行实时量测，通过对围岩的受力和支护结构内力量测，可以分析支护结构的工作状态，并对其做出科学合理的评价。可以通过对量测数据进行分析，及早发现隧道内部及外部环境中可能存在的不稳定性，减少外部环境对隧道的影响，提高隧道施工的安全性，避免发生塌方等事故。同时，也可以通过量测数据对结果进行全面分析，可以及时地对隧道的支护结构设计做出修改和调整，实现信息化施工。

2. 监控量测设计

监控量测设计应根据围岩条件、支护参数、施工方法、周围环境及监控量测目的进行。

3. 监控量测实施

监控量测实施细则应根据设计要求及工程特点编制，内容应包括：①监控量测项目；②人员组织；③元器件及设备；④监控量测断面，测点布密，监控量测频率及监控量测基准；⑤数据记录格式；⑥数据处理及预测方法；⑦信息反馈及对策；等等。

4. 监控量测注意事项

监控量测工作应随施工工序及时进行，测点应及时埋设，支护后 2h 内读取初始数据，并应依据现场情况及时调整监控项目和内容。

5. 监控量测项目

监控量测项目可分为必测项目和选测项目，隧道工程应将日常监控量测项目纳入必测项目。

（1）监控量测必测项目。必测项目是必须进行常规测量的项目，是隧道施工中对围岩、地表、支护结构的变形和稳定状态，以及周边环境动态进行的经常性观察和测量工作。这类测量通常测试方法简单、费用少、可靠性高，对检测围岩稳定、指导设计施工有着巨大作用。监控量测的必测项目见表 6.5。

表 6.5 监控量测的必测项目

序号	监控量测项目	常用量测仪器	备注
1	洞内、外观察	现场观察、数码相机、罗盘仪	
2	拱顶下沉	水准仪、钢尺或全站仪	
3	净空变化	收敛计、全站仪	
4	地表沉降	水准仪、钢尺或全站仪	隧道浅埋段
5	拱脚下沉	水准仪或全站仪	不良地质和特殊岩土隧道浅埋段
6	拱脚位移	水准仪或全站仪	不良地质和特殊岩土隧道深埋段

（2）监控量测选测项目。选测项目是为了满足隧道设计和施工的特殊需要，由设计文件规定的在局部地段进行的控制性量测项目。这类项目测试比较麻烦，项目较多，费用较高。因此，在必测项目不能满足要求的情况下，考虑实施选测项目。选测项目见表 6.6。

表 6.6　监控量测的选测项目

序号	监控量测项目	常用量测仪器
1	围岩压力	压力盒
2	钢架内力	钢筋计、应变计
3	喷混凝土内力	混凝土应变计
4	二次衬砌内力	混凝土应变计、钢筋计
5	初期支护与二次衬砌间接触压力	压力盒
6	锚杆轴力	钢筋计
7	围岩内部位移	多点位移计
8	隧底隆起	水准仪、钢尺或全站仪
9	爆破震动	振动传感器、记录仪
10	孔隙水压力	水压计
11	水量	三角堰、流量计
12	纵向位移	多点位移计、全站仪

隧道开挖后应及时进行地质素描及数码成像，必要时应进行物理力学试验。初期支护完成后应进行喷层表面裂缝及其发展、渗水、变形观察和记录。

6. 监控量测断面及测点布置原则

（1）隧道浅埋、下穿建筑物地段应在隧道开挖前布设地表沉降测点。地表沉降测点和隧道内测点应布置在同一断面里程。地表沉降测点纵向间距可按表 6.7 的要求布置。

表 6.7　地表沉降测点纵向间距

隧道埋深与开挖宽度、高度	纵向测点间距/m	隧道埋深与开挖宽度、高度	纵向测点间距/m
$2B<H_0\leqslant 2(B+H)$	15~30	$H_0\leqslant$B	5~10
$B<H_0\leqslant 2B$	10~15		

注：H_0为隧道埋深；H 为隧道开挖高度；B 为隧道开挖宽度。

（2）地表沉降测点横向间距宜为 2~5m。在隧道中线附近测点应适当加密，隧道中线两侧测量范围应不小于隧道埋深与隧道开挖宽度之和。建(构)筑物对地表沉降有特殊要求时，量测间距应适当加密，范围应适当加宽。

（3）拱顶下沉测点和净空变化测点应布置在同一断面上，监控量测断面可按表 6.8 的要求布置。拱顶下沉测点原则上应设置在拱顶轴线附近，当隧道跨度较大时，应结合施工方法在拱部增设测点。

表 6.8　必测项目监控量测断面间距

围岩级别	断面间距/m	围岩级别	断面间距/m
Ⅴ~Ⅳ	5~10	Ⅲ	30~50
Ⅳ	10~30		

注：Ⅱ级围岩视具体情况确定间距；不良地质和特殊岩土地段应取小值。

(4) 净空变化量测测线数可按照表 6.9 布置。

表 6.9　净空变化量测测线数

开挖方法	地段	
	一般地段	特殊地段
全断面法	一条水平测线	—
台阶法	每台阶一条水平测线	每台阶一条水平测线，两条斜侧线
分部开挖法	每部分一条水平测线	CD 或 CRD 法上部、双侧壁导坑法左右侧部，每分部一条水平测线、两条斜侧线，其余部分一条水平测线

(5) 选测项目量测断面及测点布置应考虑围岩代表性、围岩变化、施工方法及支护参数的变化。监控量测断面应在相应段落施工初期优先设置，并及时开展量测工作。

(6) 不同断面的测点应布置在相同部位，测点应尽量对称布置。

7. 监控量测频率

必测项目监控量测频率应根据测点距开挖面的距离及位移速度分别按表 6.10 和表 6.11 确定。由测点距开挖面的距离决定的监控量测频率和由位移速度决定的监控量测频率之中，原则上采用较高的频率值。出现异常情况或不良地质时，应增大监控量测频率。

表 6.10　按距开挖面距离确定的监控量测频率

监控量测断面距开挖面距离/m	监控量测频率	监控量测断面距开挖面距离/m	监控量测频率
$(0\sim1)B$	2 次/d	$(2\sim5)B$	1 次/(2~3d)
$(1\sim2)B$	1 次/d	$>5B$	1 次/7d

注：B 为隧道开挖宽度。

表 6.11　按位移速度确定的监控量测频率

位移速度/(mm/d)	监控量测频率	位移速度/(mm/d)	监控量测频率
≥5	2 次/d	0.2~0.5	1 次/3d
1~5	1 次/d	<0.2	1 次/7d
0.5~1	1 次/(2~3d)		

开挖面地质素描、支护状态、影响范围内的建(构)筑物的描述应每施工循环记录一次。必要时，影响范围内的建(构)筑物的描述频率应加大。选测项目监控量测频率应根据设计和施工要求以及必测项目反馈信息结果来确定。

8. 数据分析及信息反馈

(1) 监控量测数据分析处理。

① 监控量测数据的分析处理应包括数据校核、数据整理及数据分析。

② 每次观测后应立即对观测数据进行校核，如有异常应及时补测。

③ 每次观测后应及时对观测数据进行整理，包括观测数据计算、调表制图、误差处理等。

④ 监控量测数据的分析应包括以下主要内容：根据量测值绘制时态曲线；选择回归曲线，预测最终值，并与控制基准进行比较；对支护及围岩状态、工法、工序进行评价；及

时反馈评价结论，并提出相应工程对策建议。

⑤ 监控量测数据可采用指数模型、对数模型、双曲线模型、分段函数、经验公式等进行分析，并预测最终值。

(2) 测量数据的应用。

① 初期支护阶段围岩稳定性的判定和施工管理。

按照变性管理等级指导施工，其中工程安全性评价应根据表 6.12 分三级进行，并采用相应的应对措施。

表 6.12 工程安全性评价分级应对措施

管理等级	应对措施
Ⅲ	正常施工
Ⅱ	综合评价设计施工措施，加强监控量测，必要时采取相应工程措施
Ⅰ	暂停施工，采取相应工程措施

根据工程安全性评价的结果，需要变更设计时，应根据有关公路工程变更管理办法及时进行设计变更。

② 根据位移速率进行施工管理。

a. 当位移速率大于 1mm/d 时，表明围岩处于急剧变形阶段，应密切关注围岩动态。

b. 当位移速率在 0.2~1mm/d 时，表明围岩处于缓慢变形阶段。

c. 当位移速率小于 0.2mm/d 时，表明围岩已达到基本稳定，可以进行二次衬砌作业。

③ 根据位移时态曲线进行施工管理。每次量测后应及时整理数据，绘制时态曲线，如图 6.11 所示。

a. 位移速率较小，时态曲线较为平缓，如图 6.11 中线 a，表明围岩稳定性好，可适当减弱支护。

b. 当位移速率逐渐变小时，即 $d^2u/dt^2<0$，时态曲线趋于平缓，如图 6.11 中线 b，表明围岩变形趋于稳定，可正常施工。

c. 当位移速率不变，即 $d^2u/dt^2=0$，时态曲线直线上升，如图 6.11 中线 c，表明围岩变形急剧增长，无稳定趋势，应及时加强支护，必要时暂停掘进。

d. 当位移速率逐步增大时，即 $d^2u/dt^2>0$，时态曲线出现反弯点，如图 6.11 中线 d，表明围岩已处于不稳定状态，应停止掘进，及时采取加固措施。

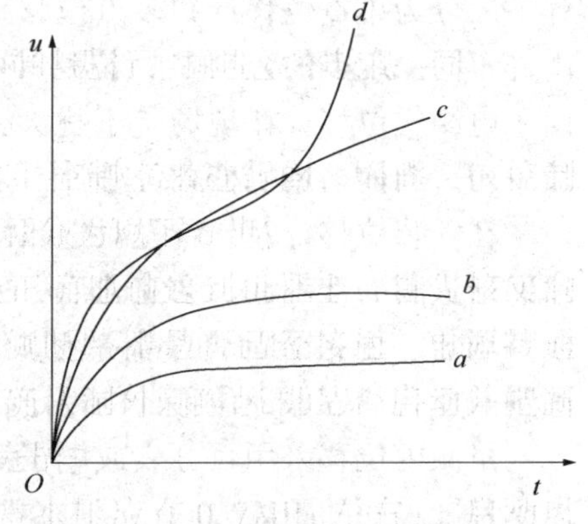

图 6.11 位移-时间曲线

监控量测数据经现场检查复核，发现异常及时进行重测。监控量测的记录、图标及文字报告要连续和完整。如有缺失，按国家、行业有关标准和相关技术规程要求及时采取补救措施，并详细进行书面记录。现场监控量测数据误差会影响对围岩和支护系统的安全评判，工作中需对误差进行科学分析，减小系统误差，剔除偶然误差，避免人为错误。具体方法如下：

a. 减小系统误差的方法。根据监控量测精度要求选择稳定性好、耐久性好的仪器。如果监控量测仪器产生的系统误差不能满足监控量测精度要求，需根据系统误差产生的原因进行修正。

b. 控制偶然误差的方法。引起偶然误差的原因较多，如电源电压波动、仪表末位读数估读不准、环境因素干扰等。可通过加强管理、提高操作人员的技术水平来控制偶然误差。偶然误差一般服从正态分布，在数据处理过程中，需进行数据统计检验。

c. 避免人为误差(错误)的方法。由于测试人员的工作过失所引起的误差，如读错仪表刻度(位数、正负号等)、测点与测读数据混淆、记录错误等，都要避免。避免人为误差措施主要有加强监控量测管理、规范监控量测工作、提高人员素质。

在数据处理时，人为误差数值一般很大，需从测量数据中剔除。

6.6.2 施工监控量测的方法和手段

1. 位移量测的方法和手段

(1) 隧道内空收敛量测。量测隧道收敛的仪器当前主要采用收敛计。根据隧道跨径的不同以及量测要求精度的不同，可以选择相应的收敛计。

量测中除了对收敛计的操作必须了解外，还必须注意对量测收敛测头的埋设。一般收敛计测头是套在一根膨胀螺丝(长约 10cm)后才可以埋设的。但是这样将导致整体测头偏短。因此在具体操作中，可将膨胀螺丝与一根长约 30cm 的钢筋焊接。用风钻在具体埋设点处钻孔打眼，用水泥锚固剂将测头固定在眼中，并用锚固剂封堵孔口以保证测点的稳定性和牢固性。在测点的具体安装中，必须注意保证测头左右位置的对称性和准确性。

(2) 隧道围岩内部变形位移量测。隧道围岩内部位移量的测定主要使用位移计。位移计一般分为单点位移计和多点位移计，现在多用多点位移计。多点位移计可以量测出围岩内部不同深度点的位移量。位移计根据读数的手段不同，又可分为电测式和机械式两种。由于电测式位移计在现场受干扰大，读数受多种因素的综合影响，稳定性差且价格高，故较少用。当前多用机械式位移计，采用百分表或电子测表获取数据。

在安装位移计时，首先对选测面上的选测点进行打钻。要求钻孔轴线与隧道洞壁垂直，以保证量测的准确性。钻完孔后，先往孔内灌注水泥锚固剂，并用竹竿挤压孔内的锚固剂使其均匀。注意锚固剂的量一般应该达到孔长度一半的位置，然后再装入位移计，并用锚固剂封住孔口以保证位移计的稳定，使其不受破坏。

量测内位移采用百分表或电子测表，以基准板为表面基准，每次量测出围岩内部各测点到基准表面的距离。同一测点在不同时刻量测值与初始量测值的差值即为该点在此时间内与围岩表面的相对位移，而围岩表面的位移总和可以用收敛计测出来。因此，多点位移计的埋设与内空收敛点的设置必须成对在同一断面内。收敛量测的收敛值是隧道左右围岩表面的位移值之和，根据左右对称的位移计的最远测点与围岩表面相对位移值大小，按比例分配法进行计算即可以求得隧道两边围岩内部各个测点的绝对位移值。

(3) 拱顶下沉量测。一般采用水准仪进行拱顶下沉量测。在拱顶布置 3 个下沉量测点，再选择一个高程位置相对不变的后视点，由此可以用较为简单的方法求出拱顶下沉值。

采用该量测方法时，必须注意保证塔尺与拱顶下沉点连接的长期稳定性和不移动性。实际中，可在塔尺上端用铁丝做一个挂钩的形式，以保证接触的稳定性。同时必须注意对下沉测点的保护，以防止在放炮中损坏测点元件。

2. 支护体系受力量测的方法和手段

(1) 钢弦式元件的使用原理。当前量测围岩压力、混凝土应力、锚杆应力以及钢架内力的方法有很多，总体上可分为直接法和间接法两种。直接法的优缺点已在上文有所论述。在具体工程中，采用间接法测应力值情况比较多。具体到间接法测值，又有不同的方式。比如测混凝土的应力可以通过先测混凝土的应变，再通过数学计算来求应力值，而应变的测量方法又有电阻应变片法和频率测定法两种。因此，只有充分考虑各种方法的优缺点并结合具体的工程实际情况，才可以做出合理选择。

从测量的角度出发，应该力求量测的结果可以达到精确、科学，能够准确反映实际情况，因此要求量测的手段必须达到规定的精度要求。目前采用钢弦式结构的仪器来测定隧道结构应力或外力是比较先进、合理的。

钢弦式元件的主要特点就是，将量测的参数转变为频率的变化。通过一定的数学计算分析后，再将频率值转化为所需的应力值。该元件的设计的出发点是频率值不受干扰。在频率传递的过程中，不会因为传递距离长短、水等因素影响而引起频率的变化。

(2) 围岩压力的量测。目前测定围岩压力的方法主要采用埋设压力盒的方法。

双膜压力盒的工作过程是：当钢板受力后，通过传力轴将力作用于弹性薄板，使之发生挠曲变形，嵌固在薄板上的两根钢弦柱偏转，使钢弦应力发生变化，钢弦的自振频率也相应变化。利用钢弦频率仪中的激励装置并接受其振荡频率。使用时，按产品出厂时给出的率定曲线的公式，便可计算出输出频率的压力值。

压力盒的埋设位置依据不同的隧道情况、围岩情况有所不同，但一般埋设的位置是拱顶45°的位置(左右)、拱脚位置(左右)以及墙角位置(左右)。

压力盒具体埋设方法目前没有统一的定论。一个关键的问题就是，如何保证压力盒工作面与围岩侧面的固定。只有两个面紧密接触，才能保证压力盒可以稳定工作。在具体工程中，压力盒的具体埋设有以下两种方法：

① 采用锚固剂。在围岩比较破碎的埋设段，可以通过锚固剂将压力盒的工作面与围岩侧面相结合固定。待锚固剂凝固后，压力盒就和围岩形成了一个整体，稳定地粘接在一起，从而可以有效量测出围岩的压力值。

② 打膨胀螺丝。在围岩类别较完整的埋设段，直接采用打膨胀螺丝加钢筋片固定压力盒的方法。

(3) 混凝土应力量测。目前公路隧道设计一般均采用复合式衬砌，因此，混凝土应力量测包含喷射混凝土和二衬模筑混凝土应力量测。目前主要有两种方法测定混凝土应力：一种是用混凝土应力计来直接量测混凝土应力值；另一种是用混凝土应变计先测定混凝土应变，再根据具体喷射混凝土的弹性模量值 E 来求出应力值。两者量测基本原理一致，均是采用钢弦作为传感元件，以线圈结构激荡为工作方式。

埋设混凝土应变计位置的选择与压力盒的选择一致。一般压力盒与混凝土应变计的埋设是成对出现的。

在埋设混凝土应变计时，应注意元件规格的选择，必须根据混凝土的标号来选择相应的混凝土应变计，使两者合理匹配，避免出现超载损坏应变计或灵敏度太低而影响量测精度。

由于应变计与混凝土的刚度不同，受力后会引起混凝土与应力元件粘接面的相对位移而造成量测误差。为了消除这项误差，可在混凝土应变计的薄壁圆管外侧包一层塑料，避免混凝土与应变计的敏感部分直接接触。

在具体的埋设中，为了使应变计与混凝土共同受力变形，理论上应该将应变计无约束地搁置在混凝土中间。在实际工程中，可以将应变计直接挂在钢筋网上或松弛地捆在钢筋网上。注意不应该捆得太紧，以防止混凝土与应变计出现相对位移。

(4) 锚杆应力量测。量测锚杆应力的主要元件是锚杆应力计。

由于一根钢筋应力计只能测定一个点的应力值，因此实际工程中，必须将钢筋应力计焊接起来，根据需要量测的点以及锚杆的长度确定需要焊接的钢筋的长度。比如锚杆长度为3m而且选定的测点为3点，如果应变计长62.5cm，计算出共需两根长约49cm的与钢筋应力计同截面积的钢筋。具体在焊接钢筋与锚杆应变计的时候，必须注意对敏感传感部位的保护，防止因为高温破坏钢弦。

锚杆应力计的埋设位置和方法与多点位移计的大致相同。不同的是，锚杆应力计必须拉出量测线路，因此在埋设的过程中应注意对线路的保护。可以采用防水胶布把线路缠在钢筋上，再统一拉出来；拉出来的线路必须有一定的保护措施，以预防隧道放炮时损坏线路。一般采用橡胶圈管将线路包住，再用喷射钉将其固定在隧道表面。

(5) 钢架内力量测。对钢架应力的量测必须视钢架的类型而定。一种是对工字钢或者是H钢的内应力量测，可以通过测定其表面应变值，再通过数学计算来确定钢架的应力值。另外一种就是对格栅应力的量测，格栅应力的量测方法与锚杆的量测方法一致。一般采用表面应力计来量测钢架的应力，其结构和工作方式与其他的钢弦结构类似。

表面应变计安装在钢架的内表面，由于钢架结构的自身和受外来影响产生应变。固定在钢架表面的应变计内部的钢弦随应变加大而拉长、减少而松弛，由此引起了钢弦振动频率相应的变化。

安装表面应变计时，根据选测对象的性质、表面的情况不同，可以有以下三种固定方式：

① 如果测定的是混凝土基础的应变值，在保持结构表面处理干净的条件下，则可以采用502黏合剂直接将表面应变计粘在结构物的表面。

② 将结构物打孔，而后将底座装上，再用水泥锚固剂进行固定。

③ 测定钢架的应变时，应该将底座焊接在被测的钢架表面。

为了保证固定应变计时钢弦线能够在同一条直线上，采用以上任何一种方法进行安装时，首先应将底座固定在标准杆上，然后将底座固定在结构物上，待底座在结构物上牢固后，取下标准杆再将应变计装在底座上。值得一提的是，在应变计安装完后应该加强对应变计的保护，防止喷射混凝土对元件产生破坏。具体可采用以下两种措施来予以保护：

① 制作一个木制或钢制的小盒子将应变计扣住；

② 用锚固剂将应变计周围全部包围。

此外应注意应变计防水保护。由于传感部分薄弱，在埋设前可以采用防水胶布将元件传感部位封住的措施来予以保护。

6.7 结构防排水

隧道结构防排水是指为了保证隧道建筑不致因渗漏水造成病害、危及行车安全、腐蚀洞内设备、降低结构使用寿命而采取的防水及排水措施。这是一项涉及地形、气候、工程地层和水文地质、结构方案、施工方法及材料性质等因素的综合性工作，基本要求应以预防为主。

6.7.1 隧道防排水概述

1. 隧道防排水的基本原则

隧道防排水应遵循“防、排、截、堵结合，因地制宜，综合治理”的原则，保证隧道结构物和营运设备的正常使用与行车安全。隧道防排水设计应对地表水、地下水妥善处理，洞内外应形成一个完整通畅的防排水系统。

2. 隧道防排水的基本要求

(1) 高速公路、一级公路、二级公路隧道防排水要求。

① 拱部、边墙、路面、设备箱洞不渗水；

② 有冻害地段的隧道衬砌背后不积水、排水沟不冻结；

③ 车行道、人行通道等服务通道拱部不滴水，边境不淌水。

(2) 三级公路、四级公路隧道防排水要求。

① 拱部、边墙不滴水，路面不积水，设备箱洞不渗水；

② 有冻害地段的隧道衬砌背后不积水，排水沟不冻结。

(3) 其他注意事项。当采取防排水工程措施时，应注意保护自然环境；当隧道内渗漏水引起地表水减少，影响居民生产、生活用水时，应对围岩采取堵水措施，减少地下水的渗漏。

6.7.2 隧道防排水的基本方法和措施

1. 隧道防水措施

(1) 洞外防水措施。当隧道地表沟谷、坑洼积水、渗水对隧道有影响时，宜采用疏导、勾补、铺砌和填平等处治措施。废弃的坑穴、钻孔等应填实封闭，应采取措施防止或减少隧道附近的水库、池沼、溪流、井泉水、地下水渗入隧道。

(2) 洞内防水措施。

① 隧道采用复合式衬砌时，在初期支护与二次衬砌之间应设置防水板及无纺布。防水板应采用易于焊接的防水卷材，厚度不小于1.0mm，接缝搭接长度不小于100mm。所采用无纺布密度要求不小于300g/m^2。

② 隧道二次衬砌应满足抗渗要求。混凝土的抗渗等级，有冻害地段及最冷月份平均气温低于-15℃的地区不低于S8，其余地区不低于S6。

③ 隧道二次衬砌的施工缝、沉降缝、伸缩缝是防渗漏水的薄弱环节，设计时常采用不

同止水带、止水条等结构防水材料和构造形式。

④ 有侵蚀性地下水时，应针对侵蚀类型，采用抗侵蚀混凝土，压注抗侵蚀浆液，或铺设抗侵蚀防水层。

⑤ 对于围岩破碎、涌水易坍塌地段，可采用向围岩内预注浆进行堵水加固。

⑥ 隧道位于常水位以下又不宜排泄时，隧道衬砌应采用抗水压衬砌。

2. 隧道排水措施

(1) 隧道内排水要求。

① 路面两侧应设纵向排水沟，引排营运清洗水、消防水和其他废水；

② 隧道纵向排水坡宜与隧道纵坡一致；

③ 路侧边沟可设置为开口式明沟或暗沟，当边沟为路沟时，应设沉砂池、滤水蓖，其间距宜为25~30m；

④ 检修道或人行道的道面应考虑排水，可酌情设0.5%~1.5%的横坡，亦可在墙脚与检修道交角处设宽50mm、深30mm的纵向凹槽，以便道路清洁排水。

(2) 路面结构底部排水设施的设置要求。

① 路面结构下宜设纵向中心排水沟(管)，引排地下水，中心排水沟(管)断面积应通过水力计算来确定。

② 中心排水沟(管)纵向应按间距50m设沉砂池，并根据需要设检查井。

③ 隧道应设横向导水管，以连接中心排水沟(管)与衬砌墙背排水盲管；横向导水管的直径不宜小于100mm，横向坡度应不小于2%，其纵向间距应根据地下水量确定，一般可设置为30~50m；当不设隧底中心排水沟(管)时，横向导水管的纵向间距不宜小于10m。

④ 路面底部应设不小于1.5%的横向排水纵坡。

⑤ 寒冷和严寒地区有地下水的隧道，最冷月份平均温度低于-10℃时，应采用深埋中心排水沟；最冷月份平均气温低于-25℃时，应在隧道下设防寒泄水隧洞。

(3) 隧道衬砌外排水设施设置要求。

① 在衬砌两侧边墙背后底部应设沿隧道的纵向排水盲管(沟)，其孔径不应小于80mm。

② 沿衬砌背后环向应设置导向盲管，其纵向间距应≤20m；遇水量较大时，环向盲管应加密；对有集中水处，应单独设竖向盲管，盲管的直径应≤50mm。

③ 环向盲管、竖向盲管应与边墙底部的纵向排水盲管(沟)连通；纵向排水盲管(沟)应与横向导水管连通，以形成完整的纵横向排水系统。

④ 当地下水发育、含水层明显又有长期充分补给来源时，可利用辅助坑道排水或设置泄水洞等截排水设施。

⑤ 当洞内水质有侵蚀时，应采取适当措施，防止排水造成环境污染。

6.7.3 洞口与明洞防排水

(1) 隧道、辅助坑道的洞口及明洞应设置截水沟和排水沟，洞口边坡、仰坡应采取防护措施，防止地表水的下渗和冲刷。

(2) 为防止洞外水流入隧道内，可在洞口外设置反向排水边沟或采取截流措施。

(3) 明洞防排水要求如下：

① 明洞顶部应设置必要的截排水系统；

② 回填土表面宜铺设隔水层，并与边坡搭接良好；

③ 靠山侧边墙底或边墙后宜设置纵向和竖向盲沟，将水引至边墙泄水孔排出；

④ 衬砌外缘应敷设外贴式防水层；

⑤ 明洞与隧道接头处应做好防水处理，明洞混凝土浇筑应严格遵循新旧混凝土施工规则，明洞防水层应往隧道方向延伸一定长度，并做好仰坡脚与明洞填土的搭接。

6.8　二次衬砌

目前，隧道支护通常采用复合式衬砌，其由初期支护和二次衬砌组成。初期支护是帮助围岩达成施工期间的初步稳定，解决隧道在施工期间的稳定和安全问题的工程措施；二次衬砌则是提供安全储备或承受后期围岩压力，保证隧道永久稳定和安全，作为隧道试用期间安全储备的工程措施。

隧道的二次衬砌要做到“内实外美”，其实用性、可靠性及耐久性都应满足设计的要求。二次支护的施工方法和模板类型的选择，应充分考虑与围岩条件、开挖方法、支护方法、混凝土施工能力等相适应。

6.8.1　仰拱(填充、底板)施工

1. 施工流程

为保证施工安全，仰拱混凝土应及时施作，支护尽早闭合成环、整体受力，确保支护结构稳定。在隧道正洞Ⅳ级、Ⅴ级围岩中，待喷锚支护全断面施作完成后，根据围岩收敛量测结果，拆除临时支护，开挖并灌注仰拱及填充混凝土，一次灌注仰拱混凝土长度为6~8m。仰拱施工工艺流程如图6.12所示。

2. 施工方法

为保证施工质量，仰拱混凝土进行半幅浇筑，同时解决出碴、进料运输与仰拱施工干扰及仰拱混凝土在未达到要求强度之前承受荷载的问题。

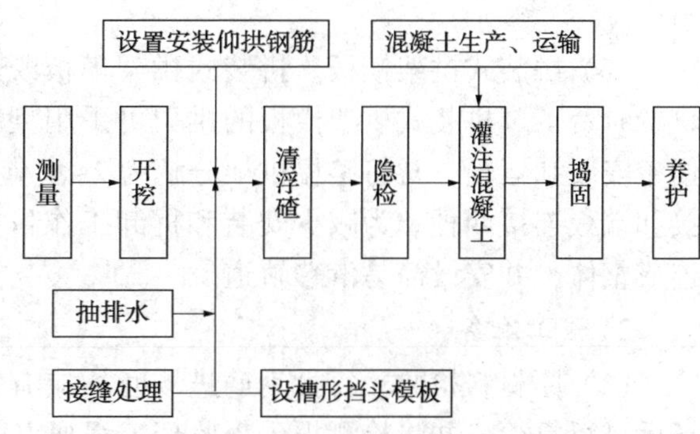

图6.12　仰拱施工工艺流程

仰拱混凝土工艺流程如下：

(1) 测量放样，由内轨顶标高反算仰拱基坑底标高。

(2) 采用挖掘机一次性开挖到位(暂不出碴)，人工辅助清理底部浮碴杂物。

(3) 将上循环仰拱混凝土接头凿毛处理，按设计要求安装仰拱钢筋，并预留与边墙衬砌连接筋。

(4) 自检合格后，报监理工程师隐蔽检查并签证，混凝土输送车运输灌注，插入式振动棒捣固。为能尽早便于行车，采用早强型混凝土。

3. 技术措施

施工前，应将隧底虚碴、杂物、泥浆、积水等清除，并用高压风将隧底吹洗干净，超挖应采用同级混凝土回填。

仰拱超前拱墙二次衬砌，其超前距离保持 3 倍以上衬砌循环作业长度。仰拱、底板混凝土半幅浇筑。填充混凝土在仰拱混凝土终凝后浇筑，不得同时浇筑。仰拱拱座与墙基同时浇筑，排水侧沟与边墙同时浇筑。

仰拱施工缝和变形缝做防水处理。膨胀岩性地段，开挖后及时施作仰拱。填充混凝土强度达到 5MPa 后允许行人通行，填充混凝土强度达到设计强度的 100%后允许车辆通行。

6. 8. 2 二次衬砌施工

隧道正洞采用复合式衬砌，二次衬砌采用模筑式整体混凝土衬砌。

1. 模板类型

(1) 整体移动式模板台车。主要适用于全断面一次开挖成形或大断面开挖成形的隧道衬砌施工中。它是采用大块曲模板、机械或液压脱模、背附式振捣设备集装成整体，并在轨道上走行，有的还设有自行设备，从而缩短立模时间，墙拱连续灌注，加快衬砌施工速度。

模板台车的长度即一次模筑段长度，应根据施工进度要求、混凝土生产能力和灌注技术要求以及曲线隧道的曲线半径等条件来确定。

整体移动式模板台车的生产能力大，可配合混凝土输送泵联合作业，是较先进的模板设备；加工精度高，能完全符合设计尺寸要求，模板接缝小，实现两模接缝无错台；施工进度快，衬砌质量好。但其尺寸大小比较固定，可调范围较小，不宜用于曲线隧道加宽衬砌施工，且一次性设备投资较大；运输不便；模板维修困难。

(2) 穿越式分体移动模板台车。这种台车将走行机构与整体模板分离，因此，一套走行机构可以解决几套模板的移动问题，既提高了走行机构的利用率，又可以多段衬砌同时施作。

(3) 拼装式拱架模板。拼装式拱架模板既适用于顺作，也适用于逆作，但拼装、拆模较费时费工。拼装式拱架模板的拱架可采用型钢制作或现场用钢筋加工成桁架式拱架。为便于安装和运输，常将整榀拱架分解为 2~4 节，进行现场组装，其组装连接方式有夹板连接和端板连接两种。为减少安装和拆卸工作量，可以做成简易移动式拱架，即将几榀拱架连成整体，并安设简易滑移轨道。

2. 施工准备

(1) 原材料检验。每批钢筋进场时均应有钢筋出厂质量证明书或试验报告单；钢筋进场后进行复检，并将检测报告报监理工程师审查；钢筋现场堆放必须采取下垫上盖等措施，以防止钢筋锈蚀。

(2) 技术准备。为保证钢筋工程的及时性、准确性，根据图纸、规范要求，及时进行技术交底，做到放样及时、准确，能指导施工；钢筋工必须持证上岗，保证钢筋加工质量。

(3) 钢筋加工。开工前及时向监理工程师提交加工方案、加工材料明细表。加工时，钢筋应平直，无局部曲折，如遇有死弯时，应将其切除。钢筋表面应洁净，无损伤、油漆和锈蚀。钢筋级别和直径必须符合设计要求。

(4) 钢筋安装。钢筋的安装位置、间距、保护层及各部钢筋大小尺寸应符合设计图规定。钢筋制作及安装严格按有关规程、规范及设计图纸要求，由钢结构加工厂统一制作，利用轨行式作业平台现场人工绑扎、焊接。施工时应防止损坏防水层和注意预埋件安装。

3. 模筑式整体混凝土衬砌施工方法

(1) 施工方法。正洞衬砌采用12m长全断面钢模整体式液压衬砌台车，一次施工长度12m。横洞衬砌采用组合钢模板，采用混凝土输送泵或汽车泵泵送作业，由下向上，对称分层，先墙后拱灌注，入模倾落自由高度不超过2.0m，机械振捣。

混凝土运输采用混凝土输送车，挡头模板采用制式钢模，确保施工缝处混凝土质量。

混凝土灌注前做好钢筋的布设工作，钢筋角隅处要加强振捣，并做好防水层铺设及各类预埋件、预留孔、沟、槽、管路的设置。

(2) 混凝土施工。隧道模筑混凝土衬砌施工程序及工艺流程如图6.13所示。

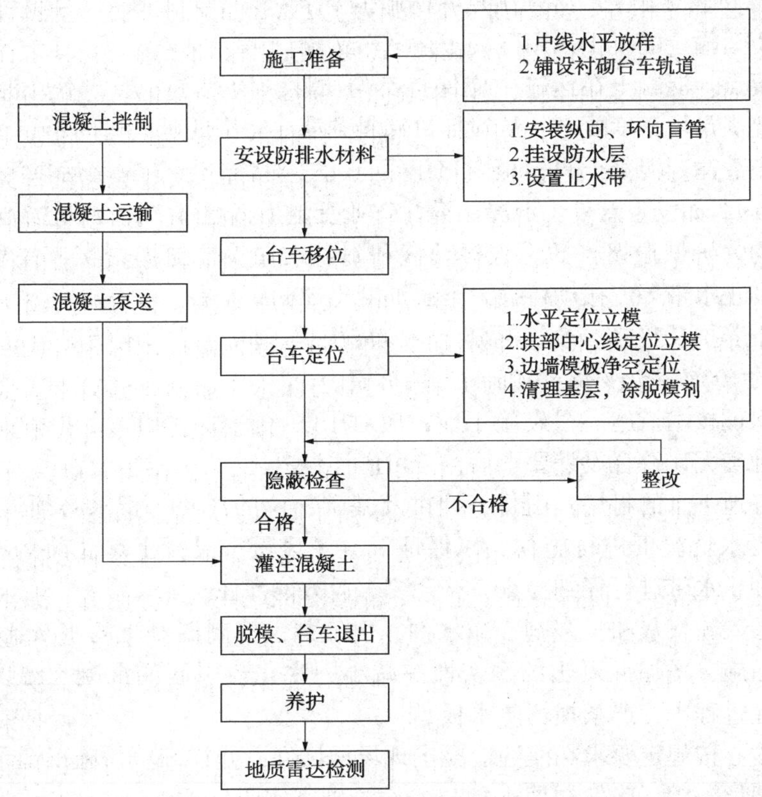

图6.13 模筑混凝土衬砌施工工艺流程图

施工准备：测量人员和隧道工程师共同进行水平、高程测量放样。启动台车液压系统，根据测量资料使钢模定位，保证钢模衬砌台车中线与隧道中线一致，拱墙模板定位后固定，并进行测量复核。清理基底杂物、积水和浮碴；衬砌台车前端装设钢制挡头模板，并按设计要求安装固定止水带；拆除上组衬砌混凝土施工缝处止水带保护模，并自检防水系统设置情况。自检合格后报请监理工程师隐蔽检查，经监理工程师签证同意后灌注混凝土。

混凝土原材料必须经工地实验室检验合格后方可使用。细骨料采用河砂，粗骨料在指定石料厂加工。在石料厂建立粗骨料加工系统，保证粗骨料生产质量满足混凝土对粗骨料的各项指标的要求。

到工地后，按混凝土原材料实验规范进行检验。水泥采用袋装水泥，必须有出厂合格证。进场后，由检测试验中心按规范要求，进行各项性能检验。水泥进库后按规程要求上盖下垫分批堆放；水泥出厂超过三个月有效期，或发现水泥有受潮结块现象时，均应经过鉴定后降级使用。搅拌用水从深井抽取，使用前对水进行酸性物质含量化学分析实验，合格后方可使用。

(3) 混凝土搅拌。搅拌站采用电子自动计量系统，混凝土搅拌严格按设计配合比计量拌和，配合比设计在满足设计强度、耐腐蚀、耐久性、和易性的要求和合理使用材料及经济可行的原则下，计算与实验相结合，采用质量法设计。泵送混凝土配合比的技术要求：骨料最大粒径与输送管内径之比，碎石不大于 1∶3，且不大于 40mm；通过 0.315mm 筛孔的砂不小于 15%。混凝土生产必须满足冬期施工要求。

(4) 混凝土运输。混凝土采用混凝土输送车运输。

运输施工要点：混凝土在运输中应保持其匀质性，做到不分层、不离析、不漏浆；运到灌注点时，要满足坍落度要求；从搅拌机卸料到灌注完毕的延续时间不超过 120min。

(5) 混凝土灌注。混凝土自模板窗口由下向上、对称分层、先墙后拱灌注，倾落自由高度不超过 2.0m。如发生意外，混凝土灌注作业受阻不得超过 2h，否则按施工缝处理。衬砌混凝土施工均为机械振捣，插入式振动棒和附着式振捣器振捣密实，并避免碰撞钢筋、模板、预埋件和止水带等。振动棒插入下层混凝土 50mm 左右。

(6) 混凝土养护及整修。模筑混凝土衬砌应根据不同地段承压情况，混凝土强度分别达到设计强度的 100%、70%及 8MPa 时方可拆模。

(7) 质量保证技术措施。衬砌施工前，应对中线、高程、断面尺寸和净空大小进行仔细检查核对，准确无误符合设计要求后，方可灌注混凝土。

施工前做好地下水的封堵、引排，仰拱及基础部位的浮碴、积水必须清理干净，衬砌混凝土必须在无水情况下进行施作，以保证混凝土质量。混凝土灌注前，对模板、支架、钢筋、预埋件和止水带进行仔细检查，符合要求后方能灌注。

混凝土中掺入粉煤灰和早强剂、减水剂、引气剂，控制混凝土的水灰比，控制混凝土中水泥用量等措施，增加混凝土的密实性并减小因水化热引起的混凝土温度应力和收缩。混凝土衬砌灌注过程中，严禁损坏防水板。

检测实验中心按规定要求在灌注混凝土现场做试件，并详细填写施工记录。

(8) 注浆回填。为了确保初期支护与二次衬砌密实无空洞，在初期支护完成后、二次衬砌前对初期支护背后进行探地雷达检测，发现空洞后采取注浆回填；二次衬砌时，在拱部每隔 3m 预埋一根注浆管，注浆管采取保护措施，防止混凝土进入将其堵死，在衬砌混凝土强度达到后进行注浆，注浆材料选用水泥砂浆(水灰比 1∶1，砂灰比 2∶1)。注浆从低标高注浆孔开始，注浆压力不小于 1MPa 或高标高拱顶注浆孔冒浆为止。

第 7 章　机械开挖法隧道施工技术

7.1　盾构法

7.1.1　施工准备

1. 盾构竖井的修建

由于盾构施工是在地面(或河床)以下一定深度进行暗挖施工，因此，在盾构起始位置上要修建一个竖井进行盾构的拼装，称为盾构拼装井；在盾构施工的终点位置还需拆卸盾构并将其吊出，也要修建竖井，这个竖井称为盾构到达井或盾构拆卸井。此外，公路隧道中段或弯道半径较小的位置还应修建盾构中间井，以便盾构的检查和维修以及盾构转向。竖井一般都修建在公路隧道中线上，当不能在公路隧道中线上修建竖井时，也可在偏离公路隧道中线的地方建造竖井，然后用横通道或斜通道与竖井连接。

盾构拼装井是为吊入和组装盾构、运入衬砌材料和各种机具设备以及出碴、作业人员的进出而修建的。盾构拼装井的形式多为矩形，也有圆形。拼装井的长度要能满足盾构推进时初始阶段的出碴、运入衬砌材料及其他设备、进行连续作业与盾构拼装检查所需的空间。

盾构拼装井内设置拼装盾构的盾构拼装台，盾构拼装台一般为钢结构与钢筋混凝土结构。台上设有导轨，承受盾构自重和盾构移动时的其他荷载，支撑盾构的两根导轨，应能保证盾构向前推进时方向准确而不发生摆动，且易于推进。两根导轨的间距取决于盾构直径的大小，两导轨的支承夹角多选为 60°~90°，导轨平面的高度一般由公路隧道设计和施工要求及支承夹角大小来决定。

当盾构在拼装台上安装完成后、掘进准备工作完成后，盾构就可以进洞。竖井井壁上给盾构的预留进口比盾构直径稍大。进口事先用薄钢板与混凝土做成临时性封门，临时封门既能方便拆除又能满足承受土、水压力和止水要求。临时封门拆除后就可逐步推进盾构进洞。

盾构刚开始挖掘推进时，其推进反力要靠竖井井壁来承担。为确保盾构推进时不致因后部竖井壁面的倾斜而引起盾构起始轴心线的偏移，必须保证竖井后部壁面(后背)与公路隧道中心线的垂直度。在盾构与后背间通常采用废衬砌管片(管片顶部预留孔作为垂直运输进出口)作为后座传力设施。为保证后座传力管片刚度，管片之间要错缝，连接螺栓要拧紧，顶部开口部分在不影响垂直运输的区段须加支撑拉杆拉住。盾尾脱离竖井后，在拼装台基座与后座管片表面之间要及时用木楔打好，使拼好的后座管片平稳地坐落在盾构拼装台基座的导轨上，以保证施工安全。一般在盾构到达下一个竖井后才拆除后座管片，若公路隧道较长，盾构推力已能由公路隧道衬砌与地层间摩阻力来平衡(此时盾构至少要推进200m)，也可拆除后座管片。

盾构中间井和到达井的结构尺寸及要求与盾构拼装井基本相同，但应考虑盾构推进过程中出现的蛇行而引起盾构起始轴心线与公路隧道中心线的偏移，故应将盾构进出口尺寸做得稍大于拼装井的开口尺寸，一般是将拼装井开口尺寸加上蛇形偏差量作为中间井和到达井进出口开口尺寸。

竖井的施工方法取决于竖井的规模、地层的地质水文条件、环境条件等，常用的施工方法有明挖法、沉井法、地下连续墙法等。但施工中要注意以下问题：必须对盾构的出口区段地层、进口区段地层和竖井周围地层采取注浆加固措施，以稳定地层；当地下水水量较大时，应采取降水措施，防止井内涌水、冒浆及底部隆起；随着竖井沉入深度的增加，对井底开挖工作要特别小心，以防地下水上涌，造成淹井事故。

2. 盾构拼装的检查

盾构拼装一般在拼装井底部的拼装台上进行，小型盾构也可在地面拼好后整体吊入井内。拼装必须遵循盾构安装说明书的要求，拼装完毕的盾构，都应做如下项目的技术检查，方可投入使用。

(1) 外观检查。检查盾构外表有无与设计图不相符的部件、错件和错位件，与内部相通的孔眼是否畅通；检查盾构内部所有零件是否齐全，位置是否准确，固定是否牢靠；检查防锈涂层是否完好。

(2) 主要尺寸检查。盾构的圆度与不直度误差的大小，对推进过程中的蛇形量影响很大，因此在圆度和直度偏差方面，应满足表 7.1 和表 7.2 的要求。

表 7.1 圆度允许误差

盾构直径 D/m	内径误差/mm	
	最小	最大
$D<2$	0	+8
$2<D<4$	0	+10
$4<D<6$	0	+12
$6<D<8$	0	+16
$8<D<10$	0	+20
$10<D<12$	0	+24

表 7.2 直度允许误差

盾构全长 L/m	弯曲误差/mm	盾构全长 L/m	弯曲误差/mm
$L<3$	±5.0	$5<L<6$	±9.0
$3<L<4$	±6.0	$6<L<7$	±12.0
$4<L<5$	±7.5	$L>7$	±15.0

(3) 液压设备检查。

① 耐压试验：在规定的时间里，以液压设备允许的最高压力进行加压，检查各设备、

管路、阀门、千斤顶等有无异常。

② 在额定压力下，检查液压设备的动作性能是否良好。

(4) 无负荷运转试验检查。

① 盾构千斤顶的动作试验检查；

② 拼装机构的动作试验检查；

③ 刀盘的回旋试验检查；

④ 螺旋输送机的运转试验检查；

⑤ 真圆保持器的运转试验检查；

⑥ 其他设备的运转试验检查。

(5) 电器绝缘性能检查。检查各用电设备的绝缘阻抗值是否在有关说明规定之内，对无明确规定的用电设备，应保证其绝缘阻抗值在 5MΩ 以上。

(6) 焊接检查。检查盾构各焊接处的焊缝有否脱、裂现象，必要时进行补焊，具体规定可参见有关焊接规范。

3. 盾构施工附属设施的准备

盾构施工所需的附属设备，根据盾构机的类型、地质条件、公路隧道条件不同而异，无统一模式。一般来说，盾构施工设备分为洞内设备和洞外设备两部分。

(1) 洞外设备。在洞外必须设置所需的容量足够的设备，并确保设备用地。

① 低压空气设备。采用气压法施工时，需提供干净适宜的湿度及温度、气压和气量符合要求的空气。这些设备有低压空气压缩机、鼓风机及相应的气体输送管道、阀门、消音除尘器、净化装置等辅助设备。

② 高压空气设备。主要为开挖面的风动设备提供所需高压空气，这类设备有高压空气压缩机及相应辅助设备。

③ 土碴运输设备。这类设备包括两部分：洞内运至地面的设备，运至弃碴场的设备。

从洞内向地面运输应配的设备由运输和提升方法确定，一般为碴斗的提升起重设备、转运土碴的碴仓或漏斗、皮带运输机等其他垂直运输设备。

运至弃碴场的设备，根据土碴的物理性状与状态确定运输方式后再做选择。

④ 电力设备。洞外电力设备的重点是配备自用电源。盾构施工时，除采用双回路电源供电外，还应设置容量足以维持排水、照明、送气的自备发电机组的“自发电”最小电源。

⑤ 通信联络设备。这部分设备由保持正常工作时的联络设备与发生紧急情况的警报设备构成。这些设备除具有较好的防潮性能外，可靠性要高，而且还能安置备用通信联络设备。

(2) 洞内设备。洞内设备是指除盾构外从竖井井底到开挖面之间所安装的设备。这些设备的配置必须根据土质条件、施工方式、施工计划、开挖速度、洞外设备进行均衡考虑。

① 排水设备。公路隧道内的排水设备主要是排除开挖面的涌水、洞内漏水和施工作业后的废水，常用的有水泵、水管、闸阀等。这些设备最好能随开挖面移动，以便迅速及时地清除开挖面积水。

② 装碴设备。人工挖掘盾构是人工装碴；半机械化盾构由机械装碴；除泥水加压盾构用排泥泵出碴外，其余盾构的装碴设备一般都与皮带运输机配合使用。

③ 运输设备。盾构法的洞内运输，大多采用电力机车有轨运输方式。在进行配套时应考虑开挖土量、衬砌构件、压浆材料、临时设备、各类机械设备的运输情况和运送的循环时间，一般有电瓶机车、装碴斗车、平板车、轨道设备等。

④ 背后压浆设备。背后压浆设备随压浆方式与材料性质不同而异。无论采取何种方式压浆，都得配置足够容量的设备，应配置的主要设备有注浆泵、浆液搅拌设备、浆液运输设备、浆液输送管道和阀门等。

⑤ 通风设备。长大公路隧道除采用气压法施工外，都应设置通风设备。

⑥ 衬砌设备。衬砌设备由一次衬砌设备和二次衬砌设备构成。一次衬砌设备主要指管片组装设备，由设置在盾尾的拼装机、真圆保持器及管片运输和提升机构组成。二次衬砌设备有混凝土运输设备、衬砌模板台车、混凝土灌注设备、振捣器等。

⑦ 电气设备。洞内电气设备由动力、照明、输电、控制等设备组成。

⑧ 工作平台设备。工作平台紧跟盾构并与其相连接，是一次衬砌、背后注浆及排水设备、配电控制设备和盾构液压系统泵组的安装固定场所，随盾构前进安放在后续台车上。为减少后续台车对盾构的影响，也有独立自行式的台车。

7.1.2 盾构开挖与推进

1. 盾构开挖

盾构的开挖分敞胸式开挖、挤压式开挖、闭胸切削式开挖、网格式开挖 4 种方式。无论采取什么开挖方式，在盾构开挖之前，必须确保出发竖井的盾构进口封门拆除后地层暴露面的稳定性，必要时应对竖井周围和进出口区域的地层预先进行加固。拆除封门的开挖工作要特别慎重，对敞胸式开挖的盾构要先从封门顶部开始拆除，拆一块立即用盾构内的支护挡板进行支护，防止暴露面坍塌。对于挤压开挖和闭胸切削开挖的盾构，一般由下而上拆除封门，每拆除一块就立即用土砂充填，以抵抗土层压力。盾构通过临时封门后应用混凝土将管片后座与竖井井壁四周的间隙填实，防止土砂流入，并使盾构推进时的推力均匀传给井壁。有时还要立即压浆防止土层松动、沉陷。

1) 敞胸(口)式开挖

敞胸开挖必须在开挖面能够自行稳定的条件下进行，属于这种开挖方法的盾构有人工挖掘式、半机械化挖掘式盾构等。在进行敞胸开挖过程中，原则上是将盾构切口环与活动的前檐固定连接，伸缩工作平台插入开挖面内，插入深度取决于土层的自稳性和软硬程度，使开挖工作自始至终都在切口环的保护下进行。然后从上而下分部开挖，每开挖一块便立即用开挖面支护，支护能力应能防止开挖面的松动。即使在盾构推进过程中，这种支护也不能缓解与拆除，直到推进完成进行下一次开挖为止。敞口开挖时要避免开挖面暴露时间过长，所以及时支护是敞口开挖的关键。采用敞口式开挖，处理孤立的障碍物、纠偏、超挖均比其他方式容易。

在坚硬的土层中，开挖面不需要其他措施就能自稳，可直接采用人工或机械挖掘。但在松软的含水层中采用敞口式开挖，则可采用人工井点降水盾构施工法或气压盾构施工法来稳定开挖面。

(1) 人工井点降水盾构法。以人工井点降水来排除地下水稳定开挖面是一种较经济的方法，尤其适用于漏气量较大的砂性土。井点降水法是在盾构两侧土层中先打入井点管，通过井点汲水滤管把地下水抽出使井点附近形成一个降水漏斗，从而降低地下水位，疏干开挖面地层，增加土质强度，保证开挖面的稳定。这样就能使盾构在地下水位以上通过，工人就能在干燥的工作条件下进行施工。

人工井点降水开挖的最大优点是可以不用气压施工。但也有局限性，对水底隧道水中段就不能使用人工井点降水盾构法，它只能用在两岸的岸边段，且埋置深度不能太深。因为太深的话，受到降水效果不好的影响，有可能引起盾构突然下沉。此外，在两岸建筑物密集地区也不宜采用人工井点降水法，否则因降水不匀会引起建筑物不均匀沉降。

(2) 气压盾构施工法。盾构在地下水位以下开挖时，由于地下水的压力，大量的水由开挖面涌出。为防止土体的流动及开挖面的坍塌，在盾构掘进时，用压缩空气的压力来平衡水压力，进而疏干开挖面附近的地层，便于盾构掘进工作的正常进行，这种施工方法称为气压盾构施工法。

① 气压和耗气量的确定。气压大小主要取决于地下水位的高低，理论上每 10m 水头必须用 0.1MPa 的空气压力来平衡。但实际上，平衡压力的大小还与周围地层的性质、开挖面土层的干湿程度有关。例如，软土层的透气系数很小以及一部分水头压力消耗在土体孔隙的阻力上，实际施工中所需空气压力仅为理论压力的 50%~80%，所需空气量仅为理论空气量的 10%~50%。

理论上，气压的压力值若以盾构顶点作为计算点，水仍有进入盾构的可能；若以盾构底部为计算点，如图 7.1(a)所示，虽可将开挖面全面疏干，但在盾构顶部就可能出现超压(ΔP 过大，ΔP 为盾构底部和顶部的压力值差)，从而存在气流冲出地层导致整个公路隧道被水淹没的危险。故一般按盾构底部以上在盾构直径 1/3 处的地下水压力来确定气压的压力值，如图 7.1(b)所示，其计算式见式(7.1)：

$$P=\left(H+\frac{2}{3}D\right)\gamma_w \tag{7.1}$$

式中，P 为压缩空气压力值，kPa；H 为盾构顶部至计算水位高度，m；D 为盾构外径，m；γ_w 为水的容量，取 $10kN/m^3$

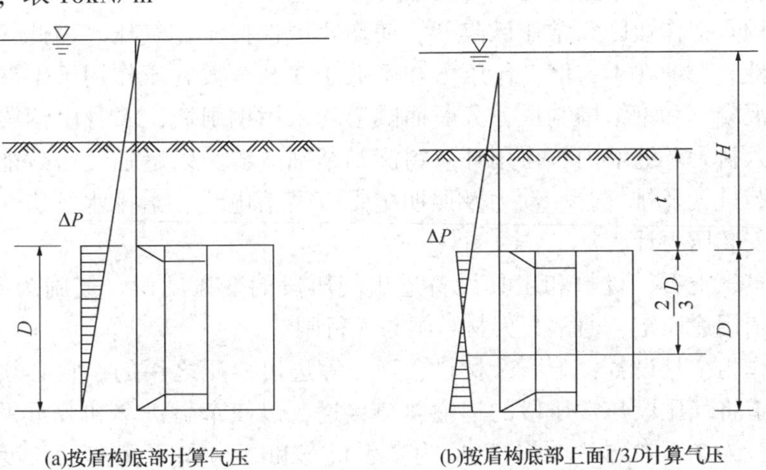

(a)按盾构底部计算气压　　(b)按盾构底部上面1/3D计算气压

图 7.1　气压盾构气压值的确定

中小型盾构可采用1/2盾构直径处的地下水压力来确定其气压压力值，其计算式见式(7.2)：

$$P=\left(H+\frac{1}{2}D\right)\gamma_{w} \tag{7.2}$$

按上述方法确定的气压值，在盾构顶部仍有(1/2~1/3)D的水部超压(ΔP)，施工时为了防止压缩空气泄出，盾构顶部必须有足够厚的覆盖土层，其计算式见式(7.3)：

$$t=\frac{\Delta P}{\gamma_{土}}K \tag{7.3}$$

式中，t为覆盖土层厚度，m；$\gamma_{土}$为土的浮容重；K为安全系数，在砂质土层中不小于1.5。

用气压盾构施工法修建水底隧道时，该t值过大则直接影响公路隧道埋置深度，增大公路隧道长度，造价、工期也相应增加；t值过小则覆盖层厚度不足，往往容易发生喷发事故，造成隧淹人亡，损失惨重。日本隧道规范规定：水底隧道的最小覆盖层厚度必须大于或等于盾构直径，覆盖层宽度应大于或等于盾构直径的6倍。若覆盖层较薄，应预先在河床底部加填黏土或在河上停泊装有黏土的驳船，以便隧道大量跑气时应急之用。实际上，在黏性土层中或用黏土人工加厚覆层时，大直径盾构能满足2/3D就可以了，例如，上海打浦路隧道盾构直径为10.2m，覆土深度为7.0m。

耗气量主要取决于盾构开挖面的漏气量、衬砌与盾尾间的漏气量、管片接缝和人员材料进出气闸时变气压的消耗量等，一般可参照已施工实践、相似地质条件用类比法确定，也可采用经验公式计算耗气量，其计算式见式(7.4)：

$$Q=\alpha D^{2} \tag{7.4}$$

式中，Q为压气耗气量，m^3/min；D为盾构外径，m；α为土质系数，当压力大于0.1MPa时，黏土性$\alpha=3.65$，砂性土$\alpha=7.30$。

此外，根据气压施工劳动保护要求，在任何情况下应保证每人的供气量不少于25m^3/h。在炎热夏季施工时，应布置压缩空气的冷却设备，使送入作业区的空气温度低于22℃。

② 气压盾构施工。气压盾构施工时，需在靠近开挖面一段长度的隧道内通入高压空气来平衡水压力。因此，在公路隧道内要设置闸墙和气闸。

闸墙的作用是把作业区和常压区隔开，使作业区保持工作气压。因此，闸墙要有足够的强度和气密性，保证在1.5倍工作压力和不低于3.5个大气压作用下不漏气。闸墙可用混凝土、钢筋混凝土和钢结构制成，大断面隧道均采用钢闸墙，墙身由钢梁及钢板组合构成，钢面板嵌入衬砌环缝槽内，再用环氧树脂黏结剂嵌缝，以增强气密效能。闸墙上要预留孔道以便安装进气及排气管、动力及照明电缆、通信电缆、给排水管道。此外，墙上还要设观察窗并安装压力计。

气闸是人员、土石、材料和工具设备进出气压段的变压闸门。气闸为圆筒形钢结构，其直径和长度依用途而定，通常分为材料闸与人行闸。

材料闸是作为工具设备、土石、材料、管片等进出变压之用的。它必须在闸门启闭范围内用活动轨道将气压段与常压段的运输轨道接通，以使牵引机车和载重平板车通过。材料闸的直径一般为2.0~2.5m，其长度应为牵引机车和2~4节平板车的长度再加上一扇气密闸门的宽度，通常为8~12m。材料闸应尽量和公路隧道施工运输轨道位于同一直线上，并保持水平，确保运输的安全与便利。材料闸变压可采用快速加压及减压，以缩短材料设备进出气闸的变压时间。因此，应在闸上设大口径进气排气管。大断面隧道可考虑设置两个材料闸，以利于运输调度。

人行闸是人员进出气压段变压的专用设备，其高度不得低于1.85m。平面面积按变压人数计，每人不得小于0.5m²。进出口门的高度不得小于1.0m，宽度不得小于0.6m。人行闸在长度方向分成内外两部分，内闸应能容纳每班施工人数，外闸供少数人员发生不适应症状后，减压出闸或减慢加压速度重新进闸之用，故内外两部分均设有气密门及单独的加减压进排气管路。人行闸内应保持清洁、干燥，设有座位、电暖器、电话、讯号及照明。大断面隧道可布置两个人行闸。这样人员进出灵活方便，又可作为事故备用闸(太平闸)。太平闸面向工作面的闸门应保持常开，又可作为测量闸使用。人行闸的加、减压时一般由闸门管理人员控制，但在必要时也可由闸内人员根据不适应情况自行控制，故加减压管应布置两套控制阀门。

所有气闸结构强度均应满足最大工作压力的1.5倍的要求，气闸室的门应向高压一边开启。沿门孔或闸门四周要嵌密封橡胶圈，当气压降至0.01MPa以下时，垫圈仍可保持良好的气密性。气闸上应安装观察窗和压力计。

③ 气压盾构施工的安全措施和医疗保护。采用气压施工时，一方面要防止压缩空气冲出公路隧道，另一方面要防止因劳动保护不当给工人健康带来不良影响及火灾事故。因此，在施工前及施工中，都必须对可能发生的情况采取严格的安全措施和医疗保护。

采取的安全措施如下：

a. 用气压盾构法进行水底隧道施工时，空气压力不得增大到静水压力或使开挖面全部疏干的水平，以防止压缩空气冒顶。处于气压下的公路隧道长度一般不得超过250~300m，当超过时，应增设辅助闸墙。若地层密实、透气量小，可根据实际情况适当延长。

b. 在不稳定地层中用气压盾构开挖两条平行隧道时，一条隧道开挖面应比另一条超前一些，以免在同一截面内扰动压力过大，但闸墙要设在同一截面内，以免从一条隧道漏入地层的压缩空气将地下水挤到另一条隧道内去。此外，为保证隧道开挖面的安全，还可以在闸墙前方50m处设置一个联络通道，并在通道内安装一个人行闸。

c. 气压工作区内空气含氧量高，故不准使用明火，严禁吸烟。若必须进行电焊和气割，要采取特别防护措施。公路隧道内要备有扑灭电火及油类燃烧用的消防器材。气压段内不准使用有毒及易挥发的化学品。

d. 为保证气压施工安全，应培训专职闸门管理工，认真操纵人行闸和材料闸，闸门控制仪表上要标明作业区气压并反映其波动情况及气压作业区人数和工作时间等。闸门管理工应按规定调整控制作业气压，并使空气有一定循环流通量，在保证开挖面空气新鲜又不起雾的前提下，尽可能减少压力波动。材料闸通过讯号联系操纵，其变压好坏及快慢将直接关系到施工运输速度和工作面气压的波动幅度。因此，材料闸和人行闸操作人员必须密切配合，迅速安全操作。人行闸的管理是气压施工的重要环节，为保证工人健康和安全，预防减压病，要严格执行气压作业工作时间及进出气闸的变压时间。

采取的医疗保护如下：

气压施工时，人的新陈代谢功能加快，容易产生疲劳。人在气压中工作时，高压空气中的氧气和氮气会不断溶解到人体的血液中。其中，氧气被人体消化吸收，而氮气则被血液带到人体各部，充满在微血管上。出闸减压时，空气压力不断降低，氮气被血液带进肺部不断排出体外，若减压过快，将无法从肺部把全部氮气排出，剩余的氮气在血管中以气泡形式存在，形成阻塞血管现象。轻者会感到关节酸痛；重者，当血栓处于大脑、心脏等部位时，会引起昏迷不醒、精神失常、血压降低、呼吸失常等危及生命的症状，这就是“减压病”，也称“沉箱病”。治疗的方法是，将病人置于医疗闸内再加压，然后按要求逐渐减压。故在气压施工时必须积极采取医疗保护措施，预防减压病的发生。

a. 气压工应由 18~50 岁的健康男性承担，压力超过 1.9 个大气压时，不得超过 45 岁。施工前应按气压工的健康要求，对工人进行严格的体格检查。施工时，还要严格执行气压作业工作时间的规定。

b. 气压工每次进闸之前，须经专业医师做例行健康观察，情况正常者方可进闸。进闸加压时应做吞咽及捏鼻鼓气动作，以使耳内外压力尽快平衡。进出气闸时，要严格控制变压时间。

c. 作业区空气应尽量保持新鲜，含氧量不得低于 20%，含二氧化碳量不得超过 0.1%，湿度应在 40%左右。要定期对作业区空气进行检验，如发现 CO、H_2S、CH_4等有害气体，要及时采取措施，加大循环风量直到符合要求为止。

d. 气压工要有良好的休息和营养条件。气压工出闸后务必洗热水澡，同时注意保暖，谨防感冒，因为感冒后耳鼻阻塞，加压时会导致耳膜充血压痛，无法进闸工作。营养条件要求食物宜高蛋白、高热量、低脂肪、富有维生素。

e. 工地要设立专门医疗站，医疗站要设治疗加压舱（医疗闸），以便及时治疗减压病人。

2）挤压式开挖

挤压式开挖属闭胸式盾构开挖方式之一，当闭胸式盾构胸板上不开口时称全挤压式，当闭胸式盾构胸板上开口时称部分挤压式。挤压式开挖适用于流动性大而又极软的黏土层或淤泥层。

全挤压式开挖，依靠盾构千斤顶的推力将盾构切口推入土层中，使切口环前方区域中的土碴被挤向盾构的上方和周围，而不从盾构内出碴。这种全封闭状态下进行的开挖工作取决于盾构千斤顶的推力并依靠千斤顶推力的不同组合来调整控制盾构的开挖作业。

部分挤压式开挖又称局部挤压式开挖。它与全挤压式开挖不同之处在于，闭胸盾构的胸板上有开口，当盾构向前推进时，一部分土碴从这个开口进入公路隧道内，进入的土碴被运输机械运走。其余大部分土碴被挤向盾构的上方和四周。开挖作业是通过调整开口率与开口位置和千斤顶推力来进行的。

无论是全挤压式开挖或部分挤压式开挖，都会造成地表隆起，但地表隆起程度随盾构埋深而异，尤其是砂质地层随着推进阻力的增大，地表隆起与盾构的方向控制都较困难。

3）密闭切削式开挖

密闭切削式开挖也属闭胸式开挖方式之一，这类闭胸式盾构有泥水加压盾构和土压平衡盾构。密闭切削式开挖主要靠安装在盾构前端的大刀盘的转动在公路隧道全断面连续切削土体，形成开挖面。密闭切削式开挖是在开挖面全封闭状态下进行的，其刀盘在不转动切土时正面支护开挖面而防止坍塌。密闭切削式开挖适合自稳性较差的土层。密闭切削式开挖在弯道施工或纠偏时不如敞口式便于超挖，清除障碍物也较困难，但密闭切削式开挖速度快，机械化程度高。

4）网格式开挖

采用这种开挖方式时，开挖面由网格梁与隔板分成许多格子。开挖面的支撑作用是由土的黏聚力和网格厚度范围的阻力(与主动土压力相等)而产生的，当盾构推进时，克服这项阻力，土体就从格子里呈条状挤出来。要根据土的性质，调节网格的开孔面积，格子过大会丧失支撑作用，格子过小会引起对地层的挤压扰动等不利影响。网格式开挖一般不能超前开挖，全靠调整盾构千斤顶编组进行纠偏。

2. *盾构推进*

进入地层后，随着工作面不断开挖，盾构不断向前推进。盾构推进过程中应保证盾构中心线与公路隧道设计中心线的偏差在规定范围内。而导致盾构偏离公路隧道中线的因素有很多，如土层不均匀、地层中有孤石等障碍物造成开挖面四周阻力不一致、盾构千斤顶的顶力不一致、盾构重心偏于一侧、闭胸挤压式盾构上浮、盾构下部土体流失过多造成盾构叩头下沉等，这些因素将使盾构轨迹变成蛇行。因此在盾构推进过程中要随时测量，了解偏差，及时纠偏。纠偏主要靠以下几个方面来综合控制。

(1) 正确调整盾构千斤顶的工作组合。一个盾构四周均匀分布有二三十个千斤顶负责盾构推进，一般应对这二三十个千斤顶分组编号，进行工作组合。每次推进后应测量盾构的位置，再根据每次纠偏量的要求，决定下次推进时启动哪些编号千斤顶，停开哪些编号千斤顶，一般停开偏离方向相反处的千斤顶(盾构已右偏，应向左纠偏，故停开左边千斤顶，开启右边千斤顶)。停开的千斤顶要尽量少，以利于提高推进速度，减少液压设备的损坏。盾构每推进一环的纠偏量应有所限制，以免引起衬砌拼装困难和对地层过大的扰动。

盾构推进时的纵坡和曲线也是靠调整千斤顶的工作组合来控制的，一般要求每次推进结束时盾构纵坡应尽量接近隧道纵坡。

(2) 调整开挖面阻力。人为调整开挖面阻力也能纠偏，调整方法与盾构开挖方式有关：敞胸式开挖可用超挖或欠挖来调整；挤压式开挖可用调整进土孔位置及胸板开口大小来实现；密闭切削式开挖是通过切削刀盘上的超挖刀与伸出盾构外壳的翼状阻力板来改变推进阻力的。

(3) 控制盾构自转。盾构在施工中由于受各种因素的影响，将会产生绕盾构本身轴线的自转现象，当转动角度达到某一限值后，就会对盾构的操纵、推进、衬砌拼装、施工量测及各种设备的正常运转带来严重的影响。盾构产生旋转的主要原因有盾构两侧土层有明显的差别、施工时对某一方位的超挖环数过多、盾构重心不通过轴线、大型旋转设备(如举重臂、切削大刀盘等)的旋转等。控制盾构自转一般采用在盾构旋转的反方向一侧增加配重的办法，压重的数量根据盾构大小及要求纠正的速度，可以从几十吨到上百吨。此外，还可以在盾壳外安装水平阻力板和稳定器来控制盾构自转。

盾构到达终点进入竖井时，应注意的问题与加固地层的方法完全与出发井情况相同。须在离终点一定距离处，检查盾构的方向、平面位置、纵向位置，并慎重修正，小心推进。否则会造成盾构中心轴线与公路隧道中心线相差太多，出现错位的严重现象。

此外，采用挤压式盾构开挖时，会产生盾构后退现象，导致地表沉降，因此施工时务必采取有效措施，防止盾构后退。根据施工经验，每环推进结束后采取维持顶力(使盾构不进)屏压 5~10min，可有效防止盾构后退；在拼管片时，要使一定数量千斤顶轴对称地轮流维持顶力，防止盾构后退。

7.1.3 盾构衬砌施工、衬砌防水和向衬砌背后压浆

1. 衬砌施工

盾构法修建的公路隧道常用的衬砌方法有预支的管片衬砌、挤压混凝土衬砌以及先安装预制管片外衬后再现浇混凝土内衬的复合式衬砌。其中，以管片衬砌最为常见。

(1) 管片衬砌施工。管片衬砌就是采用预制管片，随着盾构的推进在盾尾依次拼装衬砌环，由无数个衬砌环纵向依次连接而成的衬砌结构。

预制管片的种类有很多，按预制材料分有铸铁管片、钢管片、钢筋混凝土管片、钢与钢筋混凝土组合管片，按结构形式分有平板形管片、箱形管片。

管片接头一般可用螺栓连接，但有的平板形管片不用螺栓连接，而采用榫槽式接头或球铰式接头。这种不用螺栓连接的管片也称砌块。

管片衬砌环一般分标准管片、封顶管片和邻接管片三种，转弯时将增加楔形管片。

管片拼装可通缝拼装，亦可错缝拼装。通缝拼装是每环管片的纵向缝环环对齐，错缝拼装是每环管片的纵向缝环环错开二分之一到三分之一宽度。前者拼装方便，后者拼装麻烦但受力较好。管片拼装方法分先纵后环和先环后纵两种：先纵后环是管片按先底部后两侧再封顶的次序，逐次安装成环，每装一块管片，对应千斤顶就伸缩一次；先环后纵是管片依次安装成环后，盾构千斤顶一齐伸出将衬砌环推向已完成的公路隧道衬砌进行纵向连接。先环后纵法用得较少，尤其在推进阻力较大、容易引起盾构后退的情况下不宜采用。

管片拼装前，应做好管片质量的检查工作，检查外观、形状、裂纹、破损、止水带槽有无异物，检查管片尺寸误差是否符合要求。管片拼装结束后，除按规定拧紧每个连接螺栓外，还应检查安装好的衬砌环是否真圆，必要时用真圆保持器进行调整，以保证下一拼装工序顺利进行。盾构推进时的推力反复作用在临近几个衬砌环上，容易引起已拧紧的螺栓松动，必须对推力影响消失的衬砌环进行第二次拧紧螺栓工作，以保证管片的紧密连接与防水要求。

(2) 现浇混凝土衬砌施工。采用现浇混凝土进行盾构隧道衬砌施工可以改善衬砌受力状况，减少地表沉陷，同时可节省预制管片的模板及省去管片预制工作和管片运输工作。

目前，采用挤压式现浇混凝土衬砌施工是盾构隧道衬砌施工的发展新趋势。这种方法采用自动化程度较高的泵送混凝土通过管道输送到盾尾衬砌施工作业面，经盾构后部专设的千斤顶对衬砌混凝土进行挤压施工。在施工中，施工人员必须恰如其分地掌握好盾构前进速度与盾尾内现浇混凝土的施工速度及衬砌混凝土凝固的快慢关系。采用挤压混凝土衬砌施工时，要求围岩在施工时保持稳定，不致在挤压时变形。

2. 衬砌防水

公路隧道衬砌除应满足结构强度和刚度要求外，还应解决好防水问题，以保证公路隧道在运营期间有着良好的工作环境，否则会因为衬砌漏水而导致结构破坏、设备锈蚀、照

明减弱，危害行车安全和影响外观。此外，在盾构施工期间也应防止泥、水从衬砌接缝中流入隧道，引起公路隧道不均匀沉降和横向变形而造成事故。

公路隧道衬砌防水施工主要解决管片本身的防水和管片接缝防水问题。

(1) 管片本身防水。管片本身防水施工主要满足管片混凝土的抗渗要求和管片制作精度要求。

① 管片混凝土的抗渗要求。公路隧道在含水地层内，由于地下水压力的作用，要求衬砌应具有一定的抗渗能力，以防止地下水的渗入。因此，在施工中应做到以下几个方面：应根据公路隧道埋深和地下水压力，提出经济合理的抗渗指标；对预制管片混凝土级配应采取密实级配，设计有规定时按设计要求办理，设计无明确规定时一般按高密实度(B8)标准施工；还应严格控制水灰比(一般不大于0.4)，且可适当掺入减水剂来降低混凝土水灰比；在管片生产时要提出合理的工艺要求，对混凝土振捣方式、养护条件、脱模时间、防止温度应力而引起裂缝等均应提出明确的工艺条件；对管片生产质量要有严格的检验制度，并减少管片堆放、运输和拼装过程的损坏率。

② 管片制作精度要求。在管片制作时，采用高精度钢模，减少制作误差，是确保管片接头面密贴不产生较大初始缝隙的可靠措施。此外，由于管片制作精度不够，容易造成盾构推进时衬砌的顶碎和崩落并导致漏水。过去，钢筋混凝土管片不如铸铁或钢制管片，其主要原因就在于钢筋混凝土管片制作精度不够，容易引起公路隧道漏水。

为保证钢筋混凝土管片制作精度，在制造钢模时要采用高精度机械加工。为了保证钢模有足够刚度，以保证在长期使用过程中不变形，一般要求钢模应比管片重。

管片各部分制作精度的尺寸误差，应符合表7.3的要求。

表7.3　管片尺寸误差表

管片种类		铸铁				混凝土				钢制			
水平组装时的不圆度	管片外径/m	$D<4$	$4\leqslant D<6$	$6\leqslant D<8$	$D\geqslant 8$	$D<4$	$4\leqslant D<6$	$6\leqslant D<8$	$D\geqslant 8$	$D<4$	$4\leqslant D<6$	$6\leqslant D<8$	$D\geqslant 8$
	螺孔中心半径/mm	±5	±7	±8	±12	±7	±10	±10	±15	±7	±10	±10	±15
	外径误差/mm	±7	±10	±15	±20	±7	±10	±15	±20	±7	±10	±15	±20
各部最小厚度 a		−1.0				0							
宽度 b		±0.5				±1.0				±1.5			
弧长或弦长 c		±0.5				±1.0				±1.5			
螺孔间距 d		±0.5				±1.0				±1.0			

(2) 管片接缝防水。前述确保管片的制作精度的主要目的是，使管片接缝接头的接触面密贴，使其不产生较大的初始缝隙。但接触面再密贴，不采取接缝防水措施仍不能保证接缝不漏水。目前，管片接缝防水措施主要有密封垫防水、嵌缝防水、螺栓孔防水、二次衬砌防水等。

① 密封垫防水。管片接缝分环缝和纵缝两种。采用密封垫防水是接缝防水的主要措施，如果防水效果良好，可以省去嵌缝防水工序或只进行部分嵌缝。密封垫要有足够的承压能力(纵缝密封垫比环缝稍低)、弹性复原力和黏着力，使密封垫在盾构千斤顶顶力的往复作用下仍能保持良好的弹性变形性能。因此，密封垫一般采用弹性密封垫，弹性密封防水主要利用接缝弹性材料的挤密来达到防水目的。弹性密封垫有未定型和定型制品两种，

未定型制品有现场浇涂的液状或膏状材料，如焦油聚氨酯弹性体。定型制品通常使用的材料是各种不同硬度的固体氯丁橡胶、泡沫氯丁橡胶、丁基橡胶或天然橡胶、乙丙胶改性的橡胶及遇水膨胀防水橡胶等加工制成的各种不同断面的带形制品，其断面形式有抓斗形、齿槽形(也称梳形)等品种。一般使用的弹性密封垫有以下两类：

a. 硫化橡胶类弹性密封垫。各种形式硫化橡胶类弹性密封垫具有高度的弹性，复原能力强，即使接头有一定量的张开，仍处于压密状态，有效地阻挡了水的渗漏。由于它们设计成不同的形状，不同的开孔率和各种宽度、高度，以适应水密性要求的压缩率和压缩的均匀度，当拼装稍有误差时，密封垫可以保证有一定的接触面积防水。为了使弹性密封垫正确就位，牢固固定在管片上，并使被压缩量得以储存，应在管片的环缝及纵缝连接面上设有粘贴及套箍密封垫的沟槽。沟槽在管片上的位置、形式等对防水密封效果有直接关系，沟槽可沿管片肋面四周兜一圈，也有兜半圈(L形)及3/4圈(口形)的。一般来说，兜一圈的水密效果好，尤其是T缝及十字缝接头处。沟槽按防水要求，又分为单密封沟槽与双密封沟槽两种。沟槽断面为倒梯形，槽宽一般为30~50mm，槽深为15~30mm。沟槽尺寸要与密封垫相适应。弹性密封垫对管片的黏结面清洁度标准要求严格，本身制作成本较高，带齿槽的密封垫，由于制模困难，尤其如此。

b. 复合型弹性密封垫。复合型密封垫是由不同材料组合而成的，它是用诸如泡沫橡胶类，且以高弹性复原力材料为芯材，外包致密性、黏性好的覆盖层而组成的复合带状制品。芯材多用氯丁胶、丁基胶做的橡胶海绵(也称多孔橡胶、泡沫胶)，覆盖层多用未硫化的丁基胶或异丁胶为主材的致密自黏性腻子胶带、聚氯乙烯胶泥带等材料。复合型弹性密封垫的优点是集弹性、黏性于一身，芯材的高弹性使其在接头微张开下仍不失水密性，覆盖层的自黏性使其与接头面的混凝土之间和密封垫之间黏结紧密牢固。

需要指出的是，当施工中遇环缝错动变形时，接头产生比较大的张角和间隙，上述这些无黏结性能的定型橡胶就难以保证理想的水密性能。日本1977年推广一种单一材质的自黏性密封带弥补了这一缺陷。橡胶工厂成卷供应这种带有离型纸的半圆形密封带制品。在管片运入公路隧道之前，由专门负责的工人将密封带手工填压到密封沟内及管片角部，然后立即运去拼装，以保证管片在拼装过程中对初始缝隙起到填平补齐，对局部集中应力也有一定的缓冲和抑制作用。

② 嵌缝防水。嵌缝防水是以接缝密封垫防水作为主要防水措施的补充措施，即在管片环缝、纵缝中沿管片内侧设置嵌缝槽，用止水材料在槽内填嵌密实以达到防水目的，而不是靠弹性压密防水。

嵌缝填料要求具有良好的不透水性、黏结性、耐久性、延伸性、耐药性、抗老化性，能够适应一定变形的弹性，特别要能与潮湿的混凝土结合好，具有不流坠的抗下垂性，以便于在潮湿状态下施工。目前采用环氧树脂系、聚硫橡胶系、聚氨酯或聚硫改性的环氧焦油系及尿素系树脂材料较多。若采用两次衬砌，仅要求暂时止水，可用无弹性的价廉水泥、石棉化合物。环氧焦油系材料嵌缝效果好，对管片接缝变形有一定的适应性。此外也有采用预制橡胶条来做嵌缝材料的，此法适用于拼装精确的管片环上，具有更换方便、作业环境不污染等优点。但T缝和十字缝接头处理困难，而且要靠此完全嵌密止水也有问题，一般只能起到引水作用。

嵌缝作业在管片拼装完成后过一段时间才能进行，亦即在盾构推进力对它无影响、衬砌变形相对稳定时进行。

目前，国外发展了一种简便的嵌缝方法，即先在嵌缝槽内涂上树脂胶浆，然后嵌填适当尺寸的异形橡胶条。这种凭橡胶的复原力，可以吸收公路隧道竣工运营之后产生的振动。

③ 螺栓孔防水。管片拼装完之后，若管片拼缝螺栓孔外侧的防水密封垫止水效果好，一般就不会再从螺栓孔发生渗漏。但在密封垫失效和管片拼装精度差的部位上的螺栓孔处会发生漏水，因此必须对螺栓孔进行专门防水处理。

目前，普遍采用橡胶或聚乙烯及合成树脂等做成环形密封垫圈，靠拧紧螺栓时的挤压作用使其充填到螺栓孔间，起到止水作用。在公路隧道曲线段，由于管片螺栓插入螺孔时常出现偏斜，螺栓紧固后使防水垫圈局部受压，容易造成渗漏水。此时可采用铝制杯形罩，将弹性嵌缝材料束紧到螺母部位，并依靠专门夹具挤紧，待材料硬化后，拆除夹具，止水效果很好。

日本采用塑料螺栓孔套管，在浇筑混凝土时将其预埋在螺栓孔中，与密封圈结合起来防水，效果较好。

④ 二次衬砌防水。以拼装管片作为单层衬砌，其接缝防水措施仍不能完全满足止水要求时，可在管片内侧再浇筑一层混凝土或钢筋混凝土二次衬砌，构成双层衬砌，以使公路隧道衬砌符合防水要求。在二次衬砌施工前，应对外层管片衬砌内侧的渗漏点进行修补堵漏，污泥必须冲洗干净，最好凿毛。当外层管片衬砌已趋于基本稳定时，方可进行二次衬砌施工。二次衬砌做法各异：有的在外层管片衬砌内直接浇筑混凝土内衬砌；有的在外层衬砌内表面先喷注一层15~20mm厚的找平层后粘贴油毡或合成橡胶类的防水卷材，再在内贴式防水层上浇筑混凝土内衬。

混凝土内衬砌的厚度应根据防水和混凝土内衬砌施工的需要决定，一般为150~300mm。

二次衬砌混凝土浇筑一般在钢模台车配合下采用泵送混凝土浇筑。每段浇筑长度为8~10m。由于浇筑时公路隧道拱顶部分质量不易保证，容易形成空隙，故在顶部必须预留一定数量的压浆孔，以备压注水泥砂浆补强。此外，也有用喷射混凝土来进行内衬砌施工的。

单层与双层衬砌防水各有其特点。由于采用了二次衬砌，内外两层衬砌成为整体结构，从而达到抵抗外荷载与防水的目的，却导致了开挖断面增大，增加了开挖土方量，施工工序也复杂，使工期延长，材料增多，造价加大。目前，大多数国家都致力于研究解决单层衬砌防水技术，逐步以单层衬砌防水取代二次衬砌防水，以提高建造公路隧道的经济效益。

3. 向衬砌背后压浆

为了防止公路隧道周围土体变形，防止地表沉降，在盾构隧道施工过程中，应及时对盾尾和管片衬砌之间的建筑空隙进行充填压浆。压浆还可以改善公路隧道衬砌的受力状态，使衬砌与周围土层共同变形，减小衬砌在自重及拼装荷载作用下的椭圆率。用螺栓连接管片组成的衬砌环，接头处活动性很大，故管片衬砌属几何可变结构。此外，在公路隧道周围形成一种水泥连接起来的地层壳体，能增强衬砌的防水效能。因此，只有在那些能立即填满衬砌背后空隙的地层中施工时，才可以不进行压浆工作，如在淤泥地层中闭胸挤压施工。

压浆可采用盾壳外表上设置的注浆管随盾构推进同步注浆，也可由管片上的预留注浆孔进行压浆。压浆方法分一次压注和二次压注两种，后者是指盾构推进一环后，立即用风动压注机(0.5~0.6MPa)通过管片压浆孔向衬砌背后压注粒径为3~5mm的石英砂或卵石，形成的孔隙率为69%，以防止地层坍塌。继续推进5~8环后，进行二次压注，注入以水泥为主要胶结材料的浆体(配合比为水泥∶黄泥=1∶1，水灰比为0.4；或水泥∶黄泥∶细砂=1∶2∶2，水灰比为0.5，坍落度为15~18cm)，充填到豆粒砂的孔隙内，使之固结，注浆压力为0.6~0.8MPa。一次压注因为地层条件差，盾尾空隙一出现就会发生坍塌，故随着盾尾的出现，立即压注水泥砂浆(配合比为水泥∶黄砂=1∶3)，并保持一定压力。这种工艺对盾尾密封装置要求较高，盾尾密封装置极易损坏，造成漏浆。此外，相隔30m左右还需进行一次额外的控制压浆。压力可达1MPa，以便强迫充填衬砌背后遗留下来的空隙。若发现明显的地表沉陷或公路隧道严重渗漏时，局部还需进行补充压浆。

压浆要左右对称，从下向上逐步进行，并尽量避免单点超压注浆，而且在衬砌背后空隙未被完全充填之前，不允许中途停止工作。在压浆时，除将正在压注的孔眼及其上方的压浆孔的塞子取掉外(用来将衬砌背后与地层之间的空气挤出)，其余压浆孔的塞子均需拧紧。一个孔眼的压浆工作一直要进行到上方一个压浆孔中出现灰浆为止。

7.2 掘进机法(TBM法)

7.2.1 TBM法概述

1. TBM法的定义

TBM法是采用专门机械切削破岩来开挖的一种施工方法。施工时所使用的这种专门机械通常称为隧道掘进机(简称TBM)，它利用回转刀具直接切割或破碎工作面岩石来达到破岩开挖公路隧道的目的，开始于20世纪30年代，是一种专业性很强的公路隧道掘进综合机械。

隧道掘进机一般分为盾构机和岩石掘进机两种类型。盾构机主要适用于软弱不稳定地层，岩石掘进机主要适用于硬岩地层，习惯上所说的隧道掘进机就是专指这类岩石掘进机。这两种掘进机在破岩机理和需要解决的根本问题方面存在很大不同：盾构机主要利用刮刀开挖软土并解决掌子面不稳定和地表沉陷的问题，岩石掘进机主要利用滚刀解决如何高效破岩的问题。不过，现在已经开发和应用了安装滚刀和刮刀的复合盾构掘进机，以适用复杂多变的地质条件。

2. TBM的类型及构造

(1) TBM的类型。TBM由主机和后配套系统组成，主机主要由刀盘、刀具、主驱动(含主轴承)、护盾、主梁和后支腿、推进和撑靴系统、主机皮带机、支护系统等部分组成，是TBM系统的核心部分，主要完成掘进和部分支护工作。后配套系统与主机相连，由一系列彼此相连的钢结构台车组成，其上布置液压动力系统、供电及电气系统、供排水系统、通风除尘系统、出碴系统等。

TBM一般可分为开敞式TBM和护盾式TBM两大类型，护盾式TBM根据盾壳的数量又有单护盾 TBM 和双护盾 TBM 之分。一般而言，开敞式 TBM 适用于硬岩隧道，护盾式 TBM 适用于软岩隧道。这两种 TBM 的主要区别在于：开敞式 TBM 依靠隧道围岩的坚硬壁面来提供所需的顶推反力与刀盘的扭矩力，而护盾式 TBM 则可利用尾部已经安装好的衬砌管片作为推进的支撑，或同时可以利用岩壁、管片衬砌来获得反力。

（2）TBM 主机基本构造。

① 开敞式 TBM。开敞式 TBM 又称为支撑式 TBM，目前主要有两种结构形式：单水平支撑 TBM 和双水平支撑 TBM。

单水平支撑 TBM 的主梁和切削刀盘支架是掘进机的构架，为其他构件提供安装支点。切削刀盘支架的前部安装主轴承和大内齿圈，它的四周安装了刀盘护盾，利用可调式顶盾、侧盾和下支撑保持一种浮动支承，从而保证了切削刀盘的稳定。主梁上安装推力千斤顶和支撑系统。由于每侧只采用了一对水平支撑，因此它在掘进过程中，方向的调整是随时进行的，掘进的轨迹是曲线。单水平支撑 TBM 的主轴承多为三轴承组合，驱动装置直接安装在刀盘的后部，故机头较重、刀盘护盾较长。

双水平支撑 TBM 机身的前后每侧有两对水平支撑，它可以沿着镶着铜滑板的主机架前后移动。主机架的前端与切削刀盘、轴承、大内齿圈相连接，后端与后下支撑连接，推进千斤顶借助水平支撑推动主机架及切削刀盘向前。布置在水平支撑后部的驱动装置通过传动轴将扭矩传到切削刀盘。在掘进中由两对水平支撑撑紧洞壁，因此掘进方向一经定位，只能沿着直线掘进，只有在重新定位后，才能调整方向，所以掘进机轨迹是折线。

开敞式 TBM 结合工程实践中取得的丰富经验，仍在不断改进和发展。例如，有的将双水平支撑改为 X 形支撑或 T 形支撑，也有的将切削刀盘三轴承组合形成前后两组轴承的筒支型。

② 护盾式 TBM。在 TBM 的发展过程中，针对开敞式 TBM 只能用于硬岩的缺陷，陆续开发出了各种形式的护盾式 TBM，分为单护盾 TBM 和双护盾 TBM 两大类。单护盾 TBM 是专门针对软岩而开发的，只能用于软岩或开挖面自稳时间相对较短的地质条件较差的地层；而双护盾 TBM 既可以用于软岩，又可以用于硬岩。

a. 单护盾 TBM。单护盾 TBM 的主要作用是，保护掘进机本身和操作人员的安全。它靠支撑在管片上的推进千斤顶来提供反力，当向前掘进时，需要推进千斤顶紧紧地顶住已安装的管片。此时，管片的安装必须停止。当掘进了一个千斤顶冲程距离后，缩回千斤顶，让出管片拼装空间，进行又一轮的管片拼装。由此可见，单护盾 TBM 的主要缺点是，向前掘进和安装管片不能同时进行，因而降低了施工进度。

b. 双护盾 TBM。1970 年，意大利的 S. E. L. I 公司与美国的罗宾斯公司合作，将常规的硬岩掘进机与用于软岩的护盾结合起来，开发出了双护盾 TBM。

双护盾 TBM 在软岩及硬岩中都可以使用，其对地质条件的适应能力比单护盾机大为增强，尤其是在自稳条件不良的地层中施工时，优越性更为突出。它与单护盾 TBM 的区别在于：增加了一个(尾)护盾，在硬岩中施工时利用水平撑靴，支撑洞壁传递反力；在软岩中施工，则利用尾部的推力千斤顶顶推尾部安装好的衬砌管片向前推进；还可以在利用水平撑靴进行开挖的同时安装衬砌管片，从而实现了开挖与管片安装的平行作业，使得开挖和安装衬砌管片的停机换步次数减少、时间缩短，大大加快了施工进程。

3. TBM 的组成部分

(1) 刀盘。刀盘一般采用重载型整体焊接结构，包括刀盘体、面板耐磨保护、滚刀座、滚刀(包括中心刀、边刀、面刀、超挖刀)、铲斗、铲牙、出碴斗、接碴斗、喷水系统等。刀盘在顺时针旋转时切削岩石，反转则是在遇到破碎带或不稳定的岩层，刀盘被挤住时脱困之用。

(2) 主驱动。主驱动系统是刀盘转动驱动力的来源，主驱动由刀盘转接环、主轴承、大齿圈、小齿轮、法兰、内外密封结构、变速箱及驱动电机减速机等组成。主轴承是用来传递刀盘扭矩的轴承，包括内齿圈密封、驱动齿轮和带驱动的行星齿轮箱，是掘进机的最关键部件，主轴承的寿命等于掘进机的寿命。虽然掘进机具备不同类型和形式，但使用的主轴承形式基本相同。主轴承基本采用大直径、高承载力、长寿命的双轴向径向滚柱三排组合体设计。

(3) 护盾。敞开式 TBM 一般只有前盾，而双护盾 TBM 一般由前盾、后盾(支撑盾)、连接前后盾的伸缩部分和尾盾组成。

(4) 主梁(敞开式 TBM 才有)。主梁前端与主驱动变速箱连接，后端与撑靴、撑靴油缸、鞍架、推进油缸及后支撑连接，推进油缸通过主梁将掘进推力传递给主轴承。主梁一般采用低合金高强度钢焊接而成。

(5) 支撑推进系统。支撑推进系统包括撑靴、撑靴油缸、扭矩油缸、推进油缸及鞍架(仅敞开式 TBM 才有)。在掘进过程中，撑靴油缸伸出撑紧岩面，使撑靴与隧洞洞壁产生摩擦力，提供推进油缸掘进反力和扭矩油缸调向反力，并承受主机与连接桥的部分重量。掘进反力直接通过推进油缸、撑靴传递给洞壁，敞开式 TBM 主机的姿态调整和反力通过鞍架、撑靴传递给洞壁。

(6) 管片安装机(单、双护盾式 TBM 才有)。管片安装机为单体回转式，具有 6 个自由度，其移动可以进行精确控制，以保证管片安装位置的准确性。管片安装机控制分有线控制和无线控制两种，施工中主要采用无线遥控器安装管片，有线控制器作为无线遥控器出现故障时的临时设备使用。安装机也具有紧急状况下的自锁能力，可确保施工中的安全。

(7) 皮带输送系统。皮带输送系统由 TBM 输送带、第二输送带、后配套输送带和石碴排放输送带组成。在输送带转载的地方装有喷水嘴以减少粉尘。TBM 输送带在刀盘内靠近其中心线，装在前盾内随前盾一起移动，并能用液压装置使输送带后缩以便保养。TBM 输送带为液压驱动，无级调速并可反转，承载滚轴与惰轮均为软质滚轮。

(8) 钢拱架安装器(仅敞开式 TBM 有)。钢拱架安装器位于顶护盾下方，可分为钢拱架拼装环(齿圈旋转机构)和撑紧环(撑紧臂)两部分。钢拱架拼装环采用齿轮齿圈驱动，固定在主驱动变速箱上；撑紧环可以掘进前后行走，径向撑紧收缩。钢拱架拼装环可安装由型钢组成的环形钢拱架，并对各段钢拱架进行定位、卡位旋转并逐节拼装。撑紧环可抓取拼装好的整环钢拱架，并前后移动定位，最后通过撑紧臂径向撑开或收缩，将钢拱架撑紧在洞壁上。

(9) 锚杆钻机(仅敞开式 TBM 有)。锚杆钻机安装在 L1、L2 区。L1 区安装在钢拱架安装器后面，L2 区安装在喷浆机械手前方。锚杆钻机的主要部件为液压冲击式凿岩机。

(10) 混凝土喷射系统(仅敞开式 TBM 有)。混凝土喷射系统安装在 L1、L2 区。系统包括混凝土罐体吊机、混凝土喷射泵、液压泵站、控制系统、喷射臂、旋转小车、旋转支撑架等。一般具有以下特点：机械手喷头满足各个方向喷浆要求，喷射臂角度范围满足喷浆设计要求，伸缩臂的行程大于一个掘进行程要求。

(11) 超前地质预报系统。超前钻探和超前地质加固是 TBM 必备的辅助施工手段。TBM 配置超前地质预报系统，用于地质超前探测和不良地质的处理，能有效防止重大事故的发生，保证 TBM 施工的安全和效率。目前，成熟的超前地质预报系统有 BEAM 系统、ISIS 系统、TSAT 系统。具体采用何种系统，应由相关技术人员根据工程特点有针对性地选择。

(12) 超前钻机。超前钻机由液压凿岩机、推进梁、动力站、控制系统、钎具等组成，能实现超前锚杆、超前管棚、超前预注浆、地质预判等功能。超前钻机可根据工程实际特点选装。

(13) 后配套拖车。后配套拖车多采用门架式结构，布局需保证人员通道、物料运输通道畅通。行走方式可采用轮式或轨式。在后配套拖车上布置 TBM 工作所需的机械、电气设备、液压辅助设备，以及支持掘进机作业的各种设备，如皮带输送机、除尘器、通风管、集中油脂润滑系统、豆砾石回填系统、水泥浆搅拌注入系统、电气控制柜、液压动力装置、变压器、空压机、水系统以及电缆卷筒、水管卷筒等。

4. TBM 施工方法及类型选择

(1) TBM 施工方法选择。TBM 法虽然具有掘进速度快、工作效率高、施工安全、施工环境好等优点，它有很多成功的先例；但是 TBM 法也具有对不良工程地质条件适应性差的特点，而对这些条件如重视不够，也会给工程带来巨大的损失，甚至得不偿失。这在瑞士高达隧洞、印度 Dul Hasti 引水隧洞、中国台湾北宜高速坪林隧洞和云南昆明掌鸠河引水工程上公山隧洞等类似工程中也有体现。TBM 掘进引以为傲的高速度也大多是在地层相对稳定、岩石强度适中、地下水不太丰富的地层掘进施工中诞生的。

选择 TBM 施工工法时应有以下认识：第一，没有可以适应任何地质条件的 TBM；第二，每种 TBM 都有各自的优缺点；第三，除非避免不了，尽量不使用 TBM 法开挖本该由钻爆法开挖的洞段，即不排除对极端不良地质洞段采用钻爆法通过的可能。选型主要考虑以下主要因素：工程地质条件分析、掘进性能比较、工期要求、工程造价和经济性等。

① 敞开式 TBM 与护盾式 TBM 掘进性能比较。敞开式 TBM 与护盾式 TBM 性能比较见表 7.4。

表 7.4　敞开式 TBM 与护盾式 TBM 掘进性能比较表

TBM 类型	护盾式	敞开式
衬砌形式	管片衬砌	非管片衬砌
围岩暴露期	较短	较长
洞内通风、出碴和材料运输的空间布置	小断面隧洞布置较难；大断面隧洞布置较容易	较易
对围岩的观察和处理	较难	较易

续表

TBM 类型	护盾式	敞开式
适应性	范围更广，Ⅱ～Ⅴ级围岩均适应，通过两种工作模式减少了对围岩的依赖程度	相对而言对围岩的依赖程度很高，一旦洞壁无法提供支撑反力，只能依靠人为措施
安全可靠性	提高设备和人员安全	设备和人员更多地面临岩爆、突涌水等的威胁
技术先进性	融合了支撑盾和盾构的各自相对优势并独立发展，积累了丰富成熟经验	相对于大直径断面一次支护的配套工艺，在很大程度上制约了 TBM 快速掘进的优越性
开挖直径(在衬砌厚度相同时)	较小	较大
设备投资	较高	较低
开挖单价和刀具费用	视围岩岩性而定	偏高
经济性	缩短了工期带来的经济性	增加了二次初砌工期

② 隧洞衬砌设计要求。采用 TBM 施工的岩石隧洞工程，在隧洞设计时都要将机器类型选择与隧洞衬砌类型结合起来进行决策。若采用管片衬砌，则采用护盾式 TBM；采用非管片衬砌，则采用敞开式 TBM。管片衬砌类型主要根据隧洞用途与设计要求、工程地质与水文地质条件、管片与模具制作技术及其与其他衬砌方法的成本比较等方面综合分析后确定。

隧洞必须采用预制混凝土或者混凝土衬砌，优先选用护盾式 TBM。在后期管片设计时，根据围岩各项指标对预制混凝土管片相关细节进行研究和优化，以确定最安全、经济的管片类型。

③ 施工进度要求。采用何种形式的 TBM，须根据地质资料优选。但在围岩较稳定的隧洞段进行掘进施工时，刀盘及其上安装的破岩刀具基本相同，敞开式和双护盾 TBM 的掘进速率基本一致。而需要衬砌的隧洞，如果采用管片衬砌，采用护盾式 TBM 掘进，管片安装时间不占直线工期，管片安装与掘进基本同步，在隧洞开挖贯通同时，管片衬砌同步完成；而如果采用敞开式 TBM，除需要进行大量的临时支护外，根据围岩的破碎情况，TBM 经常需要停止掘进，等围岩支护完成后再继续掘进。而且在掘进支护完成后，还需要在后面进行常规衬砌。无疑采用敞开式 TBM 掘进，总工期比双护盾 TBM 要长，而且如果在掘进过程中进行常规混凝土衬砌，其受到的施工干扰相对较大。

④ 经济性比较。对于 TBM 施工隧洞，TBM 类型的选取应从地质、工期、施工成本、工程设计和现场条件等角度进行综合分析确定。敞开式 TBM 通常用于围岩稳定的隧洞的开挖。一般认为，若隧洞总长度中超过 80%是稳定的，则考虑采用敞开式 TBM，或岩石质量指数(RQD)为 50%～100%、节理长度小于 60cm，首选敞开式 TBM。在软弱围岩条件下，敞开式 TBM 的支护量大，并限制了撑靴的支撑能力，影响掘进进程。因此，一般软弱围岩所占长度比例较大时，应考虑选用双护盾 TBM；若软弱围岩占比较大，占隧洞总长度比例绝大部分，撑靴难以支撑时，需要选用单护盾 TBM。由于护盾式 TBM 盾体较敞开式 TBM 长，围岩自稳时间较短，在选型时要权衡比较，并有相应的处理措施。

从工期角度来看，由于敞开式 TBM 一般是掘进贯通后再进行模筑衬砌，而双护盾 TBM 是在掘进的同时完成预制管片的衬砌，因此，双护盾 TBM 往往占有工期优势。

从施工成本来看，一般双护盾 TBM 比敞开式 TBM 设备成本略高，而且双护盾 TBM 需要很大的管片预制厂，所需管片模具和人员费用较高、场地较大，需要考虑现场是否有足够的管片加工、存放场地及运输条件。综合考虑，一般采用双护盾 TBM 施工比采用敞开式 TBM 施工增加 10%~20%的工程成本。如果选择敞开式 TBM，造型设计时应重点考虑支护设备的配置及能力，如超前钻机、锚杆钻机、钢拱架安装器、挂网设施、混凝土喷射装置等。而护盾式 TBM 需要加强考虑护盾设计、推进系统、辅助推进系统、脱困扭矩、管片安装器、豆砾石喷射系统和灌浆系统等。

⑤ 选择 TBM 的其他适用边界条件。根据 TBM 施工作业的特点，拟采用 TBM 施工的各类隧洞工程还需考虑影响 TBM 布置的现场地形、排水、围岩、使用寿命等基本条件是否满足。

a. 隧洞进出口的施工场地条件。进出口场地应尽量开阔和平坦，不仅应满足 TBM 设备安装、拆卸、进料、出碴和交通需要，还应具备布置生产生活营地和混凝土预制厂等条件。在不具备布置支洞条件的隧洞可考虑采用 TBM 施工。

b. 隧洞纵坡及施工排水条件。在纵坡较大的隧洞中采用 TBM 施工，若存在富水洞段，为便于施工排水自流出洞，须将 TBM 逆坡布置、逆坡掘进，防止出现断电现象时 TBM 设备被淹没和与此有关的其他人身伤害事故。

c. TBM 围岩适用条件。受 TBM 机型限制，硬岩 TBM 不宜承担软土隧洞的掘进。在特殊围岩隧洞段，如膨胀岩洞段、具有软土充填的岩溶洞穴发育段等，TBM 适应能力较弱。当某一隧洞确定采用 TBM 方案时，若局部洞段存在上述情况，须采取具有针对性的施工预案或措施。

d. TBM 使用寿命。在一般情况下，每台 TBM 平均使用寿命为 20~25km。因此，在超长隧洞中使用 TBM 时，应对其掘进长度留有余地。

e. 其他因素影响。包括不可抗拒因素（如地震、火山、洪水）和特殊地质因素（如放射性地层、有害气体、有害水质）等方面，这些对 TBM 布置的影响也是不容忽视的。

(2) TBM 类型选择。在确定了长大隧洞采用 TBM 法施工后，就要决定选择哪一类 TBM。TBM 可分为敞开式、单护盾、双护盾等，主要根据工程地质和水文地质条件、隧洞设计要求、支护与衬砌形式等综合分析结果确定。

① 敞开式 TBM 适用范围。敞开式 TBM 在掘进过程中如果遇到局部不稳定的围岩，可以利用其附带的辅助设备，通过安装锚杆、喷锚、架设钢拱架、加挂钢筋网等方式予以加固；当遇到局部洞段软弱围岩及破碎带时，则 TBM 可由附带的超前钻机与注浆设备，预先加固前方上部周边围岩，待围岩强度达到可自稳状态后再掘进通过。掘进过程中可直接观测洞壁岩性变化，便于地质描绘。永久性衬砌待全线贯通后施工作业或者采用新兴的同步衬砌施工技术。敞开式 TBM 主要适用于整体较完整、有较好自稳性的中硬岩地层（单轴干抗压强度为 50~350MPa）；当采取有效支护手段后，也可适用于软岩隧洞。

② 单护盾 TBM 适用范围。单护盾 TBM 主要适用于复杂地质条件的隧洞。施工时，人员及设备完全在护盾的保护下工作，安全性好。当隧洞以软弱围岩为主、抗压强度较低时，适用于护盾式 TBM，但如果采用双护盾 TBM，由于护盾盾体相对于单护盾 TBM 长，而且大

多数情况下都采用单护盾模式工作，无法发挥双护盾 TBM 的作业优势。单护盾 TBM 盾体短，更能快速通过挤压收敛地层段；从经济角度来看，单护盾 TBM 比双护盾 TBM 造价低，可以节约施工成本。

单护盾 TBM 适用于软岩(岩石单轴抗压强度小于 50MPa)隧洞的掘进。

③ 双护盾 TBM 适用范围。当围岩有软有硬同时又有较多的断层破碎带时，双护盾 TBM 具有更大的优势。在硬岩状态下，支撑盾上安装的撑靴撑紧洞壁，为掘进施工提供反力；在软岩状态下，洞壁不足以承受撑靴压力，则利用尾盾的辅助推进油缸顶推在已经拼装好的管片上，为掘进提供反力。

双护盾 TBM 具有两种掘进模式，能有效切削单轴抗压强度 5~250MPa 的岩石(30~120MPa 最为理想)。

护盾式 TBM 实现了边掘进边衬砌，但是单护盾 TBM 在单护盾模式下掘进时，掘进和管片拼装交替进行；双护盾 TBM 在双护盾模式下掘进时，可以在掘进施工的同时完成管片拼装。

7.2.2 TBM 步进与始发掘进

1. TBM 步进

TBM 步进通常分为始发步进(自装配场地前进到掘进工作面的过程)、通过步进(通过已施工洞段的过程)和贯通步进(贯通后前进到拆除场地的过程)等。步进通常采用油缸推进、弧形滑道步进的方式进行，也有采用电机驱动、整体托架轨道步进的方式。

(1) 油缸推进、弧形滑道步进方案流程。

① 施工准备。包括掘进始发段施工、导向槽施工、步进推力油缸安装、洞口场地硬化、出发导向槽施工、弧形钢板制作、TBM 组装调试、滑行支撑架安装。

② 步进推力油缸步进一个行程，同时推力油缸伸出，推动 TBM 主机前进一个行程。

③ 举升油缸举升 TBM 主机，使主机脱离弧形钢板，同时后支撑腿伸出。

④ 步进油缸收缩，牵引弧形钢板沿滑道步进一个行程，同时主机推力油缸收缩牵引滑行支撑架步进一个行程，带动后配套牵引油缸伸长。

⑤ 举升油缸收缩，后支撑腿收缩。

⑥ 后配套牵引油缸收缩，后配套步进一个行程，安装仰拱预制块，铺设轨道，预制块注浆，进行下一循环。

(2) 电机驱动、整体托架轨道步进方案流程。

① 施工准备。包括掘进始发段施工、隧洞底面整体式轨道垫层施工、洞口场地硬化、整体式轨道加工安装、整体式托架加工安装、TBM 组装调试。

② 后支撑腿支撑地面，同步电机带动整体托架，拖动主机步进一个行程，同时后配套牵引油缸伸长一个行程。

③ 锁定整体式托架行走轮，收起后支撑腿，收缩后配套油缸带动后配套步进一个行程。

④ 安装仰拱预制块，铺设轨道，预制块注浆，进行下一循环。

(3) 步进注意事项。

① 防止盾体翻滚的措施。为防止 TBM 步进过程中(尤其是双护盾)可能发生的翻滚，

需要在 TBM 前盾位置增加防翻滚托架。在步进时，如果盾体滚动较大、托架底部与滑行基础面相接触，采用千斤顶调校。

② 连接桥的改造。连接桥台车轮组需根据实际解决台车轮组的滑移问题，以适应始发洞前期土建要求。

③ TBM 步进时应安排人员密切跟踪，观察各机构的连接是否可靠，台车之间的连接是否到位，周边空间是否有障碍物。有问题要及时用对讲机与操作室联络，及时处理。

④ TBM 步进时，要注意滑行基础是否下沉，如果下沉严重要及时进行处理，如采用铺钢板等措施。

⑤ 步进换步的调向量不可过大，每次换步前根据测量数据进行微调，使 TBM 始终沿隧洞中心步进。如果偏差过大，需要分多次微调，缓慢纠正。

2. TBM 始发掘进

TBM 在步进到达工作面后准备始发掘进。TBM 在掘进过程中要克服刀盘破碎岩石的反扭矩及推进油缸的反推。始发需做好以下几个准备工作：提供掘进和换步反力，并事先为设备提供好反力；对于护盾式 TBM，还需要注意首环管片的安装质量；掘进参数控制。

(1) 提供掘进和换步反力。TBM 始发掘进按双护盾掘进模式，其反力基础有两个，其中一个为撑靴提供支撑反力，主要利用钻爆开挖面，但是由于钻爆开挖面凹凸不平，需按撑靴形状及尺寸现浇混凝土作为撑靴基础；另一个是在辅推油缸位置安装反力架，由反力架向辅推油缸提供反作用力，并为初始环管片安装提供支撑。

(2) 始发洞段长度。反力架安装位置至始发掌子面长度按 TBM 主机尺寸确定，其长度为 TBM 主机长度。

(3) 掘进参数。由于始发掌子面凹凸不平，为保证刀盘和刀具平衡受力，当撑靴支撑到基础混凝土面上时，缓慢推进，主推压力不能过大。刀具贯入度控制为 3mm/r。

(4) 始发环管片安装(针对护盾式 TBM)。护盾式 TBM 始发环管片的安装姿态决定着后续管片安装的质量，所以始发环安装时需要校正初始断面，确定管片成形的圆度及同洞轴线的同轴度。在安装前采用全站仪对螺栓孔位置和初始断面进行放点，使管片就位后的每个螺栓孔都有对应的点，确保每个孔位方位准确，使管片安装时有参考位置。对初始断面放点时，因为反力架在安装就位后整体上不在同一垂直面上，容易造成每片管片在断面方向错台，为后续管片的安装造成困难。因此，对初始断面放点，使用工字钢及钢板调整出一个标准的垂直断面。完成每片管片的安装后，都要确保辅助推进油缸有效接触管片，防止管片下沉，因为管片只有环向有螺栓固定，容易发生危险。同时，为了保证每片之间不错台，在两片靠近连接缝中间的位置，打膨胀螺栓，用 10 号槽钢将两片管片固定在一起，从而保证管片成形后的圆度。

(5) 始发换步。始发换步要控制换步推力，换步推力不能超过反力架承受力。

(6) 始环管片回填(针对护盾式 TBM)。在管片拼装完成换步出尾盾后，管片与洞室顶部及左右两侧的底角都会形成空隙，为了管片成形后的稳定性，须在换步时对始环管片进行回填。由于管片与岩面凹凸不平，须采用立模封堵的方案对管片后空隙进行回填，回填可以采用混凝土、砂浆或豆砾石等。

7.2.3 TBM 掘进施工与衬砌施工

1. TBM 掘进施工

1）破岩机理

TBM 掘进破岩时，由刀盘驱动系统驱动装有若干滚刀的刀盘旋转，并由推进系统给刀盘提供推进力，刀盘上的滚刀在巨大推力和回转力矩作用下切入岩石，不同部位的滚刀在岩面上留下不同半径的同心圆切槽轨迹。滚刀对岩石实施压、滚、劈、磨的作用，达到破碎岩石的目的。岩石的破碎是压裂、胀裂、剪裂、磨碎的综合过程。刀具在完整岩石中的具体破岩过程如下：

① 刀具的刀刃在巨大推力作用下切入岩体，形成割痕。刀刃顶部的岩石在巨大压力下急剧压缩，随着刀盘的回转、滚刀滚动，这部分岩石首先破碎成粉状，积聚在刀刃顶部范围内形成粉核区。

② 刀刃侵入岩石和刀刃的两侧劈入岩体，在岩石结合力最薄弱处产生多处微裂纹。

③ 随着滚刀切入岩石深度的加大，岩粉不断充入微裂纹。由于微裂纹端部容易应力集中，微裂纹逐渐扩展成显裂纹。

④ 当显裂纹与相邻刀具作用产生的显裂纹交汇，或显裂纹发展到岩石表面时，就形成了岩石断裂体。岩石断裂体一般呈以下特点：

a. 厚度 $\delta=50$mm。

b. 宽度 $a=\lambda$(刀间距)$-b$(刀刃宽)。

c. 长度 $l\approx100$mm。

d. 裂纹角 $\alpha=18°\sim30°$。

⑤ 在断裂体从掌子面落入洞底进入铲斗时，由于断裂体与刀盘及相互间的碰撞作用，又会产生新的碎裂体和岩粉。

2）循环作业原理

TBM 的掘进循环由掘进作业和换步作业交替组成。在掘进作业时，掘进机刀盘进行的是沿公路隧道轴线做直线运动和绕轴线做单向回转运动的复合螺旋运动，被破碎的岩石由刀盘的铲斗落入胶带机向机后输出。

(1) 开敞式 TBM 掘进循环过程。

第一步：循环开始时，支撑部分已移动到主机架的前端，并撑紧在洞壁上。TBM 正确定位于线路规定的方向和坡道上。前下支撑与底部的岩面轻微接触，提起后下支撑。刀盘转动，推进液压缸活塞杆回缩，使工作部分向前推进一个行程，此步为掘进工况。

第二步：支撑部分移位换步。在向前推进到达一个行程终点处时，刀盘停转，后下支撑伸出顶到仰拱上，仰拱刮削装置从浮动位置转换到支承位置，二者承重。当 TBM 两端支好后，收缩支撑靴板离开洞壁，收缩推进缸，将水平支撑向前移一个行程，此步为换步工况。

第三步：支撑部分再到位后，用仰拱刮削装置和后下支撑调整纵向坡度。后支撑靴顶住岩壁，后下支撑提起，用后支撑靴在水平面内调定 TBM 的方向。然后，前支撑靴伸出，又重新撑紧在洞壁上。此后，收回后下支撑。此时，前下支撑与底部岩面又转换成浮动接触状态，刀盘切削头再次转动，TBM 准备下一个掘进循环。

（2）护盾 TBM 掘进循环过程。护盾 TBM 是从开敞式 TBM 延伸演变而来的掘进机，它既能用于岩石能自稳并能提供支撑条件下的掘进，也能用于能自稳但不能提供支撑的岩石的掘进，即护盾 TBM 有两种掘进循环模式：双护盾掘进模式和单护盾掘进模式。

① 双护盾掘进模式。双护盾掘进模式可在稳定可支撑的岩石掘进中采用，此时，掘进机的辅助推进缸处于全收缩状态，不参与掘进。与开敞式掘进一样，一个循环作业分为掘进作业和换步作业。

a. 掘进作业：伸出水平支撑靴，撑紧在洞壁上，启动胶带机，旋转刀盘，伸出主推进液压缸，将刀头和前护盾向前推进一个行程，实现掘进作业。推进作业的同时，在后护盾侧安装预制的混凝土管片。

b. 换步作业：当主推进液压缸推满一个行程后，刀盘停转，收缩水平支撑离开洞壁，收缩主推进液压缸，将掘进机后护盾前移一个行程，完成换步作业。至此已完成一个循环作业。

在双护盾掘进模式下，混凝土管片安装与掘进可同步进行，成洞速度快。

② 单护盾掘进模式。在能自稳但不可支撑的岩石中掘进时，可采用单护盾掘进模式。此时，掘进机的主推进缸处于全收缩状态，并将支撑靴板收缩到与后护盾外圆一致，前后护盾连成一体，跟双护盾 TBM 掘进循环一样。

a. 掘进作业：旋转刀盘，伸出辅助推进缸撑在管片上掘进，将掘进机向前推进一个行程。

b. 换步作业：刀盘停转，收缩辅助推进缸，安装混凝土管片。至此已完成一个循环作业。

在单护盾掘进模式下，混凝土管片安装与掘进不能同时进行，掘进效率较低。

3）TBM 掘进操作与控制

（1）TBM 掘进操作过程。掘进机的掘进操作是通过主控制室来进行的，因此，该控制室是完成各项工作的控制核心。TBM 主控室的操作过程可分为以下五步：

① 启动准备。启动前要考虑电、风、水是否已安全正确地输送到机器上，首先核实洞外中压电源是否输送到机器的变压器上，变压器的一次侧断路器是否已经接通。电源接通后还要确认洞外的净水是否已经接通并送入洞内，同时确认洞外新鲜风机是否启动并把新鲜风送入机器尾部。电、水、风已具备后，则准备工作完毕。

② 启动。在确认控制电压接通后，启动净水泵(正常水压应在 0.7MPa 左右)，启动风机(可通过成组启动按钮成组启动，亦可单独启动)，启动液压动力站(与风机的启动方式相同，液压动力站可成组启动，亦可单独启动)，空气压缩机的启动要到其配电柜处的操作面板启动。

③ 掘进。开始掘进前，确认以下工作：风机启动，泵站启动，电机启动，输送带启动，水系统正常，刀盘油润滑、脂润滑正常；外机架已经前移并撑紧，后支承已经收起并前移，护盾夹紧缸已经夹紧，后配套系统已经拖拉完毕，条件具备后，开始掘进。

④ 换步和调向。掘进机通常配置激光导向系统，掘进过程中可以随时监测掘进机的方向和位置。通过激光束射在掘进机激光靶面位置点，经过电脑模块精确计算，提供掘进机

在掘进过程中的准确位置。操作人员根据导向系统显示屏幕提供的当前位置数字显示，预置位置和导向角来调整掘进机掘进方向。

⑤ 停机。掘进一个循环后，PIC 系统根据传感器的信号自动停止推进。控制刀盘后退 3~5cm，使刀圈离开岩面，并根据余碴量的大小使刀盘旋转若干时间。然后停止刀盘喷水，停止刀盘旋转，停止电机，待输送带上的碴基本出完之后，停止输送机。以上控制的相应按钮与启动时的按钮对应。与此同时，可以进行后配套的拖拉工作。

（2）TBM 掘进模式的选择。TBM 主控室的工作模式有自动控制推进模式、自动控制扭矩模式和手动控制模式三种，操作人员根据岩石状况来决定选择何种操作模式。在均质硬岩条件下，应选择自动控制推进模式，这样设备既不会过载，又能保证有最高的掘进速度。选择此种工作模式的判断依据是：如果掘进时，推力先达到最大值，而扭矩未达到额定值时，可判定为硬岩状态，则可选择自动控制推进模式。

在均质软岩条件下，一般推力都不会太大，刀盘扭矩的变化是主要的。此时，应选择自动控制扭矩模式，这样设备既不会过载，又能保证有最高的掘进速度。选择此种工作模式的判断依据是：如果掘进时，扭矩先达到额定值，而推力未达到额定值或同时达到额定值，可判定为软岩状态，加之地质较均匀，则可选择自动控制扭矩模式。

如果不能肯定岩石状态，或岩石硬度变化不均匀，或存在断层破碎带等情况，必须选择手动控制模式，靠操作者来判断岩石的属性。

（3）TBM 掘进参数的选择。不同的地质条件，TBM 的推力、刀盘扭矩、刀盘转速、推进速度等掘进参数是不同的。虽然掘进机配有自动操作模式，但实际中岩石往往均匀性差，因而在掘进过程中通常采用手动控制模式，根据地质条件的变化及时调整 TBM 掘进参数。

① 推力。在硬岩条件下，推进压力一般达到额定压力的 75%；当进入软弱围岩过渡段时，推进压力呈反抛物线形态下降，下降时间与过渡段长度成正比；当完全进入软弱围岩时，压力趋于相对平稳，此时掘进速度一般维持在 40%左右。

② 刀盘扭矩。在硬岩情况下，刀盘扭矩一般取为额定值的 50%；进入软弱围岩过渡段时，扭矩有缓慢上升的趋势，上升时间与过渡段程度成正比；当完全进入软弱围岩时，扭矩值一般小于额定值的 80%。

③ 刀盘转速。在硬岩情况下，刀盘转速一般为 5.4~6.0r/min；当进入软弱围岩过渡段后期时，调整刀盘转速为 3~4r/min；当完全进入软弱围岩时，刀盘转速维持在 2.0r/min 左右。

④ 推进速度(贯入度)。在硬岩条件下，推进速度一般为额定值的 75%，贯入度一般为 9~12mm；当进入软岩过渡段时，贯入度有微小的上升趋势；当完全进入软弱围岩时，贯入度一般稳定在 3~6mm。

2. TBM 衬砌施工

用 TBM 施工的公路隧道，其支护结构一般是由初期支护(或临时支护)和二次衬砌组成的。采用 TBM 施工，由于开挖工作面为掘进机刀盘所遮蔽，很难直接对围岩进行观察和判断。另外，TBM 机身有一定的长度，使得初期支护的位置要滞后开挖面一段距离。因此，采用不同类型的 TBM 施工时，就要求采用不同的支护形式。一般在充分进行地质勘探后，在公路隧道设计阶段就应确定基本支护形式。例如引水隧道，为保证输水的可靠性，要求支护对围岩有密封性，所以大都采用护盾式 TBM 进行管片衬砌的结构类型；对于一般公路隧道，除进行初期支护外，视地质情况可采用二次喷射混凝土或二次模筑混凝土作为永久衬砌，也可直接采用管片衬砌。不管采用何种类型的衬砌，为了安放轨道运碴，都必须设置预制仰拱块，它也是衬砌结构的一部分。

（1）复合式衬砌。使用开敞式 TBM，一般先施作初期支护，然后浇灌模筑混凝土二次衬砌，即复合式衬砌。由于掘进机的掘进速度很快，不可能使二次模筑混凝土衬砌作业与开挖作业保持一样的进度，当衬砌作业落后较多时，主要依靠初期支护来稳定围岩，地质条件好的公路隧道甚至等贯通后再施作二次衬砌。初期支护以锚杆、挂网和喷射混凝土支护为主，地质条件较差时还可设置钢拱架。

（2）管片式衬砌。使用护盾式 TBM 时，一般采用圆形管片衬砌。管片衬砌一般由若干块管片组成，分块数量由公路隧道直径、受力要求等因素确定，管片类型可分为标准块、邻接块和封顶块三类。其优点是适合软岩，当围岩承载力低、撑靴不能支撑岩面时，可利用尾部推力千斤顶，顶推已安装的管片衬砌获得推进反力。当撑靴可以支撑岩面时，双护盾 TBM 的掘进和换步可以同时进行，明显提高了循环速度。利用管片安装机安装管片速度快、支护效果好、安全性强，不过其造价高。

为满足防水要求，管片之间必须安装止水带，并需在管片外壁和岩壁间隙中压入豆石和注浆。为了生产预制管片，需要设有管片生产厂，若施工现场的场地条件允许，最好就设在现场，以方便运输。

7.2.4　TBM 法的辅助工法

一般而言，TBM 宜用于地质条件较好的公路隧道，因为如果地质条件太差，需要过多的辅助作业来保证掘进机施工，就不能充分发挥掘进机速度快、效率高的优势。同时，由于 TBM 堵塞了公路隧道，也给辅助作业造成困难，结果导致施工费用过高、工期延长，从而失去了 TBM 施工的意义。

但任何一座总体地质良好的公路隧道，都有可能出现局部地质较差地段，这就需要掘进机对这样的地质情况具有一定的处理能力。为了实现这一目的，可以在掘进机上安装一些辅助设备进行特殊功能的作业。

1. 超前支护

在 TBM 施工中，当遇到断层破碎带、风化带及节理密集带等不良地质地段时，可利用 TBM 自身配备的超前钻机和注浆设备，进行超前支护，加固前方地层。

地质超前钻机安装在切削刀盘后部的主机顶部平台上，它在主机停机时进行掌子面前方的超前钻孔，不仅可以预报前方的地质情况，为掘进提供可靠信息，还可进行注浆和安装管棚等。目前，TBM 施工主要采用的超前支护方法有超前锚杆、超前管棚和超前预注浆等。

（1）超前锚杆。超前锚杆是为了确保围岩稳定，以较大的外插角向开挖面前方安装锚杆，形成开挖面的预支护。超前锚杆外插角约 10°，孔深一般为 20m，孔间距为 0.3~1.0m，纵向搭接长度不小于 2 倍的 TBM 换步距离。采用超前锚杆进行支护的地段，不再进行注浆处理。

（2）超前管棚。管棚的钢管沿上拱90°的轮廓线，以较小外插角打入前方围岩，管棚尾端利用钢拱架构成棚架预支护。管棚主要有短管棚和长管棚两种类型。短管棚可短至10m，使用外径50mm左右的钢管，环向间距40cm左右，外插角6°左右，钢管与钢拱架搭接牢固。长管棚可长达40m，使用管径70~180mm钢管，孔径比管径稍大，环向间距20~80cm，纵向搭接长度不小于2倍的TBM换步距离。

（3）超前小导管注浆。超前小导管注浆是在开挖面周边钻孔，然后将导管插入已钻好的孔位，向围岩注入有压力的浆液，用于固结或加固地层。超前小导管注浆可全断面注浆，也可周边注浆。注浆前，先用水冲洗钻孔；注浆时，为防止串浆和漏注，可先从两侧的钻孔向拱顶对称注浆。其注浆参数应根据围岩孔隙率、裂隙率、渗透系数、涌水量等围岩条件并结合试验综合确定。除此之外，还可通过超前钻孔安装锚杆，以进一步提高围岩稳定性。

2. 喷射混凝土

围岩失稳是一种累积破坏，可能从某一块周边抗剪强度低的岩体错动、坠落开始，逐渐使周边围岩失稳、坍塌，及时喷射混凝土密闭开挖面，不仅可以阻止洞内潮湿空气和水对围岩的侵蚀，减少膨胀岩的软化和膨胀，还可抵抗岩块之间沿节理的剪切和张裂，使围岩变形不能发展，有效阻止围岩的松动。是否应在TBM刀盘后部平台上进行喷射混凝土作业，需要根据围岩变化来决定。

在软弱围岩地段，为了及时封闭、稳固围岩，在围岩出露护盾后，立即人工喷射混凝土对围岩进行封闭。人工干喷可控性好、针对性强，弥补了TBM后配套上喷射混凝土设备距掌子面距离较远而不能及时喷射的缺陷。

3. 安装钢拱架

钢拱架是超前支护不可缺少的支撑构件，如公路隧道浅埋、偏压或为断层破碎带时，及时支立钢拱架可提高初期支护的强度和刚度，抑制早期围岩压力的过快增长，防止围岩的变形、失稳或坍塌。

钢拱架形状有格栅和各种型钢，型钢拱架也有刚性和柔性之分。格栅拱架的作用在于它与喷射混凝土的紧密结合，形成其中的骨架，提高承载能力。柔性型钢拱架即为可收缩式拱架，其利用拱片接头的可滑移连接形式，使支护断面随围岩变形而收缩，允许围岩较大变形。不过在TBM施工中，柔性钢拱架过大的变形量会使洞内净空变小，有可能阻碍TBM内安装设备的通过。

钢拱架的安装，是利用紧靠刀盘后部设有的钢拱环安装器来完成的，其安装速度快，支护及时。钢拱环的间距应与掘进机的行程距离一致或成倍数关系，如果采用全断面钢拱架，则在预制仰拱块上要留有安装钢拱环的沟槽。

4. 安装锚杆

锚杆是利用主机配备的锚杆钻机安装的，由于TBM主梁占据公路隧道中心位置，故锚杆孔不在公路隧道断面半径方向上，即非法线方向。注浆锚杆的钻孔孔径应大于锚杆直径，采用先注浆后安装锚杆的工艺时，钻头直径大于锚杆直径15mm左右；若采用先安装锚杆后注浆工艺，钻头直径大于锚杆直径约25mm。锚杆间距及钻锚杆孔深度由支护参数决定。

在 TBM 施工中也会发生一些意外的事故，甚至较大事故，如开挖面大规模塌方造成机体被埋、洞壁围岩变形卡住机体、突发大量涌水淹没机体等。造成这些事故的主要原因是前期地质勘察不明，施工地质预报不及时，由此而停工处理造成了严重的施工延误，工程费用也增加很大，因此要引起高度的重视以求避免。事故发生后的处理方法主要是将 TBM 后退，利用人工到掌子面用不同的方法进行清除及加固处理，再让 TBM 步进通过。

7.2.5　TBM 到达与拆卸

1. TBM 到达

到达掘进是指 TBM 到达贯通面之前 50m 范围内的掘进。到达前必须检查掘进方向并及时调整方向以保证准确贯通。为确保 TBM 顺利到达，须提前在接收洞底部施工 TBM 接收导台或拆卸场(洞室)开挖支护，并完成拆卸场(洞)室布置。贯通面洞口在 TBM 到达前需加固，加固拟采用树脂锚杆加固，以免 TBM 贯通因贯通偏差剪切锚杆造成设备损坏。

(1) TBM 贯通姿态。在 TBM 贯通前 100m、50m、30m 处，要对洞内所有的测量控制点进行复测，确认 TBM 姿态，如掘进里程、轴线坡度等，根据测量数据对 TBM 姿态及时调整，从而保证贯通位置准确。如条件允许，可在 TBM 贯通面向 TBM 方向开挖不大于 50m 长的贯通洞来辅助测量。

(2) 贯通前掘进与管片拼装。对于护盾式 TBM，贯通前掘进须注意以下几点。

① 加强掘进方向控制。

② 接收段，特别是贯通前 5～10m 处，降低推进力、推进速度，尽量减小对围岩的扰动。TBM 到达段，护盾式 TBM 为防止管片在失去后盾管片支撑或 TBM 推力后产生松弛导致管片环缝张开，须根据实际情况采取设置管片纵向拉紧装置的措施，如采用槽钢拉紧。拉紧装置在 TBM 推力卸去前进行设置安装，设置环数一般为贯通面 10 环。

2. TBM 拆除

TBM 掘进完成后，如果距离洞口较近，并且具备场地、对外运输条件，则可以考虑将 TBM 牵引出洞或者步进出洞，在洞外拆卸，这是比较理想的方案；如果 TBM 掘进完成后，距离洞口很远或者两台 TBM 相向掘进，则只能在隧洞内拆卸。

(1) 拆卸洞准备。拆卸洞布置在贯通面围岩条件较好的地段，在洞内安装布置吊装和运输设备，将 TBM 拆卸解体后分批运出洞外。拆卸洞内可安装桥式起重机、门式起重机。然后，利用起重机小车左右移动、前后走行将解体后的主机和后配套大件提升、移位、装放至运输平板车上外运出洞。拆卸洞必须有足够的空间和结构，并综合考虑拆卸方式来确定拆卸洞的长度和断面尺寸，同时考虑 TBM 拆卸件的尺寸、拟采用的起重设备的技术参数、运输设备、拆卸部件在洞内的摆放等因素综合确定。另外，还需考虑拆卸洞室的功能特性、施工方法、衬砌结构等。由于拆卸洞室施工比较繁杂，工期一般要 5 个月左右，甚至更长，必须在 TBM 到达前完成洞室开挖及设备安装调试；如在 TBM 到达后才能开挖拆卸洞室的，需在 TBM 到达前确定好方案并做好准备工作。

而 TBM 洞外拆除除需考虑贯通面后接收台及 TBM 滑行出洞方案外，洞外拆除场地还需平整，并在 TBM 到达拆除地前布置好拆除起吊设备，如履带吊、汽车吊、门式起重机，并综合考虑运输设备进出运输通道、倒车掉头位置。

（2）TBM 拆卸。TBM 的拆卸流程基本与安装流程相反，要本着“安全、科学、明晰、环保”的原则。

① 拆卸准备。

a. TBM 拆卸前标识。拆卸之前，根据各系统特点，制订电气、液压、结构件等的标识方案并实施，同时认真记录存档。TBM 贯通前再次检查标识是否完整、准确，如有缺损或错误，及时补充或修改。

b. 拆卸前设备功能的检测。拆卸之前需要对 TBM 的重要部件、设备的功能进行检测，包括驱动装置、推进和支撑装置、电气和液压系统、主轴承和刀盘的各项重要性能参数等。

c. 准备运输方案。根据边拆卸边运输的原则，按照拆卸顺序配置相应的运输车辆，并做好运输的各项准备工作。

② 拆卸的一般顺序。先电路、信号、通信系统，再液压、管路系统，最后才能拆机械；先强电，后弱电；自上而下、先外后内；先主流，后分支；先主体，后框架结构。

③ 拆卸工具和设备。

a. 对于高压拆装设备（如液压预紧螺栓拆卸专用螺栓拉伸器和电动、气动扭矩扳手等），设备未经检测、人员未经培训，一律不得投入使用。

b. 对于螺纹紧固件，优先选用梅花扳手或套筒扳手，其次才是开口扳手和活动扳手。依照螺栓规格、等级、紧固扭矩、是否锈蚀等选用适当的扳手等工具，如快速扳手（棘轮扳手）、方头冲击扳手、电动扳手、风动扳手、液压扳手、螺栓拉伸器等。对于锈蚀严重、上述工具和方法不能奏效的则可考虑用劈裂、乙炔火焰切割等方式进行破坏性拆除。

④ 拆卸的一般原则。

a. 从实际出发，可不拆的尽量不拆。为了减少拆卸工作量和避免破坏配合性能，对于尚能确保使用性能的零部件可不拆，但需要进行必要的试验或诊断，确信无隐蔽缺陷。

对不可拆的连接或拆后降低精度的结合件，如条件允许则不予解体，必须拆卸时须注意保护。若不能肯定内部技术状态的部件，如不影响整机拆卸则不予解体，待拆后整修时再检测诊断其状况。

b. 尽量少拆。对于某些设备总成、液压泵站等自身连接的线路和管路，只要不影响吊装、运输，则维持原状。

c. 液压系统拆卸时，应特别小心、谨慎，注意元件外表及环境的清洁，尤其是管路接头拆卸后应立即安装堵头和防护帽，以免人为污染。

d. 在拆卸轴孔装配件时，通常应坚持用多大的力装配，就用多大的力拆卸。若出现异常情况，要查找原因，防止在拆卸中将零件碰伤、拉毛甚至损坏。热装零件需利用加热来拆卸，一般情况下不允许进行破坏性拆卸。

e. 拆卸应为下次装配创造条件。如果技术资料不全，必须对拆卸过程进行记录，以便在安装时遵照“先拆后装”的原则重新装配。拆卸精密或复杂的部件，应画出装配草图或拆卸时做必要的记号并记录，避免误装。

f. 分类存储。拆开后的零件，均应分类存放，以便查找，防止损坏、丢失或弄错。存储时按照“总成、部件、零件”“电气、液压、机械”“大件、小件”“粗糙、精密”分开的原则，单独存放。临修部件，也可以按照装配图顺序，在洁净的工作台上依次摆放。根据零件的结构特点，细长零件要悬挂，防止弯曲变形；对不能互换的零件或高速旋转盘类零件，防止运转性能变化带来的不利影响（如偏心、质量不平衡、静态与动态不平衡等），要成组存放或用记号笔打上标记。

3. 主机拆卸

① 确定TBM各个部件处于拆卸位置，断开主机和后配套连接桥之间的连接并对连接桥加以可靠的支撑。

② 确保各个用电器电源已断开，检查释放液压系统、压缩空气系统的残存压力。

③ 首先进行液压、电气系统和辅助设备（如超前钻机）的拆卸。

④ 在进行液压、电气系统拆卸的同时进行各关键部件如刀盘、盾体、推进系统、主轴承附属件的拆卸和大件吊装位置吊具的安装。

⑤ 对拆卸工作比较复杂烦琐的部件，如刀盘，要考虑将它的固定连接件和其他系统的拆卸同时进行，以减少拆卸的时间。

⑥ 关键部件的附属件拆卸完成后，开始依次进行刀盘、盾体、主轴承、支撑调向系统、推进系统的拆卸。

⑦ 在主机拆卸的同时，根据施工现场的条件合理安排其他位置系统的拆卸。

⑧ 根据预先制订的运输方案，及时将拆卸完成的部件运输到指定位置。

4. 后配套拆卸

① 在主机和后配套步进到位以后，利用主机拆卸的时间开始进行通风软管、给水水管、高压供电电缆等拆卸，并通过主洞内的钢轨运输线路将拆卸的风筒、水管、电缆运到洞外。同时，拆卸后配套各部位的电缆、液压油管、水电管路等零部件集中通过有轨方式从隧洞出口运输出洞。

② 从前向后依次解体连接桥与后配套，同时以无轨方式从隧洞进口支洞运输出洞。解体时，首先拆卸安装于后配套的各种设备，之后解体结构件。

③ 将拆卸的部件及时安全地运输到指定位置。

5. TBM拆卸注意事项

① TBM贯通前须全面仔细复查，补全机、电、液各零件的标识。

② 除组装所用设备、机具以外，TBM拆卸专用的拖车牵引连接装置、连接桥支撑轮架等专用装置应准备完好。

③ 检查、统计各种管接头、堵头需求量，按照相应的规格、数量做好准备。

④ TBM贯通前应进行主机、后配套及其辅助设备的带负荷性能测试，以全面鉴定各机构、设备的性能状态，为拆卸后及时维护、修理和制订配件计划提供依据。

⑤ TBM主机零部件采用机车拖运，须注意装载质量及隧洞限界尺寸。

⑥ TBM后配套拖车及连接桥拖拉出洞运行速度限制为5km/h。

⑦ TBM零部件的包装储存，必须事先制订可行方案，尽可能考虑可能的储存期限以及再次运输的道路情况。

7.3 顶管法

7.3.1 顶管法概述

1. 顶管法的定义

顶管法是指隧道或地下管道穿越各种障碍物时采用的一种暗挖式施工方法。

在施工时，用支撑于基坑后座上的液压千斤顶将管压入土层中，同时挖除并运走管正面的泥土。当第一节管全部顶入土层后，接着将第二节管接在后面继续顶进，这样将一节节管子顶入，做好接口，建成涵管。

顶管法特别适于修建穿过已有建筑物、交通线下面的公路隧道。顶管按挖土方式的不同分为机械开挖顶进、挤压顶进、水力机械开挖和人工开挖顶进等。

顶管施工先在工作坑内设置支座和安装液压千斤顶，借助主顶油缸及管道间、中继间等的推力，把工具管或掘进机从工作坑内穿过土层一直推到接收坑内吊起。与此同时，紧随工具管或掘进机后面，将预制的管段顶入地层。顶管施工的发展趋势主要有以下几个方面：

① 一次连续顶进的距离：越来越长。

② 顶管直径：向大小直径两个方向发展。

③ 管材：向钢筋混凝土管、钢管、玻璃钢顶管发展。

④ 挖掘技术：机械化程度越来越高。

⑤ 顶管线路的曲直度：曲线形状越来越复杂，曲率半径越来越小。

顶管法与盾构法在施工中的区别如下：

① 盾构法的衬砌为管片，且每环管片要在盾构机的盾尾进行拼装，拼装好后一般不会再移动；顶管法的衬砌为管节，且每环管节是一次预制成功的，由顶进装置依次顶进，直至第一节管节到达接收井位置。

② 盾构法施工的盾构千斤顶布置在盾构机的支撑环外沿，而顶管法施工的主顶进装置布置在工作井内，如果顶力不足要加设中继间。

③ 盾构千斤顶活塞的前端必须安装顶块，顶块必须采用球面接头，在顶块与管片的接触面上安装橡胶或柔性材料的垫板。顶管法的主顶千斤顶的行程长短不能一次将管节顶到位时，必须在千斤顶缩回后在中间加垫块或几块顶铁。环形顶铁是使主顶千斤顶的推力可以较均匀地加到所顶管道的周边；U 形顶铁是为了弥补千斤顶行程不足而用的。

2. 顶管法的分类

(1) 按管口径大小分类。顶管施工按设备口径分为大口径、中口径、小口径和微型顶管四种。大口径多指管径 2m 以上的顶管，人可以在其中直立行走。中口径顶管的管径多为 1.2~1.8m，人在其中需弯腰行走，大多数顶管为中口径顶管。小口径顶管直径为 500~1000mm，人只能在其中爬行，有时甚至爬行都比较困难。微型顶管的直径通常在 400mm 以下，最小的只有 75mm。

(2) 按一次顶进的长度分类。顶进长度指顶进工作坑和接收工作坑的距离，按一次顶进的长度，顶管分为普通距离顶管和长距离顶管。顶进距离长短的划分目前尚无明确规定，过去多指100m左右的顶管。目前，千米以上的顶管已屡见不鲜，可把500m以上的顶管称为长距离顶管。

(3) 按顶管机的类型分类。按顶管机的类型，顶管分为手掘式人工顶管、挤压顶管、水射流顶管和机械顶管(泥水式、泥浆式、土压式、岩石式)。手掘式顶管的推进管前只是一个钢制的带刃口的管子(称为工具管)，人在工具管内挖土。掘进机顶管的破土方式与盾构类似，也有机械式和半机械式之分。

3. 顶管机及其选型

(1) 手掘式顶管机。这是最早发展起来的一种顶管施工方式。在特定的土质条件下和采用一定的辅助施工措施后，便具有施工操作简便、设备少、施工成本低、施工进度快等优点，至今仍被许多施工单位采用。

手掘式顶管机是一种非机械的开放式(或敞口式)顶管机，适用于能自稳的土体中。在顶管的前端装有工具管，施工时采用手工的方法来破碎工作面的土层，破碎辅助工具主要有镐、锹以及冲击锤等。如果在含水量较大的砂土中，需采用降水等辅助措施。手掘式顶管机主要由切土刃角、纠偏装置、承插口等组成，所用的工具管有一段式和两段式。

一段式工具管与混凝土管之间的结合不太可靠，常会产生渗漏现象；发生偏斜时纠偏效果不好；千斤顶直接顶在其后的混凝土管上，第一节管容易损坏。现多用两段式，前后两段之间安装有纠偏油缸，后壳体与后面的正常管节连接在一起。

(2) 泥水平衡式顶管机。泥水平衡顶管机是指采用机械切削泥土，利用压力来平衡地下水压力和土压力，采用水力输送弃土的泥水式顶管机。泥水平衡式顶管机按平衡对象分为两种：一种是泥水仅起平衡地下水的作用，土压力则由机械方式来平衡；另一种是同时具有平衡地下水压力和土压力的作用。

① 泥水平衡式顶管机结构。泥水平衡工具管正面设刀盘，并在其后设密封舱，在密封舱内注入稳定正面土体的泥浆。刀盘切下的泥土，沉在密封舱下部的泥水中而被水力运输管道运至地面泥水处理装置。泥水平衡式工具管主要由大刀盘装置、纠偏装置、泥水装置、进排泥装置等组成。在前、后壳体之间有纠偏千斤顶，在掘进机上下部安装进、排泥管。

泥水平衡顶管施工全套工艺设备由顶管机、进排泥系统、泥水处理系统、主顶系统、测量系统、起吊系统、供电系统等组成。泥水平衡顶管施工与其他形式的顶管相比，增加了进排泥和泥水处理系统。

② 泥水平衡式顶管机施工特点。泥水平衡式顶管机的主要优点在于，适用的土质范围较广，尤其适用于施工难度极大的粉砂质土层中；可保持挖掘面的稳定，对周围土层的影响小，地面变形小；较适宜于长距离顶管施工；工作井内作业环境好且安全；可连续出土，施工进度快。

其缺点为：施工场地大，设备费用高，需在地面设置泥水处理、输送装置；机械设备复杂，且各系统间相互连锁，一旦某一系统故障，必须全面停止施工。

③ 土压平衡式顶管机。土压平衡式顶管机由土压平衡盾构机改装而来，其平衡原理与盾构相同。与泥水顶管施工相比，排出的土或泥浆一般不需进行二次处理，具有刀盘切削

土体、开挖面土压平衡、对土体扰动小、地面和建筑的沉降较小等特点。

土压平衡顶管机按泥土舱中所充的泥土类型分为有泥土式、泥浆式和混合式三种，按刀盘形式分为有带面板刀盘式和无面板刀盘式，按刀盘的多少分为单刀盘式和多刀盘式。

a. 单刀盘式顶管机。单刀盘式顶管机是日本在20世纪70年代初期开发的，又称为泥土加压式顶管机，国内称为辐条式刀盘顶管机或加泥式顶管机。

由刀盘及驱动装置、前壳体、纠偏油缸组、刀盘驱动电机、螺旋输送机、操纵台、后壳体等组成。没有刀盘面板，刀盘后面设有许多根搅拌棒。

这种结构的DK型顶管机适用于口径1.2~3.0m的混凝土管施工，在软土、硬土中都可采用，并且可与盾构机通用，可在覆土厚度为0.8倍管道外径的浅埋土层中施工。

b. 多刀盘式顶管机。多刀盘式顶管机适用于软土，四把切削搅拌刀盘对称地安装在前壳体的隔仓板上，伸入泥土舱中。隔舱板把前壳体分为左右两舱，左舱为泥土舱，右舱为动力舱。螺旋输送机按一定的倾斜角度安装在隔舱板上，螺杆是悬臂式，前端伸入泥土舱中。隔舱板的水平轴线左右和垂直轴线的上部各安装有一只隔膜式土压力表。在隔舱板的中心开有一人孔，通常用盖板把它盖住。在盖板的中心安装有一向右伸展的测量用光靶。由于该光靶是从中心引出的，所以即使掘进机产生一定偏转以后，只需把光靶做上下移动，使光靶的水平线和测量仪器的水平线平行就可以进行准确测量，而且不会因掘进机偏转而产生测量误差。前后壳体之间由呈井字形布置的四组纠偏油缸连接。在后壳体插入前壳体的间隙里，有两道V字形密封圈，它可保证在纠偏过程中不会产生渗漏现象。

7.3.2 工作井及其布置

工作井(工作坑或基坑)，按其作用分为顶进井(始发井)和接收井两种。顶进井是安放所有顶进设备的场所，也是顶管掘进机的始发场所，是承受主顶油缸推力的反作用力的构筑物，供工具管出洞、下管节、挖掘土砂的运出、材料设备的吊装、操纵人员的上下等使用。接收井是接收顶管机或工具管的场所，与工作井相比，接收井布置比较简单。

1. 顶进工作井的井内布置

井内布置内容主要包括前止水墙、后座、基础底板及排水井等。后座要有足够的抗压强度，能承受得了主顶千斤顶的最大顶力。前止水墙上安装有洞口止水圈，以防止地下水土及顶管用润滑泥浆的流失。在顶管工作井内，还布置有工具管、环形顶铁、弧形顶铁、基坑导轨、主顶千斤顶及千斤顶架、后靠背。其中，主顶千斤顶及千斤顶架的布置尤为重要，主顶千斤顶的合力的作用点对初始顶进的影响比较大。在顶进井的地面上，布置行车或其他类型的起吊运输设备。

2. 工作井说明

(1) 后座墙。后座墙是把主顶油缸推力的反力传递到工作坑后部土体中去的墙体，是主推千斤顶的支承结构。它的构造会因工作坑的构筑方式不同而不同。在钢板桩工作坑中，必须在工作坑内的后方与钢板桩之间浇筑一座与工作坑宽度相等的厚度为0.5~1.0m的墙，目的是使推力的反力能比较均匀地作用到土体中。后座墙的平面需与顶进轴线垂直

(2) 钢后靠。靠主顶千斤顶尾部的厚铁板或钢结构件，称为钢后靠，其厚度在300mm左右。钢后靠的作用是尽量把主顶千斤顶的反力分散开来，防止将混凝土后座压坏。

(3) 洞口止水圈。洞口止水圈安装在顶进井的出洞洞口和接收井的进洞洞口，具有制止地下水和泥砂流到工作坑与接收坑的功能。

(4) 顶进导轨。顶进导轨由两根平行的轨道所组成，其作用是使管节在工作井内有一个较稳定的导向，引导管节按设计的轴线顶入土中，同时使顶铁能在导轨面上滑动。在钢管顶进过程中，导轨也是钢管焊接的基准装置。

(5) 主顶装置。主顶装置由主顶油缸、主顶油泵和操纵台及油管等四部分构成。主顶千斤顶沿管道中心按左右对称布置。主顶进装置除了主顶千斤顶以外，还有千斤顶架，以支承主顶千斤顶；供给主顶千斤顶压力油的是主顶油泵；控制主顶千斤顶伸缩的是换向阀。油泵、换向阀和千斤顶之间均用高压软管连接。主顶油缸的压力油由主顶油泵通过高压油管供给。常用的压力在32~42MPa，高的可达50MPa。在管径比较大的情况下，主顶油缸的合力中心应比管节中心低5%的管内径左右。

(6) 垫块或顶铁。若采用的主顶千斤顶的行程长短不能一次将管节顶到位，必须在千斤顶缩回后在中间加垫块或几块顶铁。顶铁有环形顶铁和U形或马蹄形顶铁之分。环形顶铁的内外径与混凝土管的内外径相同，作用是把主顶油缸的推力均匀地分布在顶管的端面上。U形和马蹄形顶铁的作用有两个：一是用于调节油缸行程与管节长度的不一致；二是把主顶油缸各点的推力较均匀地传递到环形顶铁上去。

7.3.3 顶管施工

施工时，先制作顶管工作井及接收井，作为一段顶管的起点和终点，工作井中有一面或两面井壁设有预留孔，作为顶管出口，其对面井壁是承压壁；承压壁前侧安装有顶管的千斤顶和承压垫板(钢后靠)；千斤顶将工具管顶出工作井预留孔，而后以工具管为先导，逐节将预制管节按设计轴线顶入土层中，直至工具管后第一节管节进入接收井预留孔，施工完成一段管道。

顶管施工工艺流程为：安装导轨→设置后背→安装设备(千斤顶组合)→工作井出洞→掘进挖土→顶进→出土→运土→测量→纠偏→接受井进洞→竣工测量→收尾。

1. 长距离顶管

在公路工程建设中，长距离管道的敷设是其重要的工作内容。长距离管道的困难是，设置在顶进坑内的主千斤顶的推顶力有限，不足以克服管道长距离顶进时遇到的总阻力。希望增加顶管单程顶进的长度时，需要采取相关的措施，如增加主千斤顶的顶力、减少管道周边与地层的摩擦力、中途设置辅助千斤顶(中继环)、减小顶管承受的正面阻力等。

(1) 增设中继环。采用中继环时，管道沿全长分成若干段，在段与段之间设置中继环。中继环是一个由钢材制成的圆环，内壁上设置有一定数量的短行程千斤顶，产生的推顶力可用于推进中继环前方的管道。

(2) 中继环推进过程。设置中继环以后，顶管顶进时，每次都应先启用最前面的中继环，将其前方的管道连同工具管一起向前顶进。后面的中继环和主千斤顶保持不动，直至达到该中继环的一个顶程为止。接着，后面的中继环开始推顶作业，将两个中继环之间的管道向前推进。与此同时，前面的一个中继环的千斤顶排放油压，活塞杆缩进套筒。在顶进作业中，主千斤顶在每个循环中都最后推进。借助中继环的逐级接力过程，可将顶管的顶推距离延长。

(3) 中继环的结构形式。中继环由前特殊管、后特殊管和壳体油缸、均压环等组成。在前特殊管的尾部有一个与T形套环相类似的密封圈和接口。中继环壳体的前端与T形套环的一半相似，利用它把中继环壳体与混凝土管连接起来。中继环的后特殊管外侧则设有两环止水密封圈，使壳体虽在其上来回运动而不会产生渗漏。中继环油缸被固定在壳体上，油缸均匀布置在壳体内。油缸两头装有均压钢环，钢环与混凝土管之间有衬垫环。衬垫环多用20mm厚的木板做成。中继油缸为单作用油缸，只有当后一只中继环向前推进时，前一只中继环的油缸才能缩回。管子顶通后，把中继环油缸拆卸下来，管子可直接合拢。

(4) 中继环的布置。中继环的布置要满足顶力的要求，同时使其操作方便、合理，提高顶进速度。中继环在安放时，第一只中继环应放在靠前一些。因为在掘进机的推进过程中，推力的变化会因土质条件的变化而有较大的变化，所以当总推力达到中继环总推力40%~60%时，就应安放第一只中继环，以后每当达到中继环总推力的70%~80%时，安放一只中继环。而当主顶油缸达到中继环总推力的90%时，就必须启用中继环。

2. 微型顶管

微型顶管施工一般指口径在400mm以下，人无法进入管内作业的顶管施工。微型顶管施工设备主要由切削系统、激光导向系统、出碴系统、顶进系统、控制系统等组成。根据激光导向系统测量偏斜数据，可操纵液压纠偏系统，从而实现调节铺管方向的目的。微型顶管的一次顶进长度大多在50~60m，也有的达到百米及以上。

微型顶管的类型有很多，按其工作原理和取土方式分为压入式、螺旋钻式、泥水式、土压式、空心钻式等，其中，压入式和螺旋钻式应用较多。

(1) 压入式微型顶管。压入式微型顶管是指将前方土体向管道周围土体径向挤压，在不出土或少出土的情况下顶进管道的顶管工艺，一般用于直径较小的管道施工。压入方式按动力分为冲击式、旋压式和静压式，按设备分为气动矛法、夯管法和顶入法。

(2) 螺旋钻式微型顶管，利用螺旋钻进行施工的一种方法。施工时，先准备顶进坑，将螺旋钻机水平安装在坑内，再利用螺旋杆传输钻压和扭矩，推进机头前进。同时，利用钻机的顶进油缸向前顶进管节，机头掘削下来的土通过螺旋钻杆从管中输送到坑内。

该法的顶进距离较短，且只能在直线段使用，一般顶距在60m以内。其优点是施工时无震动、噪声小、质量轻、操作方便、施工人员少、基坑小。管长2m时，3.6m长、1.5m宽的顶进坑即可。

7.3.4 管节接缝的防水

1. 钢筋混凝土管节的接口

钢筋混凝土管节的接口有平口、企口和承口三种类型。管节类型不同，止水方式也不同。

(1) 平口管接口及止水。平口管用T形钢套环接口，把两根管子连接在一起，在混凝土管和钢套环中间安装有2根齿形橡胶圈止水。

(2) 企口接口及防水。企口管用企口式接口，用1根q形橡胶圈止水。止水圈右边腔内有硅油，在两管节对接连接过程中，充有硅油的一腔会翻转到橡胶体的上方及左边，增强了止水效果。

(3) 承口接口及防水。承口管用F形套环接口，接口处用1根齿形橡胶圈止水。F形接口管是最为常用的一种管节，它把T形钢套环的前面一半埋入混凝土管中就变成了F形接口。为防止钢套环与混凝土结合面渗漏，在该处设了一个遇水膨胀的橡胶止水圈。

2. 钢管顶管的接口形式

钢管是用一定厚度的钢板先卷成圆筒，再焊成竹节，钢管两管节之间采用焊接连接，其整体性好，不易产生渗漏水。为保证焊接牢靠，将管节端口设置一定角度坡口后再焊接。常用的接口形式有两种：单边V形坡口和K形坡口。单边V形坡口适用于人员无法进入的小口径管，采用单边坡口和单面焊接；K形坡口是双面成型的焊接工艺，即管内外均需焊接，适用于口径较大的管道中。

第 8 章　特殊地质地段公路隧道施工技术

8.1　膨胀性围岩隧道施工

8.1.1　膨胀土围岩

膨胀土系指土中黏土矿物成分主要由亲水性矿物组成，同时具有吸水显著膨胀软化和失水收缩硬裂两种特性，且具有湿胀干缩往复变形的高塑性黏性土。决定膨胀性的亲水矿物主要是蒙脱石黏土矿物。

1. 膨胀土围岩的特性

穿过膨胀土地层的公路隧道，常常可以见到开挖后不久围岩因开挖而产生变形，或者因浸水而膨胀，或因风化而开裂等现象，使坑道的顶部及两侧向内挤入，底部鼓起(底鼓)，随着时间的推移导致围岩失稳，支撑、衬砌变形和破坏。这些现象说明膨胀土围岩性质是极其复杂的，它与一般土质的围岩性质有着根本的区别。膨胀土围岩的基本特性主要有以下 3 个方面：

(1) 膨胀土围岩大多具有原始地层的超固结特性，使土体中储存有较高的初始应力。当公路隧道开挖后，引起围岩应力释放，强度降低，产生卸荷膨胀。因此，膨胀土围岩常常具有明显的塑性流变特性，开挖后将产生较大的塑性变形。

(2) 膨胀土中有各种形态发育的裂隙，形成土体的多裂隙性。膨胀土围岩实际上是土块与各种裂隙和结构面相互组合形成的膨胀土体。由于膨胀土体在天然原始状态下具有高强度特性，公路隧道开挖后洞壁土体失去边界支撑而产生胀缩，同时因风干脱水使原生隐裂隙张弛，使围岩强度急剧衰减。因此，公路隧道施工开挖过程中，常有初期围岩变形大、发展速度快等现象。

(3) 膨胀土围岩因吸水而膨胀、失水而收缩，土体中干湿循环产生胀缩效应。一是使主体结构破坏，强度衰减或丧失，围岩压力增大；二是造成围岩应力变化，无论膨胀压力或收缩压力，都将破坏围岩的稳定性，特别是膨胀压力将对增大围岩压力起叠加作用。

2. 膨胀土围岩对公路隧道施工的危害

由于膨胀土围岩的特殊工程地质性质及其围岩压力特性，膨胀土隧道围岩具有普遍外裂、内挤、坍塌和膨胀等变形现象。膨胀土隧道围岩变形常具有速度快、破坏性大、延续时间长和整治较困难等特点。膨胀土围岩对公路隧道施工的影响简述如下：

(1) 围岩普遍开裂。公路隧道开挖后，开挖面上膨胀土体由于原始应力释放而产生开裂，表层土体又因外露风干而失水产生收缩裂缝。这两种因素促使膨胀土围岩裂缝宽度扩大，尤其拱部围岩更容易产生张拉裂缝与上述裂缝贯通，形成拱顶局部变形区——脱离区。

(2) 坑道下沉。由于坑道下部膨胀土体的承载力较低，加之坑道上部围岩压力过大，坑道下沉变形明显。另外，公路隧道只能采用分部开挖，若后部工序开挖暴露的围岩出现风化膨胀，产生较大的收缩地压，加上坑道下沉变形，则会使支撑过度变形或折断、失效、破坏，从而引起围岩土体坍塌、挤压和膨胀变形等。

(3) 围岩膨胀凸出和坍塌。公路隧道坑道开挖过程中和开挖后，围岩产生膨胀变形，周边膨胀土体向洞内膨胀凸出，造成开挖断面缩小。在膨胀土体丧失支撑(支撑失效)或支撑力度不够的状态下，围岩压力与膨胀压力的叠加作用，使围岩土体产生局部破坏，形成坍塌现象。

(4) 公路隧道底部隆起(底鼓)。坑道底部开挖后，洞底围岩的上部竖向压力解除，尚无仰拱支护体约束时，由于膨胀地压释放，洞底围岩产生卸荷膨胀；又因坑道易积水，洞底土体产生浸水膨胀，因此造成洞底隆起变形。

(5) 衬砌变形和破坏。模筑混凝土衬砌中，常发生下列影响：

① 拱顶受挤压下沉，也有向上凸起。拱顶外缘经常出现纵向贯通张拉裂缝(一般是在拱圈封顶后几小时到几天内出现)，而拱内缘出现鱼鳞状挤裂、脱皮、掉块现象。

② 在拱腰部位出现纵向裂缝，这些裂缝有时可逐渐发展到张开、错台。

③ 当采用直墙式边墙时，边墙常受膨胀侧压而开裂，甚至张开、错台，少数曲边墙也有出现水平裂缝的情况。

④ 当底部未做仰拱或未做一般铺底时，有时会出现底部隆起，铺底被破坏。

8.1.2　膨胀土围岩隧道施工要点

1. 加强调查、量测围岩的压力和流变

在膨胀土地层中开挖公路隧道，除了认真实施设计文件所提出的技术要求外，在施工过程中还应对围岩压力及其流变情况进行充分的调查和量测，分析其变化规律。对地下水亦应探明分布范围及规律，了解水对施工的影响程度，以便根据围岩动态采取相应的施工措施。如原设计难以适应围岩动态情况，也可据此做适当修正。

2. 公路隧道防排水

水是膨胀岩隧道产生病害的主要根源，对围岩的强度和体积有较大的影响。所以膨胀岩隧道的防排水，应采用以防为主，防、堵、截、排相结合的原则，并结合当地的气象、水文、地质条件，因地制宜地进行。公路隧道防排水施工时应采取下列措施：

(1) 膨胀岩隧道浅埋地段的地表低洼处必须填平，小河沟(槽)可采用浆砌片石封闭，防止地表水下渗。

(2) 在断层破碎带、节理发育、地下水丰富地段应及时施作盲沟或采用弹性软式透水管，将水归入沟槽并引排至洞内水沟。

(3) 膨胀岩隧道施工期间顺坡排水时，应设置专门的防渗漏排水沟槽，严禁在岩体上直接挖沟排放。利用反坡排水时，必须有完善的排水设施并保证抽排水设备的完好，严禁水渗流至开挖掌子面。

(4) 二次衬砌的施工缝、变形缝应根据防水要求，结合地下水情况、防水材料特点等因素合理设置。

3. 膨胀围岩隧道开挖

膨胀土隧道围岩压力的施工效应是导致公路隧道变形病害的主要原因。采用合理的施工方法，对公路隧道的稳定性有着十分重要的作用。施工应根据断面大小采用台阶法、双侧壁导坑法、中隔壁法、交叉中隔壁法等分部开挖法。膨胀岩隧道开挖应符合下列要求：

(1) 膨胀土隧道围岩开挖尽量采用非爆破开挖(如机械、人工开挖)，减少对围岩的扰动。

(2) 采用钻爆法开挖时，应短进尺、多循环，以减少对围岩的扰动。围岩较好时，宜采用全断面一次开挖；特别软弱时，采用分部开挖法。

(3) 开挖断面应圆顺，宜采用圆形或接近圆形的卵形或马蹄形断面。公路隧道周边宜采用风镐开挖，中间部分可用钻爆法开挖。

(4) 膨胀岩地段开挖后，应及时封闭暴露的围岩，防止空气中水分侵入围岩。

(5) 为了适应膨胀岩变形大的要求，应当预留较大的变形量，可根据围岩量测结果或工程类比的方法确定。

4. 膨胀围岩隧道支护

膨胀围岩隧道的初期支护宜采用喷射混凝土、锚杆、钢筋网、钢架等相结合的支护形式，必要时可采用钢纤维混凝土。膨胀岩隧道应采用先柔后刚、先让后顶、分层支护的原则。

(1) 膨胀岩隧道初次支护。根据具体情况加大预留变形量(一般为20~30cm)，避免因侵限而造成初期支护的拆除，即设置可伸缩钢架或活动接头。初期支护可分层施作、逐层加强，并尽早初喷混凝土封闭岩面。初期支护的施作原则是“宁加勿拆”，即在支护上加支护，尽量控制变形的发展。支护体系应及时封闭成环，逐步限制变形。根据地层压力，公路隧道断面可采用圆形断面或椭圆形断面；宜加强初期支护，采用纤维混凝土、长锚杆和重型钢架组合的支护结构。

(2) 衬砌结构及早闭合。膨胀土围岩隧道开挖后，围岩向内挤压变形一般是在四周同时发生，所以施工时要求公路隧道衬砌及早封闭。从理论上讲，拱部、边墙及仰拱宜整体完成，衬砌受力条件最好，但受施工条件的限制往往难以实现。因此，在灌注拱圈混凝土时，应在上台阶的底部先设置临时混凝土仰拱或喷射混凝土作为临时仰拱，以使拱圈在边墙、仰拱未完成前，自身形成临时封闭结构；然后，当进行下部台阶施工时，再拆除临时仰拱，并尽快灌注永久性仰拱混凝土。

8.2 黄土地段隧道施工

8.2.1 黄土围岩

黄土是在干燥气候条件下形成的一种具有褐黄、灰黄或黄褐等颜色，并有针状大孔、垂直节理发育的特殊性土。黄土在我国分布较广，黄河中游的河南西部、山西南部、陕西和甘肃的大部分地区为我国黄土和湿陷性黄土的主要分布区。这些地区的黄土分布厚度大、地层全而连续，发育亦较典型。

1. 黄土对公路隧道施工的影响

(1) 黄土节理。红棕色或深褐色的古土壤黄土层，常具有各方向的构造节理，有的原生节理呈 X 形，成对出现，并有一定延续性。在公路隧道开挖时，土体容易顺着节理张松或剪断。如果这种地层位于坑道顶部，则极易产生"塌顶"；如果位于侧壁，则普遍出现侧壁掉土，若施工时处理不当，常会引起较大的坍塌。

(2) 黄土冲沟地段。在黄土冲沟或塬边地段施工时，公路隧道在较长的范围内沿着冲沟或塬边平行走向，而在覆盖较薄或偏压很大的情况下，容易发生较大的坍塌或滑坡现象。

(3) 黄土溶洞与陷穴。黄土溶洞与陷穴是黄土地区经常见到的不良地质现象。公路隧道若修建在其上方，则有基础下沉的危害；公路隧道若修建在其下方，则常有发生冒顶的危险；公路隧道若修建在其邻侧，则有可能承受偏压。

2. 水对黄土隧道施工的影响

(1) 在含有地下水的黄土层中修建公路隧道时，由于黄土在干燥时很坚固，承压力也较高，施工可顺利进行。但当其受水浸湿，呈不同程度的湿陷后，会突然发生下沉现象，使开挖后的围岩迅速丧失自稳能力，如果支护措施满足不了变化后的情况，极容易造成坍塌。

(2) 施工中洞内排水不良，洞内道路会泥泞难行，不论是无轨还是有轨运输，都会给道路的维护、机械的使用与保养、公路隧道的铺底或仰拱施工作业等方面带来很大的困难。

8.2.2 黄土围岩的隧道施工要点

1. 黄土隧道施工防排水

进洞前按设计做好洞顶、洞门及洞口的防排水系统，排水沟应进行铺砌，防止地表水下渗；雨季前应做好公路隧道洞门，对地表冲沟、陷穴、裂缝等应采取回填夯实、填土反压、改变地表水径流等措施，将水排至公路隧道范围以外；洞口浅埋段地表冲沟、陷穴、裂缝等除采用上述方法处理外，还应用砂浆抹面，以免下渗水影响结构安全；地层含水量大时，上、下台阶开挖掌子面附近宜开挖横向水沟，将水引至公路隧道中部纵向排水沟(宜采用管、槽)排出洞外，以免浸泡拱脚；必要时应配合井点降水等措施将地下水位降至公路隧道仰拱底部以下 1.5m，确保施工顺利进行。

2. 施工方法

黄土隧道的施工应根据公路隧道断面大小、围岩级别采用台阶法、三台阶弧形导坑法、双侧壁导坑法、CRD 法等。采用机械或人工挖掘，应优先采用机械开挖。

(1) 施工中应参考设计文件采用适宜的预留变形量。

(2) 黄土地层隧道施工，应做好黄土中构造节理的产状与分布状况的调查。对因构造节理切割而形成的不稳定部位，在施工时应加强支护措施，防止坍塌，以保证安全施工。

(3) 严格控制施工用水，采用湿喷工艺，拌和用水在拌和站控制，喷完后用高压风代替水吹洗湿喷机；喷射混凝土和仰拱、填充、二衬混凝土均采用喷雾器喷雾养护取代洒水养护；严格控制混凝土拌和用水，避免混凝土泌水浸泡黄土隧道基底。

3. 黄土隧道支护

施工中如发现掌子面有失稳现象，应及时用喷射混凝土封闭、加设锚杆、架立钢支撑等加强支护。试验表明，在黄土隧道中喷射混凝土和砂浆锚杆作为施工临时支护效果良好；施工时要特别注意拱脚与墙脚处断面，如超挖过大，应用浆砌片石回填。如发现该处主体承载力不够，应立即采取相应措施进行加固；黄土隧道施工，宜先做仰拱，当不能先做仰拱时，可在开挖与灌注仰拱混凝土前，为防止边墙向内位移，加设横撑；施工中如发现不安全因素，应暂停开挖，加强临时支护，以便采取适应性的工序安排。初期支护施工应采取的措施有：

（1）黄土围岩开挖后不能暴露时间过长，否则围岩周壁风化至内部，围岩体松弛会加快，进而造成塌方。因此，宜采用复合式衬砌，在开挖时应少扰动，开挖坑道后及时喷射混凝土，并以锚杆、钢筋网和支撑作为初期支护，以快速形成严密的支护体系。必要时可采用超前锚杆、管棚预支护加固围岩，并应在初期支护基本稳固后，进行永久支护衬砌的施工。衬砌背后尤其是拱顶回填要密实。

（2）仰拱开挖前应先拆除下部水平横撑，拆除长度应与仰拱长度一致，按先左后右、先上后下顺序进行，不得超长度拆除。

（3）当洞身黄土含水量较大时，应采用煤矿螺旋钻成孔；锚杆宜采用药包式或早强砂浆式锚杆，各种锚杆必须设置垫板。

（4）钢架基脚或分部开挖基脚等处设置注浆锁脚锚杆(管)或设置垫板，以控制钢架沉降。钢架每侧应施作锁脚锚杆(管)不少于2~4根，锁脚锚杆直径不小于22mm，长度不小于3.5m。

8.3 溶洞地段隧道施工

8.3.1 溶洞地段隧道

溶洞是以岩溶水的溶蚀作用为主，间有潜蚀和机械塌陷作用而造成的基本水平方向延伸的通道。溶洞是岩溶现象的一种。岩溶是指可溶性岩层，如石灰岩、白云岩、白云质灰岩、石膏、岩盐等，受水的化学和机械作用产生沟槽、裂缝和空洞以及由于空洞的顶部塌落使地表产生陷穴、洼地等现象和作用。我国石灰岩分布极广，常会遇到溶洞。因此，在这些地区修建公路隧道，必须予以注意。

溶洞的类型及对公路隧道施工的影响：溶洞一般有死、活、干、湿、大、小几种。死、干、小的溶洞比较容易处理，而活、湿、大的溶洞处理方法则较为复杂。

当公路隧道穿过可溶性岩层时，有的溶洞岩质破碎，容易发生坍塌；有的溶洞位于公路隧道底部，充填物松软且深，使公路隧道基底难以处理。有时遇到填满饱含水分的充填物溶槽，当坑道开挖至其边缘时，含水充填物不断涌入坑道，难以遏止，甚至使地表开裂下沉，山体压力剧增。有时遇到大的水囊或暗河，岩溶水或泥砂夹水大量涌入公路隧道。有的溶洞、暗河迂回交错，分支错综复杂、范围宽广，处理十分困难。

8.3.2 溶洞隧道施工要点

1. 超前地质预测预报

施工中采取长期、短期结合的方法，短期探测 30~50m，长期探测 200~400m。分别采用超前水平钻孔探测、地质雷达、TSP 地质预报系统、利用平导超前探明地质情况等手段，搞好超前地质预报，并对探测到的地质情况进行综合分析，做出判断，提出地质预报成果，作为防塌方、突水、突泥指导施工和动态设计的依据。

公路隧道通过岩溶区，应查明溶洞分布范围和类型、岩层的完整稳定程度、填充物和地下水情况，据以确定施工方法。对尚在发育或穿越暗河水囊等地质条件复杂的岩溶区，应查明情况审慎选定施工方案。对有可能发生突然大量涌水、流石流泥、崩坍落石等的地段，必须事先制定措施，确保施工安全。

2. 预防突水措施

公路隧道施工中会遇到溶洞、地下暗河，可能会出现突水现象，施工中应本着"先探后挖，以排为主，先排干后开挖"的原则处理。施工中可采取如下措施：

(1) 超前钻孔排水。在可能进入突水地段前 10~30m 的掌子面上布置超前钻孔，用坑道钻机深孔钻眼探水和排水。

(2) 开挖过程中采用超前炮孔探放水。

(3) 开凿迂回侧洞排水。在单纯用钻孔不能满足排水需要时，在衬砌完成或围岩坚硬稳定地段开挖迂回侧洞排水。

(4) 超前帷幕注浆封堵。超前帷幕注浆适用于溶洞规模较大、内部充填了大量的泥砂且含有丰富的地下水或富水的断裂带，一旦揭穿可能发生大规模突水突泥的情况。注浆加固的范围为公路隧道开挖轮廓线以外 1~2 倍洞径，每循环注浆段长 30m，孔径 90~180mm，注浆压力为水压力的 2~3 倍，浆液扩散半径为 2m。根据注浆压力，第一循环混凝土止浆墙为 2m 厚。注浆方式可根据水压大小、成孔难易程度，采取袖阀管后退式或孔口管分段前进式注浆。注浆材料可根据溶洞内充填物的情况选用水泥浆、TGRM 浆、高强水泥浆等。注浆后检验注浆效果，当达到开挖效果时，每循环开挖 22m，留 8m 作为止浆墙。如开挖后存在薄弱部位，采用长管或短管进行局部补充注浆(补注浆)。

3. 公路隧道过溶洞段的处理方法

先要解决施工中的排水问题，一般可采用平行导坑的施工方案，以超前钻探方法向前开挖。当出现大量涌水、流石流泥、崩坍落石等情况时，平导可作为泄水通道，正洞堵塞时也可利用平导在前方开辟开挖掌子面，不致正洞停工。岩溶地段隧道常用处理溶洞的方法有"引、堵、越、绕"4 种。

(1) 引：遇到暗河或溶洞有水流时，宜排不宜堵。应在查明水源流向及其与公路隧道位置的关系后，用暗管、涵洞、小桥等设施宣泄水流或开凿泄水洞将水排出洞外。当岩溶水流的位置在公路隧道顶部或高于公路隧道顶部时，应在适当距离处，开凿引水斜洞(或引水槽)将水位降低到隧底标高以下，再行引排。当公路隧道设有平行导坑时，可将水引入平行导坑排出。

(2) 堵：对已停止发育、跨径较小、无水的溶洞，可根据其与公路隧道相交的位置及其充填情况，采用混凝土、浆砌片石或干砌片石予以回填封闭；或加深边墙基础，加固公路隧道底部。当公路隧道拱顶部有空溶洞时，可视溶洞的岩石破碎程度在溶洞顶部采用锚杆或锚喷网加固，必要时可考虑注浆加固并加设公路隧道护拱及拱顶回填进行处理。

（3）越：当公路隧道一侧遇到狭长而较深的溶洞时，可加深该侧的边墙基础通过。公路隧道底部遇有较大溶洞并有流水时，可在公路隧道底部以下砌筑圬工支墙，支承公路隧道结构，并在支墙内套设涵管引排溶洞水。公路隧道边墙部位遇到较大、较深的溶洞，不宜加深边墙基础时，可在边墙部位或隧底以下筑拱跨过。当公路隧道中部及底部遇有深狭的溶洞时，可加强两边墙基础，并根据情况设置桥台架梁通过。公路隧道穿过大溶洞，情况较为复杂时，可根据情况，采用边墙梁、行车梁等，由设计单位负责特殊设计后施工。

（4）绕：在岩溶区施工，个别溶洞处理耗时且困难时，可采取迂回导坑绕过溶洞，继续进行公路隧道前方施工，并同时处理溶洞，以节省时间，加快施工进度。绕行开挖时，应防止洞壁失稳。

4. *溶洞地段隧道施工措施*

（1）在溶洞充填体中开挖，如充填物松软，可用超前支护施工。如充填物为极松散的砾石、块石堆积或流塑状黏土及砂黏土等可于开挖前采用地表注浆、洞内注浆或地表和洞内注浆相结合加固。如遇颗粒细、含水量大的流塑状土壤，可采用劈裂注浆技术，注入水泥浆或水泥水玻璃双液浆进行加固。

（2）开挖方法宜采用台阶法，必要时采用CD法。在Ⅱ级、Ⅲ级围岩条件下，且溶洞仅穿过公路隧道底部一小部分断面时，可采用全断面法。爆破开挖时，按“密布眼、少装药”的原则进行，遇有渗漏水时应小心施爆。当公路隧道只有一侧遇到溶洞时，应先开挖该侧，待支护完成后再开挖另一侧。

（3）溶洞未做出处理方案前，岩溶地段的溶洞空腔、暗河的处理应首先选择疏导、连通方案，不应改变地下水总的流动趋势。不要将弃碴随意倾填于溶洞中。因弃碴覆盖了溶洞，不但不能了解其真实情况，反而会造成更多困难。

（4）岩溶地区隧道支护和二次衬砌应根据溶洞情况予以加强，二次衬砌施工前，应采用物探手段检查公路隧道周边环形加固层及层外围岩情况，重点检查拱部、底板、侧边墙5m以内是否存在有害空洞，公路隧道底部是否密实。

8.4 松散地层和流砂地段隧道施工

8.4.1 松散地层施工

松散地层结构松散，胶结性弱，稳定性差，在施工中极易发生坍塌，如极度风化破碎已失岩性的松散体、漂卵石地层、砂夹砾石和含有少量黏土的土壤以及无胶结松散的干砂等。公路隧道穿过这类地层时，应减少对围岩的扰动，一般采取先护后挖、密闭支撑、边挖边封闭的施工原则，必要时可采用超前注浆改良地层和控制地下水等措施。下面简述几种主要施工方法。

1. 超前支护

公路隧道开挖前，先向围岩内打入钎、管、板等构件，用以预先支护围岩，防止坑道开挖时岩体发生坍塌，主要方法有超前锚杆、超前小钢管注浆和超前管棚法。

2. 超前小导管预注浆

超前小导管预注浆是沿开挖外轮廓线，以一定角度打入管壁带孔的小导管，并以一定压力向管内压注水泥或化学浆液的措施。它既能将洞周围岩体预加固，又能起超前预支护作用。此法适用于自稳时间很短的砂层、砂卵(砾)石层等松散地层施工。

3. 降水、堵水

松散地层中含水，对公路隧道施工的危害极大。排除施工部位的地下水，有利于施工。降水、堵水的方法较多，如降水可在洞内或辅助坑道内井点降水。在埋深较浅的公路隧道中，可用深井泵降水，在洞外地面公路隧道两侧布点进行。

在地下水丰富且排水条件或排水费用太高时，经过技术、经济比选，可采用注浆堵水措施。注浆堵水又分地面预注浆和洞内开挖掌子面预注浆。采用哪种方法，应根据公路隧道埋深、工程地质和水文地质情况、钻孔和压浆设备能力，以及技术、经济、工期等方面进行综合分析后采用。

4. 施工技术措施

(1) 采用台阶法开挖，并及时施作锚杆、挂网、喷射混凝土、钢架等支护结构，严格控制进尺；仰拱超前，及时施作二次衬砌，形成闭合环。

(2) 小断面隧道宜采用台阶法预留核心土环形开挖；大断面隧道宜采用中隔壁法、交叉中隔壁法或双侧壁导坑法，并尽早使初期支护封闭成环。开挖循环进尺宜为0.5~1.5m。

(3) 二次衬砌在初期支护完成后应尽快施作，并予以加强。仰拱必须超前施作，尽早形成闭合结构。

8.4.2　流砂层隧道施工

1. 流砂层

流砂是砂土或粉质黏土在水的作用下丧失其内聚力后形成的，多呈糊浆状，对公路隧道施工危害极大。由于流砂可引起围岩失稳坍塌、支护结构变形，甚至倒塌破坏，因此，治理流砂必先治水，以减少砂层的含水量为主。

2. 施工要点

(1) 超前地质预报和探测。在施工扰动下，砂层的工程性质会更加恶化，但现有的勘探手段和物探技术很难查明其特性。因此，施工中要综合多种手段进行超前探测。流砂层隧道超前地质预报和探测所采用的仪器设备、方法和技术要求与前文所述岩溶隧道类似。

(2) 加强调查，制订方案。施工中应调查流砂特性、规模，了解地质构成、贯入度、相对密度、粒径分布、塑性指数、地层承载力、滞水层分布、地下水压力和透水系数等，并制订出切实可行的治理方案。

(3) 因地制宜，综合治水。公路隧道通过流砂地段，处理地下水的问题是解决公路隧道流砂、流泥施工难题中的首要关键技术。施工时，因地制宜，采用“防、截、排、堵”的治理方法。

① 防——建立地表沟槽导排系统及仰坡地表局部防渗处理，防止降雨和地表水下渗。

② 截——在正洞之外水源一侧，采用深井降水，将储藏丰富的构造裂隙水通过深井抽水排走，减少正洞的静水和动水压力，对地下水起到拦截作用。

③ 排——有条件的公路隧道在正洞水源下游一侧开挖一条洞底低于正洞仰拱的泄水洞，用以降排正洞的地下水，或采用水平超前钻孔真空负压抽水的办法，排除正洞的地下水。

④ 堵——采用注浆方法充填裂隙，形成止水帷幕，减少或堵塞渗水通道。

以上几种施工方法，应根据工程地质、水文地质条件，地下水的性质、类型、赋存部位以及工期要求和经济效益等因素综合分析，合理选用。

(4) 先护后挖，加强支护。开挖时必须自上而下分步进行，先护后挖，密闭支撑，边挖边封闭，遇缝必堵，严防砂粒从支撑缝隙中逸出。也可采用超前注浆，以改善围岩结构，用水泥浆或水泥水玻璃为主的注浆材料注入或用化学药液注浆加固地层，然后开挖。

在施工中应观测支撑和衬砌的实际沉落量的变化，及时调整预留量。架立支撑时应设底梁并纵横、上下连接牢固，以防箱架断裂倾倒。拱架应加强刚度，架立时设置底梁并垫平楔紧，拱脚下垫铺牢固。支撑背面用木板或槽型钢板遮挡，严防流砂从支撑间逸出。在流砂逸出口附近较干燥围岩处，应尽快打入锚杆或施作喷射混凝土，加固围岩，防止逸出扩大。

(5) 尽早衬砌，封闭成环。流砂地段，拱部和边墙衬砌混凝土的灌注应尽量缩短时间，尽快与仰拱形成封闭环。这样，即使围岩中出现流砂也不会对洞身衬砌造成破坏。

8.5 岩爆地层隧道施工

8.5.1 岩爆

埋藏较深的公路隧道工程，在高应力、脆性岩体中，由于施工爆破扰动原岩，岩体受到破坏，使掌子面附近的岩体突然释放出潜能，产生脆性破坏。这时，围岩表面发生爆裂声，随之有大小不等的片状岩块弹射剥落出来。这种现象称为岩爆。岩爆有时频繁出现，甚至会延续一段时间后才逐渐消失。岩爆不仅直接威胁作业人员与施工设备的安全，而且严重影响施工进度，增加工程造价。

1. 公路隧道内岩爆的特点

(1) 岩爆在未发生前并无明显的预兆(虽然经过仔细找顶并无空响声)。一般认为不会掉落石块的地方，也会突然发生岩石爆裂声响，石块有时应声而下，有时暂不坠落。这与塌顶和侧壁坍塌现象有明显的区别。

(2) 岩爆时，岩块自洞壁围岩母体弹射出来，一般呈中厚边薄的不规则片状，块度大小多呈几厘米长宽的薄片，个别达几十厘米长宽。严重时，上吨重的岩石从拱部弹落，造成岩爆性塌方。

（3）岩爆发生的地点多在新开挖掌子面及其附近，个别的也有在距新开挖掌子面较远处的。岩爆发生的频率随暴露后的时间延长而降低。一般岩爆发生在16天之内，但是也有滞后一个月甚至数月还有发生岩爆的。

2. 岩爆产生的主要条件

国内外的专家研究结果表明，地层的岩性条件和地应力的大小是产生岩爆与否的两个决定性因素。从能量的观点来看，岩爆的形成过程是岩体中的能量从储存到释放直至最终使岩体破坏而脱离母岩的过程。因此，岩爆是否发生及其表现形式就主要取决于岩体中是否储存了足够的能量、是否具有释放能量的条件及能量释放的方式等。

3. 岩爆强度分级

根据岩石强度、岩层中的原始初应力、围岩类别、公路隧道埋深以及岩石含水量、脆性、节理等将岩爆按强度大小进行严格分级，分级标准如表8.1所示。

表8.1　岩爆强度大小分级表

分级	原始应力/围岩强度（σ_0/R_b）	围岩级别	埋深 h/m	围岩强度 R_b/MPa
微弱岩爆	0.15~0.25	Ⅱ、Ⅲ	<200	80~120
中等强度岩爆	0.20~0.35	Ⅱ、Ⅲ	200~700	120~180
强烈岩爆	>0.30	Ⅰ、Ⅱ	>700	>180

8.5.2　岩爆隧道施工要点

1. 地质预报

在可能有岩爆发生的公路隧道施工前，应加强岩爆预测工作。常采用以下方法进行地质预报：以超前探孔为主，辅以地震波、电磁波、钻速测试等手段；开挖面及其附近的观察预报，通过地质的观察、素描，分析岩石的“动态特性”，主要包括岩体内部发生的各种声响和局部岩体表面的剥落等；采用工程地质类比法进行宏观预报。

采用地应力、岩石强度进行宏观预报预测，进行岩石强度室内实验，判断岩爆发生的可能性。采用全断面光面爆破开挖，并严格控制用药量，以尽可能减少爆破对围岩的影响，使开挖的轮廓光滑圆顺，尽可能避免应力集中。对掌子面及周边围岩进行超前钻孔，采用高压注水及喷洒湿润先期围岩，降低其弹性模量。裂隙水可使原始应力缓慢且均衡地释放，阻滞并减轻或减少岩爆的发生。结合超前地质预报技术，用地震仪对掌子面前方15~20m的地段进行检测，用地震波速推算岩石强度，并根据岩石强度及有关经验公式判定存在岩爆的可能性。

2. 施工方法

岩爆段开挖掘进的原则是短进尺、多循环、弱爆破、及时支护，必要时施作临时仰拱。岩爆地段采用钻爆法施工时，应短进尺掘进，减小装药量和减少爆破频率，控制光爆效果，使公路隧道周边圆顺，以减少围岩表层应力集中现象，降低岩爆发生的强度。一般地，微弱岩爆、中等强度岩爆进尺控制在2~2.5m，尽可能全断面开挖，一次成形，以减少围岩应力平衡状态的破坏；强烈岩爆进尺控制在2m以内，必要时下部可预留1/3分两部开挖，以降低岩爆破坏程度。

(1) 微弱岩爆地段，可直接在开挖面上洒水，软化表层，促使应力释放和调整。

(2) 中等以上岩爆地段，在公路隧道开挖断面轮廓线外 10~15cm 范围内，采取在侧壁及拱部注水、超前预裂爆破、排孔法、切缝法等卸压方法。打设注水孔的同时并向孔内喷灌高压水，软化围岩，加快围岩内部的应力释放。

(3) 对大断面隧道，可先掘进贯通一个断面积为 15~30m^2 小导洞，使岩层中的高地应力得以部分释放，再进行公路隧道的开挖。

岩爆地段开挖后，应及时进行挂网锚喷支护，达到“以柔克刚”的目的。当岩爆烈度级别较高时，采用加密锚杆、挂网、网喷及钢支撑相结合的联合支护方法，以提高结构的整体支护能力，防止岩块突然弹射或剥落。岩爆地段初期支护可参照表 8.2 取值。

表 8.2　岩爆地段初期支护参数表

岩爆强度	初期支护			
	系统锚杆	喷射混凝土	钢筋网	钢支撑
微弱岩爆	ϕ22 砂浆锚杆加垫板，长 2m，间距 120cm，梅花形布置	C20 混凝土，厚 10cm	ϕ6mm，间距 20cm×20cm	—
中等强度岩爆	ϕ22 砂浆锚杆加垫板，长 2~3m，间距 100cm，梅花形布置	C20 混凝土，厚 10~12cm	ϕ8mm，间距 20cm×20cm	必要时，增设格栅钢架支撑等
强烈岩爆	ϕ22 砂浆锚杆加垫板，长 3~3.5m，间距 50~100cm，梅花形布置。掌子面采用 ϕ40mm 超前管缝式锚杆加固，长 3.5m，间距 1~2m	C20 混凝土，厚 15cm，必要时喷 15cm 厚 C20 混凝土封闭掌子面，分 3 个循环作业	ϕ8mm，间距 20cm×20cm	设置格栅钢架支撑，增设仰拱等

3. 安全技术措施

(1) 加强施工管理。岩爆地段施工时，必须加强施工的组织管理，制定严格的安全施工措施，进行岩爆安全知识教育。各方人员要提高安全意识，对任何事件的发生都要具备灵活迅速处理的能力。在强岩爆段施工中，要求机械设备应挂网防护覆盖，施工人员要做好个人防护，安排专人检查已喷地段是否有掉皮、脱壳等现象，对掉皮、脱壳地层段及时进行补喷和处理。

(2) 喷洒高压水。爆破后立即向工作面及其以后约 15m 范围内公路隧道周边喷洒高压水，以适当改变岩石物理力学性能，降低岩石脆性，达到减弱岩爆烈度的目的。另外，围岩表面冲洗干净后也便于对围岩进行检查。

(3) 改善施工方法。岩爆严重地段，将全断面开挖改为分部开挖，以使应力逐步释放，达到降低岩爆危害程度的目的。预先在工作面有可能发生岩爆的部位有规则地打一些空眼，不设锚杆，以便适当释放应力，阻止围岩达到极限应力而发生岩爆。将深孔爆破改为浅孔爆破，以缩短循环进尺，减少一次用药量。在掌子面及附近洞壁上打一些深孔(也可利用炮眼孔和锚杆孔)，向岩体深部注高压水，使水渗透到围岩内部的裂隙，使岩石强度和弹性模量降低，提高其塑性变形能力，减缓岩爆。

(4) 加强现场岩爆监测、警戒及巡回找顶，必要时及时躲避。

(5) 采用光面爆破，并严格控制用药量，以尽可能减少爆破对围岩的影响。

(6) 加强支护工作，衬砌工作要紧跟开挖工序进行，以尽可能减少岩层暴露时间，减少岩爆发生和确保人身安全。

8.6 瓦斯地层隧道施工

8.6.1 瓦斯隧道

1. 瓦斯

瓦斯是地下坑道内有害气体的总称，其成分以甲烷(CH_4)为主。当公路隧道穿过煤层、油页岩或含沥青等岩层，或从其附近通过而围岩破碎、节理发育时，可能会遇到瓦斯。如果洞内空气中瓦斯浓度已达到爆炸限度与火源接触，就会引起爆炸，给公路隧道施工带来很大的危害和损失。因此，在有瓦斯的地层中修建公路隧道，必须采取相应措施，才能安全顺利施工。

2. 瓦斯的性质

瓦斯为无色、无臭、无味的气体，与碳化氢或硫化氢混合在一起，产生类似苹果的香味。由于空气中瓦斯浓度增加，氧气相应减少，很容易使人窒息或死亡。瓦斯比重为0.554，仅占空气的一半，所以在公路隧道内，瓦斯容易存在坑道顶部，其扩散速度比空气大1.6倍，很容易透过裂隙发达、结构松散的岩层。瓦斯不能自燃，但极易燃烧，其燃烧的火焰颜色随瓦斯浓度的增大而变淡，空气中含有少量瓦斯时火焰呈蓝色，浓度在5%左右时，火焰呈淡青色。

3. 瓦斯隧道分类

瓦斯隧道分为低瓦斯隧道、高瓦斯隧道及瓦斯突出隧道三种，瓦斯隧道的类型按隧道内瓦斯工区的最高级确定。瓦斯隧道工区分为非瓦斯工区、低瓦斯工区、高瓦斯工区、瓦斯突出工区共四类。

低瓦斯工区和高瓦斯工区可按绝对瓦斯涌出量进行判定。当全工区的瓦斯涌出量小于$0.5m^3/min$时，为低瓦斯工区；大于或等于0.5m/min时，为高瓦斯工区。

瓦斯隧道只要有一处有突出危险，该处所在的工区即为瓦斯突出工区。判定瓦斯突出必须同时满足下列4个指标：瓦斯压力$P>0.74MPa$；瓦斯放散初速度指标$\Delta p \geqslant 10$；煤的坚固性系数$f<0.5$；煤的破坏类型为Ⅲ类及以上。

8.6.2 瓦斯隧道施工要点

1. 地质勘探与瓦斯测定

(1) 瓦斯隧道勘测时，应调查、收集邻近煤矿和油气田的既有资料，其内容包括：区域性地质、矿产地质、水文地质、有害气体的实测资料，油气田、气井资料及有关瓦斯赋存、突出的其他地质资料(含地质平面图、剖面图、煤系柱状图、煤层对比图、钻孔资料、公路隧道勘察报告、各阶段地质报告等)；公路隧道所在区域的井田的分布、开采水平、通风方式、瓦斯等级、采空区范围、采煤及顶板管理办法、接替采区和规划采区的位置及范围等资料；有关瓦斯矿井通风和煤与瓦斯突出的历史记载和实测资料；等等。

（2）瓦斯隧道的地质工作除查明一般地形、地貌、工程地质、水文地质条件外，应着重调查和确定以下内容：隧道的瓦斯来源；公路隧道通过的地层层序、年代、岩层种类及含煤地层的分布，煤层数及顶底板特征和位置，煤层厚度、倾角，公路隧道穿煤里程及长度；煤层的主要物理性质和指标以及工业成分分析，包括颜色、光泽、重度、硬度、水分、挥发分、固定碳、灰分、瓦斯含量、瓦斯压力、瓦斯放散初速度等；煤的自燃及煤尘爆炸性判断，煤与瓦斯突出危险性判断；公路隧道区域煤矿采空区形态，接替及规划采区位置及压煤量；煤层的瓦斯带和瓦斯风化带位置；形成瓦斯的地质构造，包括煤层、油页岩层所处的构造部位，天然气的生成、运移、储集、封闭条件及影响因素，地下水对天然气运移、储存的影响。

瓦斯隧道除应按一般隧道布置勘探工作外，尚应适当增加钻孔，采取煤样和气样进行成分分析，并在现场进行瓦斯及天然气含量、涌出量、压力等测试工作。工程地质报告应有专门篇章评述煤层、瓦斯和天然气的情况，以及瓦斯地质分析、采空区及压煤量、邻近的煤矿和油气田、气井情况、隧道瓦斯严重程度预测及对工程的影响、建议技术措施等。瓦斯隧道施工期间，应进行地质复查工作。对于揭露的煤层，应取样复测煤层的瓦斯含量和其他有关参数，必要时应钻孔埋管实测瓦斯压力，以及通过通风和瓦斯检测来计算全坑道的瓦斯涌出量，根据检测结果核对施工工区和煤系地层的瓦斯等级，必要时应进行修正，同时应相应修改设计。

（3）瓦斯预测与评估。勘测阶段应根据煤与瓦斯参数，结合施工方案、进度安排，分段或分煤层预测隧道及辅助坑道的绝对瓦斯涌出量。勘测阶段应根据煤体结构及有关参数，进行煤层突出危险性预测和瓦斯隧道的瓦斯工区、含瓦斯地段的等级划分。高瓦斯隧道和瓦斯突出隧道的设计阶段应编制指导性专项施工组织设计，内容包括探煤（瓦斯）、揭煤（瓦斯）和防突的方法及措施、施工通风布置和必要的技术装备，以及施工阶段的瓦斯检测、煤与瓦斯突出参考指标及要求等。

2. 瓦斯隧道开挖

采用机械开挖必须选用具有防爆电气设备的公路隧道开挖机或盾构机。目前，国内大多采用钻爆法施工，宜采用全断面开挖，因其工序简单、面积大、通风好，随开挖随衬砌，能够很快缩短煤层（油气层）的瓦斯放出时间和缩小围岩暴露面，有利于排除瓦斯。

（1）钻爆作业应符合下列要求：

① 瓦斯工区钻孔作业应符合下列规定：开挖掌子面附近 20m 风流中瓦斯浓度必须小于 0.5%；必须采用湿式钻孔；炮眼深度不应小于 0.6m。

② 爆破地点 20m 内车辆、碎石、煤渣等物体阻塞开挖断面不得大于 1/3；通风应风量足、风向稳，局扇无循环风；炮眼内煤、岩粉应清除干净；炮眼封泥不足或不严不应进行爆破。

瓦斯工区的爆破作业必须采用煤矿许用炸药，有突出地段采用安全等级不低于三级的煤矿许用的含水炸药。瓦斯工区必须采用电力起爆，并使用煤矿许用电雷管。严禁使用秒级或半秒级电雷管。使用煤矿许用毫秒延期电雷管时，最后一段的延期时间不得大于

130m/s。瓦斯工区采用电雷管起爆时，严禁反向装药。采用正向连续装药结构时，雷管以外不得装药卷。在岩层内爆破，炮眼深度不足 1.0m 时，装药长度不得大于炮眼深度的 1/2；炮眼深度为 1.0m 以上时，装药长度不得小于炮眼深度的 1/2；炮眼深度超过 2.5m 时，封泥长度不得小于 1m。所有炮眼的剩余部分应用炮泥封堵。炮泥应用水炮泥，水炮泥外剩余的炮眼部分应用黏土炮泥填满封实，严禁用煤粉、块状材料或其他可燃性材料作炮泥。

（2）爆破网路和连线，必须符合下列要求：

必须采用串联连接方式。线路所有连接接头应相互扭紧，明线部分应包覆绝缘层并悬空。母线与电缆、电线、信号线应分别挂在巷道的两侧，若必须在同一侧时，母线必须挂在电缆下方，并应保持 0.3m 以上间距。母线应采用具有良好绝缘性和柔软性的铜芯电缆，并随用随挂，严禁将其固定。母线的长度必须大于规定的爆破安全距离。必须采用绝缘母线单回路爆破。严禁将瞬发电雷管与毫秒电雷管在同一串联网路中使用。电力起爆必须使用防爆型起爆器作为起爆电源，一个开挖掌子面不得同时使用两台及以上起爆器起爆。在低瓦斯工区和高瓦斯工区进行爆破作业时，爆破后 15min（突出工区 30min）应巡视爆破地点，检查通风、瓦斯、煤尘、瞎炮、残炮等情况，遇有危险必须立即处理。在确认瓦斯浓度小于 1%、二氧化碳浓度小于 1.5%，解除警戒后，工作人员方可进入开挖掌子面工作。

3. *衬砌结构*

瓦斯地段应采用复合式衬砌，其初期支护和二次衬砌应根据埋置的深度、围岩级别、工程地质和水文地质条件、瓦斯严重程度按全封闭原则进行设计和施工。瓦斯隧道的衬砌结构应有防瓦斯措施，确定防瓦斯处理范围时，高瓦斯、突出地段应向低瓦斯地段适当延长，低瓦斯地段应向无瓦斯地段适当延长。

含瓦斯地段的喷射混凝土厚度不应小于 15cm，模筑混凝土衬砌厚度不应小于 40cm。喷射混凝土、模筑混凝土中掺用气密剂，模筑混凝土衬砌施工缝应进行气密处理，其封闭瓦斯性能不应小于衬砌本体。

（1）掺气密剂的混凝土施工材料应符合下列规定：水泥宜选用普通硅酸盐水泥，不得采用其他水泥；砂的细度模数 $M_x \geq 2.7$，含泥量不大于 3%，不得使用细砂；石子的最大粒径 $D_{max} \leq 40$mm，级配宜为 2~3 级，含泥量不大于 1%，不得有泥土块，或泥土包裹石子表面，针片状颗粒含量不大于 15%；气密剂宜选用 FS-KQ 型，掺量应符合设计要求，气密剂为硅灰、粉煤灰及高效减水剂的复合剂。

（2）掺气密剂的混凝土施工应符合下列要求：C20 混凝土配合比宜为 1∶2.5∶3.5，水灰比宜取 0.48；原材料应按以上配合比进行称量，水的允许偏差为±1%，水泥及气密剂的允许偏差为±2%，砂石允许偏差为±3%；原材料应采用强制式搅拌机搅拌，不得采用人工拌和；水泥、气密剂及砂应先干拌 1~1.5min，达到颜色均匀后，再加入石子及水搅拌 1.5~2.0min，形成均匀的拌和物；混凝土拌和物从搅拌机卸出至灌注完毕所需时间宜为 40~60min；应采用机械振捣，不得人工振捣；连续养护时间不得少于 28d，并应避免在 5℃以下施工。

当衬砌内设置瓦斯隔离层时，其垫层应采用闭孔型泡沫塑料，厚度不应小于 4mm。全封闭防瓦斯地段有地下水时，宜采取在左右边墙下部外侧铺设纵向透水管，将地下水引离含瓦斯地段的排水措施。透水管终点宜设置气水分离装置，分离出的瓦斯气体可用管道引出洞外在高处放散。从公路隧道内引出瓦斯的金属管，其上端管口距地面不应小于10m，并应妥善接地，防止雷击。瓦斯放空管的接地电阻不得大于5Ω，其周围20m内禁止有明火火源及易燃易爆物品。当公路隧道内含瓦斯地段较长且初始瓦斯压力大于0.74MPa时，宜在衬砌背后预埋通向大气的降压管；有平行导坑时，可从平行导坑向正洞施钻瓦斯降压孔，防止公路隧道建成后瓦斯压力回升。

4. 辅助坑道

瓦斯隧道辅助坑道的设置，应按瓦斯工区与非瓦斯工区，结合施工通风需要，综合研究，确定方案。在确定斜井、竖井、横洞位置时，应避免通过或靠近煤层，不能避免时，宜减少通过或靠近煤层的长度。高瓦斯工区和瓦斯突出工区宜设置平行导坑，采用巷道式通风，设置灾害避难所，进行远距离爆破等安全措施。

瓦斯隧道的斜(竖)井作为抽出式通风井时，不得兼做提升井。井内应设方便检修人员工作及避难行走的人行台阶(竖井为梯子间)。瓦斯隧道的辅助坑道，当在运营期间予以利用时，应设置永久性支护。公路隧道竣工交付运营前，在辅助坑道洞口及与正洞相交处、含瓦斯地段两端等位置，宜修建永久性防瓦斯密闭门和采取其他防瓦斯措施，并应定期维修。公路隧道竣工后，必要时应在辅助坑道内设置专供运营期间使用的瓦斯检测仪表和通风设备，保障辅助坑道维修管理工作的安全。

8.6.3 防治瓦斯爆炸

1. 瓦斯的燃烧和爆炸性

当坑道中的瓦斯浓度小于5%时，若遇到火源时，瓦斯只是在火源附近燃烧而不会爆炸；瓦斯浓度在5%~6%到14%~16%时，遇到火源具有爆炸性；瓦斯浓度大于14%~16%时，一般不爆炸，但遇火能平静地燃烧。瓦斯浓度爆炸界限见表8.3。

表8.3　瓦斯爆炸浓度界限

瓦斯浓度/%	爆炸界限	瓦斯浓度/%	爆炸界限
5~6	瓦斯爆炸下界限	8.0	最易点燃
14~16	瓦斯爆炸上界限	低于5.0、大于14~16	不爆炸，与火焰接触部分燃烧
9.5	爆炸最强烈		

瓦斯燃烧时，遇到障碍而受压缩，即能转燃烧为爆炸。爆炸时能产生高温，封闭状态的爆炸(容积为常数)，温度可为2150~2650℃；能向四周自由扩张时的爆炸(压力为常数)，温度可达1850℃。坑道中发生瓦斯爆炸后，坑道中完全无氧，而充满氮气、二氧化碳及一氧化碳。这些有害气体很快会传布到邻近的坑道和掌子面，凡是来不及躲避的人，都会遭到中毒窒息，甚至死亡。

瓦斯爆炸时，爆炸波运动造成暴风在前、火焰在后，暴风遇到积存瓦斯，使它先受到压力，然后火焰点燃发生爆炸。第二次瓦斯受到的压力比原来的压力大，因此爆炸后的破坏力更加剧烈。

2. 瓦斯放出的类型

从岩层中放出瓦斯，可分为3种类型：

(1) 瓦斯的渗出：它缓慢地、均匀地、不停地从煤层或岩层的暴露面的空隙中渗出，延续时间很久，有时带有一种嘶音。

(2) 瓦斯的喷出：比上述渗出强烈，从煤层或岩层裂缝或孔洞中放出，喷出的时间有长有短，通常有较大的响声和压力。

(3) 瓦斯的突出：在短时间内，从煤层或岩层中突然猛烈地喷出大量瓦斯，喷出的时间可能从几分钟到几天，喷出时常有巨大轰响，并夹有煤块或岩石。

以上3种瓦斯放出形式，以第一种放出的瓦斯量为大。

3. 防止瓦斯爆炸

公路隧道穿过瓦斯溢出地段，应预先确定瓦斯探测方法，并制定瓦斯稀释措施、防爆措施和紧急救援措施等。

(1) 加强通风系统管理，防止瓦斯积聚。

① 公路隧道施工通风。非瓦斯工区的施工通风方式宜采用压入式或混合式。低瓦斯工区的施工通风方式应采用压入式，也可采用巷道式。高瓦斯工区和瓦斯突出工区，施工通风方式宜采用巷道式。瓦斯隧道各工区在贯通前，应做好风流调整的准备工作。贯通后，公路隧道各工区必须调整通风系统，防止瓦斯超限，待通风系统风流稳定后，方可恢复工作。

瓦斯隧道各开挖掌子面必须采用独立通风，严禁任何两个掌子面之间串联通风。瓦斯隧道需要的风量，必须按照爆破排烟、同时工作的最多人数以及瓦斯绝对涌出量分别计算，并按允许风速进行检验，采用其中的最大值。

按瓦斯绝对涌出量计算风量时，对于低瓦斯工区，应将洞内各处的瓦斯浓度稀释到0.5%以下；对于高瓦斯工区和瓦斯突出工区，其长度较大的独头坑道，应将开挖掌子面风流中的瓦斯浓度稀释到0.5%以下；平行导坑仅做巷道式通风的回风道时，其瓦斯浓度应小于0.75%。

瓦斯隧道施工中防止瓦斯积聚的风速不宜小于0.25m/s。瓦斯隧道施工中，对瓦斯易于积聚的空间和衬砌模板台车附近区域，可采用空气引射器、气动风机等设备，实施局部通风的方法，消除瓦斯积聚。瓦斯隧道在施工期间，应实施连续通风。因检修、停电等停风时，必须撤出人员，切断电源。恢复通风前，必须检查瓦斯浓度。当停风区中瓦斯浓度不超过1%，并在压入式局部通风机及其开关地点附近20m以内风流中的瓦斯浓度均不超过0.5%时，方可人工开动局部通风机。当停风区中瓦斯浓度超过1%时，必须制定排除瓦斯的安全措施，回风系统内还必须停电撤人。只有经检查证实停风区中瓦斯浓度不超过1%时，方可人工恢复局部通风机供风的坑道中一切电气设备的供电。采用平行导坑做回风道时，除用作回风的横通道外，其他不用的横通道应及时封闭。留作运输用的横通道应设两道风门，防止风流短路。

② 通风设备。压入式通风机必须装设在洞外或洞内新鲜风流中，避免污风循环。瓦斯工区的通风机应设两路电源，并应装设风电闭锁装置。当一路电源停止供电时，另一路应在15min内接通，保证风机正常运转。瓦斯工区必须有一套同等性能的备用通风机，并经常保持良好的使用状态。

瓦斯突出隧道开挖掌子面附近的局部通风机，均应实行专用变压器、专用开关、专用线路供电、风电闭锁、瓦斯电闭锁装置。瓦斯隧道应采用抗静电、阻燃的风管。风管口到开挖掌子面的距离应小于5m，风管百米漏风率不应大于2%。

（2）杜绝洞内火源。

① 电气设备与作业机械。公路隧道内非瓦斯工区和低瓦斯工区的电气设备与作业机械可使用非防爆型，其行走机械严禁驶入高瓦斯工区和瓦斯突出工区。

公路隧道内高瓦斯工区和瓦斯突出工区的电气设备与作业机械必须使用防爆型。高瓦斯工区和瓦斯突出工区供电应配置两路电源。工区内采用双电源线路，其电源线上不得分接公路隧道以外的任何负荷。

瓦斯工区内各级配电电压和各种机电设备的额定电压等级应符合下列要求：高压不应大于10000V；低压不应大于1140V；照明、手持式电气设备的额定电压和电话、信号装置的额定供电电压，在低瓦斯工区不应大于220V；在高瓦斯工区和瓦斯突出工区不应大于127V；远距离控制线路的额定电压不应大于36V。

瓦斯工区内的配电变压器严禁中性点直接接地。严禁由洞外中性点直接接地的变压器或发电机直接向瓦斯隧道内供电。凡容易碰到的、裸露的电气设备及其带动机械外露的传动和转动部分，都必须加装护罩或遮拦。

② 电缆。

a. 电缆选择。瓦斯工区内高压电缆的选用应符合下列规定：固定敷设的电缆应根据作业环境条件选用；移动变电站应采用监视型屏蔽橡套电缆；电缆应采用铜芯。瓦斯工区内低压动力电缆的选用应符合下列规定：固定敷设的电缆应采用铠装铅包纸绝缘电缆、铠装聚氯乙烯电缆或不延燃橡套电缆；移动式或手持式电气设备的电缆，应采用专用的不延燃橡套电缆；开挖面的电缆必须采用铜芯。瓦斯工区内固定敷设的照明、通信、信号和控制用的电缆应采用铠装电缆、不延燃橡套电缆或矿用塑料电缆。

b. 电缆的敷设。电缆应悬挂，悬挂点间的距离，在竖井内不得大于6m，在正洞、平行导坑和斜井内不得大于3m。电缆不应与风、水管敷设在同一侧，当受条件限制需敷设在同一侧时，必须敷设在管子的上方，其间距应大于0.3m。高、低压电力电缆敷设在同一侧时，其间距应大于0.1m。高压与高压、低压与低压电缆间的距离不得小于0.05m。

c. 电缆的连接。电缆与电气设备连接，必须使用与电气设备的防爆性能相符合的接线盒。电缆芯线必须使用齿形压线板或线鼻子与电气设备连接。在高瓦斯工区和瓦斯突出工区内，电缆之间若采用接线盒连接，其接线盒必须是防爆型的。高压纸绝缘电缆接线盒内必须灌注绝缘充填物。

③ 电器与保护。瓦斯工区内的电气设备不应大于额定值运行。瓦斯工区内的低压电气设备，严禁使用油断路器、带油的启动器和一次线圈为低压的油浸变压器。

瓦斯工区照明灯具的选用，应符合下列规定：已衬砌地段的固定照明灯具，可采用EMⅡ型防爆照明灯；开挖掌子面附近的固定照明灯具，必须采用EXdⅠ型矿用防爆照明灯；移动照明必须使用矿灯。

公路隧道内高压电网的单相接地电容电流不得大于20A。瓦斯工区内禁止高压馈电线路单相接地运行，当发生单相接地时，应立即切断电源。低压馈电线路上，必须装设能自动切断漏电线路的检漏装置。

高瓦斯工区和瓦斯突出工区内的局部通风机和开挖掌子面的电气设备，必须装设风电闭锁装置。当局部通风机停止运转时，应立即自动切断局部通风机供风区段的一切电源。

为了防止雷电波及公路隧道内引起瓦斯爆炸，必须遵守下列规定：经由地面架空线路引入公路隧道内的供电线路，必须在公路隧道洞口处装设避雷装置；由地面直接进入公路隧道内的轨道和露天架空引入(出)的管路，必须在公路隧道洞口附近对金属体进行不少于2处的集中接地；通信线路必须在公路隧道洞口处装设熔断器和避雷装置。

公路隧道内36V以上和由于绝缘损坏可能带有危险电压的电气设备的金属外壳、构架等，都必须有保护接地，其接地电阻值应满足下列要求：接地网上任一保护接地点的接地电阻值不得大于2Ω；每一移动式或手持式电气设备与接地网间的保护接地，所用的电缆芯线的电阻值不得大于1Ω。

④ 防止其他火源。瓦斯隧道洞口设置值班房和门禁系统，必须坚持24h值班，值班房设洞内工序状态揭示牌，所有进洞人员分工序挂牌上岗、下班摘牌离岗，其他人员进洞须经过批准后方可进入，并建立详细记录台账。做好洞口检身，瓦斯隧道严禁火源进洞并防止火源的出现，严禁穿化纤衣服入井。

8.6.4　防治煤与瓦斯突出

1. 煤层超前探测和煤与瓦斯突出鉴定

(1) 煤层超前探测。接近突出煤层前，必须对设计标示的各突出煤层位置进行超前探测，标定各突出煤层准确位置，掌握其赋存情况及瓦斯状况。超前探孔施工应符合下列规定：

① 接近突出煤层前，应在距设计煤层位置15~20m(垂距)处的开挖掌子面打超前探孔1个，初探煤层位置。

② 在距初探煤层位置10m(垂距)处的开挖掌子面上打3个超前探孔，并取岩(煤)心，分别探测开挖掌子面前方上部及左右部位煤层位置。

③ 按各孔见煤、出煤点计算煤层厚度、倾角、走向及与公路隧道的关系，并分析煤层顶、底板岩性。

④掌握并收集探孔施工过程中的瓦斯动力现象。

⑤ 各探孔施工应满足下列条件：每个探孔应穿透煤层并进入顶(底)板不小于0.5m；正式探测孔应取完整的岩(煤)心，进入煤层后宜用干钻取样；各探孔直径不宜小于75mm；钻孔过程中应观察孔内排出的浆液、煤屑变化情况，并做好记录。

(2) 瓦斯突出鉴定。突出煤层鉴定应当首先根据实际发生的瓦斯动力现象进行。当动力现象特征不明显或者没有动力现象时，应当根据实际测定的煤层最大瓦斯压力P以及软分层煤的破坏类型、煤的瓦斯放散初速度指标Δp、煤的坚固性系数f等进行。当全部指标均达到或者超过表8.4所列的临界值时即为突出煤层。

表8.4　突出煤层鉴定的单项指标临界值

煤层突出危险性	破坏类型	瓦斯放散初速度指标Δp	坚固性系数f	瓦斯压力(表压)P/MPa
突出危险	Ⅲ、Ⅳ、Ⅴ	≥10	≤0.5	≥0.74

2. 区域综合防突措施

“四位一体”的区域综合防突措施包括区域突出危险性预测、区域防突措施、区域措施效果检验和区域验证。

(1) 区域突出危险性预测。在瓦斯突出工区施工时，应在距煤层垂距7m外进行突出危险性预测。根据煤层瓦斯参数，结合瓦斯地质分析的区域预测方法，应当按照下列要求进行：煤层瓦斯风化带为无突出危险区域；根据已开采区域确切掌握的煤层赋存、地质构造条件、突出分布的规律，以及对预测区域煤层地质构造的探测、预测结果，采用瓦斯地质分析的方法划分出突出危险区域。在同一地质单元内，发生了突出(或有明显突出预兆)的位置以上20m(埋深)及以下的范围为突出危险区；此外，根据上部区域突出点(或具有明显突出预兆的位置)分布与地质构造的关系，确定构造线两侧突出危险区边缘到构造线的最远距离，并结合下部区域的地质构造分布划分出下部区域构造线两侧的突出危险区。

在划分出的无突出危险区和突出危险区以外的区域，应当根据煤层瓦斯压力 P 进行预测。如果没有或者缺少煤层瓦斯压力资料，也可根据煤层瓦斯含量 W 进行预测。预测所依据的临界值应根据试验考察确定，在确定前可暂按表8.5预测。

表8.5 根据煤层瓦斯压力或瓦斯含量进行区域预测的临界值

瓦斯压力 P/MPa	瓦斯含量 W/(m^3/t)	区域类别
$P<0.74$	$W<8$	无突出危险区
其他情况		突出危险区

采用该区域预测时，还应当符合下列要求：应依据洞内实测的煤层瓦斯压力、瓦斯含量等参数进行预测；测定煤层瓦斯压力、瓦斯含量等参数的测试点应当在不同地质单元内根据其范围、地质复杂程度等实际情况和条件分别布置；同一地质单元内沿煤层走向布置测试点不少于2个，沿倾向不少于3个，并有测试点位于埋深最大的工程部位。

(2) 区域防突措施。公路隧道施工的区域防突措施主要是预抽煤层瓦斯。预抽煤层瓦斯可采用的方式有：地面井预抽煤层瓦斯以及洞内穿层钻孔或顺层钻孔预抽区段煤层瓦斯、穿层钻孔预抽隧道条带煤层瓦斯、穿层钻孔预抽石门(含立、斜井等)揭煤区域煤层瓦斯、顺层钻孔预抽隧道条带煤层瓦斯等。采取各种方式的预抽煤层瓦斯区域防突措施时，应符合以下要求：

① 穿层钻孔或顺层钻孔预抽隧道条带煤层瓦斯区域防突措施的钻孔应控制隧道穿越煤层区外侧一定范围内的煤层。要求钻孔控制隧道外侧的范围是：近水平、缓倾斜煤层巷道两侧轮廓线外至少各15m；倾斜、急倾斜煤层巷道上帮轮廓线外至少20m，下帮至少10m(均为沿层面的距离)。

② 穿层钻孔预抽石门(含立、斜井等)揭煤区域煤层瓦斯区域防突措施应在揭煤掌子面距煤层的最小法向距离7m以前实施(在构造破坏带应适当加大距离)。钻孔的最小控制范围是：石门和立井、斜井揭煤隧道轮廓线外15m(急倾斜煤层上部20m、下底部10m)，同时还应保证控制范围的外边缘到巷道轮廓线的距离不小于5m，且当钻孔不能一次穿透煤层全厚时，应保持煤孔最小超前距15m。

③ 顺层钻孔预抽隧道条带煤层瓦斯区域防突措施的钻孔应控制的条带长度不小于60m，

巷道两侧的控制范围与第①项中顺槽外侧的要求相同。

④ 当公路隧道开挖掌子面在预抽防突效果有效的区域内作业时，掌子面距未预抽或预抽防突效果无效范围的边界不得小于20m。

⑤ 特厚煤层预抽钻孔应控制公路隧道轮廓线外上部至少20m、下部至少10m(均为铅垂距离，且仅限于煤层部分)。

⑥ 预抽煤层瓦斯钻孔应在整个预抽区域内均匀布置，钻孔间距应根据实际考察的煤层有效抽放半径确定。预抽瓦斯钻孔封堵必须严密。穿层钻孔的封孔段长度不得小于5m，顺层钻孔的封孔段长度不得小于8m。应做好每个钻孔施工参数的记录及抽采参数的测定。钻孔孔口抽采负压不得小于13kPa。预抽瓦斯浓度低于30%时，应采取改进封孔的措施，以提高封孔质量。

(3) 区域效果检验。采用预抽煤层瓦斯区域防突措施时，应以预抽区域的煤层残余瓦斯压力或残余瓦斯含量为主要指标或其他经试验证实有效的指标和方法进行措施效果检验。区域防突措施采用残余瓦斯压力或残余瓦斯含量指标进行检验时，必须依据实际的直接测定值。对穿层钻孔预抽石门(含立、斜井等)揭煤区域煤层瓦斯区域防突措施，也可采用钻屑瓦斯解吸指标进行措施效果检验。检验期间还应观察、记录在煤层中进行钻孔等作业时发生的喷孔、顶钻及其他突出预兆。

对预抽煤层瓦斯区域防突措施进行检验时，应根据经试验考察确定的临界值进行评判，在确定前可按如下指标进行评判：若采用残余瓦斯压力或残余瓦斯含量指标进行检验，则煤层残余瓦斯压力小于0.74MPa或残余瓦斯含量小于8m^3/t的预抽区域为无突出危险区，否则，即为突出危险区，预抽防突效果无效；当采用钻屑瓦斯解吸指标对穿层钻孔预抽石门(含立、斜井等)揭煤区域煤层瓦斯区域防突措施进行检验时，如果所有实测的指标值均小于表8.6的临界值，则为无突出危险区，否则即为突出危险区，预抽防突效果无效。

表8.6 钻屑瓦斯解吸指标法预测石门揭煤掌子面突出危险性的参考临界值

煤样	Δh_2 指标临界值/Pa	K_1 指标临界值/[mL/(g/$min^{1/2}$)]
干煤样	200	0.5
湿煤样	160	0.4

检验期间在煤层中进行钻孔等作业时发现了喷孔、顶钻及其他明显突出预兆时，发生明显突出预兆的位置周围半径100m内的预抽区域判定为措施无效，所在区域煤层仍属突出危险区。当采用煤层残余瓦斯压力或残余瓦斯含量的直接测定值进行检验时，若任何一个检验测试点的指标测定值达到或超过有突出危险的临界值而判定为预抽防突效果无效时，则此检验测试点周围半径100m内的预抽区域均判定为预抽防突效果无效，即为突出危险区。

对预抽煤层瓦斯区域防突措施进行检验时，均应首先分析、检查预抽区域内钻孔的分布等是否符合设计要求，不符合设计要求的，不予检验。

(4) 区域验证。对无突出危险区进行的区域验证，应当采用掌子面突出危险性预测方法并按照下列要求进行：

① 在掌子面进入该区域时，立即连续进行至少两次区域验证。

② 掌子面每推进 10~50m(在地质构造复杂区域或采取了预抽煤层瓦斯区域防突措施以及其他必要情况时宜取小值)，至少进行两次区域验证。

③ 在构造破坏带连续进行区域验证。

④ 在公路隧道开挖掌子面还应当至少打一个超前距不小于 10m 的超前钻孔或者采取超前物探措施，探测地质构造和观察突出预兆。

当区域验证为无突出危险时，应当采取安全防护措施后进行开挖作业。但若为开挖掌子面在该区域进行的首次区域验证，开挖前还应保留足够的突出预测超前距。只要有一次区域验证为有突出危险或超前钻孔等发现了突出预兆，则该区域以后的开挖作业均应执行局部综合防突措施。

3. *局部综合防突措施*

“四位一体”的局部综合防突措施(又称掌子面综合防突措施)包括掌子面突出危险性预测、掌子面防突措施、掌子面措施效果检验和安全防护措施。

(1) 掌子面突出危险性预测。

① 石门揭煤掌子面的突出危险性预测。石门揭煤掌子面的突出危险性预测应选用综合指标法、钻屑瓦斯解吸指标法或其他经试验证实有效的方法。

立井、斜井揭煤掌子面的突出危险性预测按照石门揭煤掌子面的各项要求和方法执行。采用综合指标法预测石门揭煤掌子面突出危险性时，应由掌子面向煤层的适当位置至少打三个钻孔测定煤层瓦斯压力 P。近距离煤层群的层间距小于 5m 或层间岩石破碎时，应测定各煤层的综合瓦斯压力。测压钻孔在每米煤孔采一个煤样测定煤的坚固性系数 f，把每个钻孔中坚固性系数最小的煤样混合后测定煤的瓦斯放散初速度 Δp，则此值及所有钻孔中测定的最小坚固性系数 f 值作为软分层煤的瓦斯放散初速度和坚固性系数参数值。综合指标 D、K 的计算公式如式(8.1)和式(8.2)所示：

$$D=\left(\frac{0.0075H}{f}-3\right)\times(P-0.74) \tag{8.1}$$

$$K=\frac{\Delta p}{f} \tag{8.2}$$

式中，D 为掌子面突出危险性的综合指标；K 为掌子面突出危险性的综合指标；H 为煤层埋藏深度，m；P 为煤层瓦斯压力，取各个测压钻孔实测瓦斯压力的最大值，MPa；Δp 为软分层煤的瓦斯放散初速度；f 为软分层煤的坚固性系数。

各煤层石门揭煤掌子面突出预测综合指标 D、K 的临界值应根据试验考察确定，在确定前可暂按表 8.7 所列的临界值进行预测。当测定的综合指标 D、K 都小于临界值，或者指标 K 小于临界值且式(8.1)中两括号内的计算值都为负值时，若未发现其他异常情况，则该掌子面即为无突出危险掌子面；否则，判定为突出危险掌子面。

表 8.7　石门揭煤掌子面突出危险性预测综合指标 D、K 参考临界值

综合指标 D	综合指标 K	
	无烟煤	其他煤种
0.25	20	15

采用钻屑瓦斯解吸指标法预测石门揭煤掌子面突出危险性时，由掌子面向煤层的适当位置至少打三个钻孔，在钻孔钻进到煤层时，每钻进 1m 采集一次孔口排出的粒径 1~3mm 的煤钻屑，测定其瓦斯解吸指标 K_1或 Δh_2值。测定时，应考虑不同钻进工艺条件下的排渣速度。各煤层石门揭煤掌子面钻屑瓦斯解吸指标的临界值应根据试验考察确定，在确定前可暂按表 8.8 所列的指标临界值预测突出危险性。

表 8.8 钻屑瓦斯解吸指标法预测石门揭煤掌子面突出危险性的参考临界值

煤样	Δh_2指标临界值/Pa	K_1 指标临界值/[mL/(g/min$^{1/2}$)]
干煤样	200	0.5
湿煤样	160	0.4

如果所有实测的指标值均小于临界值，并且未发现其他异常情况，则该掌子面为无突出危险掌子面；否则，为突出危险掌子面。

② 全煤隧道开挖掌子面预测。全煤隧道开挖掌子面预测采用钻屑指标法、复合指标法、R 值指标法或其他经试验证实有效的方法。

采用钻屑指标法预测全煤隧道开挖掌子面突出危险性时，在近水平、缓倾斜煤层掌子面应向前方煤体至少施工三个、在倾斜或急倾斜煤层至少施工两个直径 42mm、孔深 8~10m 的钻孔，测定钻屑瓦斯解吸指标和钻屑量。钻孔应尽可能布置在软分层中，一个钻孔位于巷道掌子面中部，并平行于开挖方向，其他钻孔的终孔点应位于巷道两侧轮廓线外 2~4m 处。钻孔每钻进 1m 测定该 1m 段的全部钻屑量 S，每钻进 2m 至少测定一次钻屑瓦斯解吸指标 K_1或 Δh_2值。各煤层采用钻屑指标法预测全煤隧道开挖掌子面突出危险性的指标临界值时，应根据试验考察确定，在确定前可暂按表 8.9 的临界值确定掌子面的突出危险性。如果实测得到的 S、K_1或 Δh_2的所有测定值均小于临界值，并且未发现其他异常情况，则该掌子面预测为无突出危险掌子面；否则，为突出危险掌子面。

表 8.9 钻屑指标法预测全煤隧道开挖掌子面突出危险性的参考临界值

钻屑瓦斯解吸指标 Δh_2/Pa	钻屑瓦斯解吸指标 K_1/[mL/(g/min$^{1/2}$)]	钻屑量 S	
		kg/m	L/m
200	0.5	6	5.4

采用复合指标法预测全煤隧道开挖掌子面突出危险性时，在近水平、缓倾斜煤层掌子面应向前方煤体至少施工三个、在倾斜或急倾斜煤层至少施工两个直径 42mm、孔深 8~10m 的钻孔，测定钻孔瓦斯涌出初速度和钻屑量指标。钻孔应尽量布置在软分层中，一个钻孔位于巷道掌子面中部，并平行于开挖方向，其他钻孔开孔口靠近巷道两帮 0.5m 处，终孔点应位于巷道两侧轮廓线外 2~4m 处。钻孔每钻进 1m 测定该 1m 段的全部钻屑量 S，并在暂停钻进后 2min 内测定钻孔瓦斯涌出初速度 q。测定钻孔瓦斯涌出初速度时，测量室的长度不小于 0.5m。各煤层采用复合指标法预测全煤隧道开挖掌子面突出危险性的指标临界值时，应根据试验考察确定，在确定前可暂按表 8.10 的临界值进行预测。如果实测得到的指标 q、S 的所有测定值均小于临界值，并且未发现其他异常情况，则该掌子面预测为无突出危险掌子面；否则，为突出危险掌子面。

表 8.10　复合指标法预测全煤隧道开挖掌子面突出危险性的参考临界值

煤的挥发分 V_{daf}/%	临界值 q_m/(L/min)	临界值 S_m	
		kg/m	L/m
5~15	5.0	6	5.4
15~20	4.5	6	5.4
20~30	4.0	6	5.4
>30	4.5	6	5.4

采用 R 值指标法预测全煤隧道开挖掌子面突出危险性时，在近水平、缓倾斜煤层掌子面应向前方煤体至少施工三个、在倾斜或急倾斜煤层至少施工两个直径 42mm、孔深 8~10m 的钻孔，测定钻孔瓦斯涌出初速度和钻屑量指标。钻孔应尽可能布置在软分层中，一个钻孔位于巷道掌子面中部，并平行于开挖方向，其他钻孔的终孔点应位于巷道两侧轮廓线外 2~4m 处。钻孔每钻进 1m 收集并测定该 1m 段的全部钻屑量 S，并在暂停钻进后 2min 内测定钻孔瓦斯涌出初速度 q。测定钻孔瓦斯涌出初速度时，测量室的长度为 1.0m。根据每个钻孔的最大钻屑量 S_{max} 和最大钻孔瓦斯涌出初速度 q_{max} 按式(8.3)计算各孔的 R 值：

$$R=(S_{max}-1.8)(q_{max}-4) \tag{8.3}$$

式中，S_{max} 为每个钻孔沿孔长的最大钻屑量，L/m；q_{max} 为每个钻孔的最大钻孔瓦斯涌出初速度，L/min。

判定各全煤隧道开挖掌子面突出危险性的临界值应根据试验考察确定，在确定前可暂按以下指标进行预测：当至少有一个钻孔 R 值有 $R \geqslant 6$，或者至少有一个钻孔有 $R \leqslant 0$ 且 $S_{max} \geqslant 5.4$L/m(或 6kg/m)，或者至少有一个钻孔有 $R \leqslant 0$ 且 $q_{max} \geqslant 6$L/min，或者发现有异常情况时，该掌子面预测为突出危险掌子面；否则，可判定为无突出危险掌子面。

(2) 掌子面防突措施。

① 石门揭煤掌子面的防突措施包括预抽瓦斯、排放钻孔、水力冲孔、金属骨架、煤体固化或其他经试验证明有效的措施，立井揭煤掌子面则可选用其中除水力冲孔外的各项措施。金属骨架、煤体固化措施，应在采用了其他防突措施并检验有效后，方可在揭开煤层前实施。斜井揭煤掌子面的防突措施应参考石门揭煤掌子面防突措施进行。对所实施的防突措施都必须进行实际考察，得出符合隧道实际条件的有关参数。根据掌子面岩层情况，实施掌子面防突措施时要求揭煤掌子面与突出煤层间的最小法向距离为：预抽瓦斯、排放钻孔及水力冲孔均为 5m，金属骨架、煤体固化措施为 2m。当隧道断面较大、岩石破碎程度较高时，还应适当加大距离。

在石门和立井揭煤掌子面采用预抽瓦斯、排放钻孔防突措施时，钻孔直径一般为 75~120mm。石门揭煤掌子面钻孔的控制范围是：石门的两侧和上部轮廓线外至少 5m，下部至少 3m。立井揭煤掌子面钻孔控制范围是：近水平、缓倾斜、倾斜煤层为井筒四周轮廓线外至少 5m；急倾斜煤层沿走向两侧及沿倾斜上部轮廓线外至少 5m，下部轮廓线外至少 3m。钻孔的孔底间距应根据实际考察情况确定。揭煤掌子面施工的钻孔应尽可能穿透煤层全厚。当不能一次打穿煤层全厚时，可采取分段施工，但第一次实施的钻孔穿煤长度不得小于 15m，且进入煤层开挖时，必须至少留有 5m 的超前距离(开挖到煤层顶或底板时不在此限)。预抽瓦斯和排放钻孔在揭穿煤层之前应保持自然排放或抽采状态。

水力冲孔措施一般适用于打钻时具有自喷(喷煤、喷瓦斯)现象的煤层。石门揭煤掌子面采用水力冲孔防突措施时，钻孔应至少控制自揭煤隧道至轮廓线外3~5m的煤层，冲孔顺序为先冲对角孔后冲边上孔，最后冲中间孔，水压视煤层的软硬程度而定。石门全断面冲出的总煤量(t)数值不得小于煤层厚度(m)乘以20。若有钻孔冲出的煤量较少时，应在该孔周围补孔。

石门和立井揭煤掌子面金属骨架措施一般在石门上部和两侧或立井周边外0.5~1.0m布置骨架孔。骨架钻孔应穿过煤层并进入煤层顶(底)板至少0.5m，当钻孔不能一次施工至煤层顶板时，则进入煤层的深度不应小于15m。钻孔间距一般不大于0.3m，对于松软煤层要架两排金属骨架，钻孔间距应小于0.2m。骨架材料可选用8kg/m的钢轨、型钢或直径不小于50mm的钢管，其伸出孔外端用金属框架支撑。插入骨架材料后，应向孔内灌注水泥砂浆等不燃性固化材料。揭开煤层后，严禁拆除金属骨架。

石门和立井揭煤掌子面煤体固化措施适用于松软煤层，用以增加掌子面周围煤体的强度。向煤体注入固化材料的钻孔应施工至煤层顶板0.5m以上，一般钻孔间距不大于0.5m，钻孔位于卷道轮廓线外0.5~2.0m的范围，根据需要也可在巷道轮廓线外布置多排环状钻孔。当钻孔不能一次施工至煤层顶板时，则进入煤层的深度不应小于10m。各钻孔应在孔口封堵牢固后，方可向孔内注入固化材料。可根据注入压力升高的情况或注入量决定是否停止注入。固化操作时，所有人员不得正对孔口。

在隧道四周环状固化钻孔外侧的煤体中，预抽或排放瓦斯钻孔自固化作业到完成揭煤前应保持抽采或自然排放状态，否则，应打一定数量的排放瓦斯钻孔。从固化完成到揭煤结束的时间超过5天时，必须重新进行掌子面突出危险性预测或措施效果检验。

② 有突出危险的全煤隧道开挖掌子面应优先选用预抽瓦斯、超前排放钻孔防突措施。如果采用松动爆破、水力冲孔、水力疏松或其他掌子面防突措施时，必须经试验考察确认防突效果有效后方可使用。前探支架措施应配合其他措施一起使用，但下坡开挖时不得选用水力冲孔、水力疏松措施，倾角8°以上的上坡开挖掌子面不得选用松动爆破、水力冲孔、水力疏松措施。

全煤隧道开挖掌子面在地质构造破坏带或煤层赋存条件急剧变化处不能按原措施设计要求实施时，必须打钻孔查明煤层赋存条件，然后采用直径为42~75mm的钻孔进行排放。若突出煤层隧道开挖掌子面前方遇到落差超过煤层厚度的断层，应按石门揭煤的措施执行。

全煤隧道开挖掌子面采用预抽瓦斯或超前排放钻孔作为掌子面防突措施时，应符合下列要求。巷道两侧轮廓线外钻孔的最小控制范围：近水平、缓倾斜煤层5m，倾斜、急倾斜煤层上帮7m、下帮3m，当煤层厚度大于巷道高度时，在垂直煤层方向上的巷道上部煤层控制范围不小于7m，巷道下部煤层控制范围不小于3m；钻孔在控制范围内应均匀布置，在煤层的软分层中可适当增加钻孔数。预抽钻孔或超前排放钻孔的孔数、孔底间距等应根据钻孔的有效抽放或排放半径确定；钻孔直径应根据煤层赋存条件、地质构造和瓦斯情况确定，一般为75~120mm，地质条件变化剧烈地带也可采用直径42~75mm的钻孔。若钻孔直径超过120mm时，必须采用专门的钻进设备和制定专门的施工安全措施；煤层赋存状态发生变化时，应及时探明情况，再重新确定超前钻孔的参数；钻孔施工前应加强掌子面支护，打好迎面支架，背好掌子面煤壁。

全煤隧道开挖掌子面采用松动爆破防突措施时，应符合下列要求：松动爆破钻孔的孔径一般为42mm，孔深不得小于8m。松动爆破应至少控制到巷道轮廓线外3m的范围。孔数应根据松动爆破的有效影响半径确定。松动爆破的有效影响半径应通过实测确定；松动爆破孔的装药长度为孔长减去5.5~6m；松动爆破按远距离爆破的要求执行。

全煤隧道开挖掌子面水力冲孔措施应符合下列要求：在厚度3m左右和小于3m的突出煤层中，按扇形布置至少5个孔，在地质构造破坏带或煤层较厚时，应适当增加孔数。孔底间距控制在3m左右，孔深通常为20~25m，冲孔钻孔超前开挖掌子面的距离不得小于5m。冲孔孔道应沿软分层前进；冲孔前，开挖掌子面必须架设迎面支架，并用木板和立柱背紧背牢，对冲孔地点的巷道支架必须检查和加固。冲孔后或暂停冲孔时，都必须退出钻杆，并应将导管内的煤冲洗出来，以防止煤、水、瓦斯突然喷出伤人。

全煤隧道开挖掌子面水力疏松措施应符合下列要求：沿掌子面间隔一定距离打浅孔，钻孔与掌子面推进方向一致，然后利用封孔器封孔，向钻孔内注入高压水。注水参数应根据煤层性质合理选择，如未实测确定，可参考如下参数：钻孔间距4.0m，孔径42~50mm，孔长6.0~10m，封孔2~4m，注水压力13~15MPa，注水时以煤壁已出水或注水压力下降30%后方可停止注水；水力疏松后的允许推进度一般不宜超过封孔深度，其孔间距不超过注水有效半径的两倍；单孔注水时间不应低于9min。若提前漏水，则应在邻近钻孔2.0m左右处补打注水钻孔。

前探支架可用于松软煤层的平巷掌子面。一般是向掌子面前方打钻孔，孔内插入钢管或钢轨，其长度可按两次开挖循环的长度再加0.5m，每开挖一次打一排钻孔，形成两排钻孔交替前进，钻孔间距为0.2~0.3m。

（3）掌子面措施效果检验。

① 对石门和其他揭煤掌子面进行防突措施效果检验时，应选择《防治煤与瓦斯突出规定》[国家安全生产监督管理总局令(第63号)]第七十一条所列的钻屑瓦斯解吸指标法或其他经试验证实有效的方法，但所有用钻孔方式检验的方法中检验孔数均不得少于5个，分别位于石门的上部、中部、下部和两侧。如检验结果的各项指标都在该煤层突出危险临界值以下，且未发现其他异常情况，则措施有效；反之，则判定为措施无效。

② 全煤隧道开挖掌子面执行防突措施后，应选择钻屑指标法、复合指标法、R值指标法。使用所列的方法应进行措施效果检验。检验孔深度应小于或等于防突措施钻孔。如果全煤隧道开挖掌子面措施效果检验指标均小于指标临界值，且未发现其他异常情况，则措施有效；否则，判定为措施无效。

当检验结果措施有效时，若检验孔与防突措施钻孔向巷道开挖方向的投影长度(简称投影孔深)相等，则可在留足防突措施超前距并采取安全防护措施的条件下开挖。当检验孔的投影孔深小于防突措施钻孔时，则应在留足所需的防突措施超前距并同时保留有至少2m检验孔投影孔深超前距的条件下，采取安全防护措施后实施开挖作业。

（4）安全防护措施。

① 避难所。避难所应符合下列要求：避难所必须设置向外开启的隔离门，隔离门设置标准按照反向风门标准安设；室内净高不得低于2m，深度应满足扩散通风的要求，长度和

宽度应根据可能同时避难的人数确定，但至少应能满足 15 人避难，且每人使用面积不得少于 0.5m^2。避难所内支护必须保持良好，并设有与工区调度室直通的电话；避难所内必须放置足量的饮用水、安设供给空气的设施，每人供风量不得少于 0.3m^3/min。如果用压缩空气供风时，应有减压装置和带有阀门控制的呼吸嘴；避难所内应根据设计的最多避难人数配备足够数量的隔离式自救器。

② 在突出煤层的石门揭煤和全煤隧道开挖掌子面进风侧必须设置至少 2 道牢固可靠的反向风门，风门之间的距离不得小于 4m。反向风门距掌子面的距离和反向风门的组数，应根据开挖掌子面的通风系统和预计的突出强度确定，但反向风门距掌子面回风隧道不得小于 10m，与掌子面的最近距离一般不得小于 70m，如小于 70m 时应设置至少 3 道反向风门。反向风门墙垛可用砖、料石或混凝土砌筑，嵌入隧道周边岩石的深度可根据岩石的性质确定，但不得小于 0.2m，墙垛厚度不得小于 0.8m。在全煤隧道构筑反向风门时，风门墙体四周必须掏槽，掏槽深度见硬帮硬底后再进入实体煤不小于 0.5m。通过反向风门墙垛的风筒、水沟、溜子道等，必须设有逆向隔断装置。人员进入掌子面时必须把反向风门打开、顶牢；掌子面放炮和无人时，反向风门必须关闭。

③ 为降低放炮诱发突出的强度，可根据情况在炮掘掌子面安设挡栏。挡栏可用金属、矸石或木垛等构成。金属挡栏一般是由槽钢排列成的方格框架，框架中槽钢的间隔为 0.4m，槽钢彼此用卡环固定，使用时在迎掌子面的框架上再铺上金属网，然后用木支柱将框架撑成 45°的斜面。一组挡栏通常由两架组成，间距为 6~8m。可根据预计的突出强度在设计中确定挡栏距掌子面的距离。

④ 隧道揭穿突出煤层必须采取远距离爆破安全防护措施。石门揭煤采用远距离爆破时，必须制定包括爆破地点、避灾路线及停电、撤人和警戒范围等在内的专项措施。在石门揭穿有突出危险煤层的全部作业过程中，与此石门有关的其他掌子面都必须停止工作。在实施揭穿突出煤层的远距离爆破时，洞内全部人员必须撤至地面，洞内全部断电，立井口附近地面 20m 范围内或隧道口及斜井口前方 50m、两侧 20m 范围内严禁有任何火源。全煤隧道开挖掌子面采用远距离爆破时，爆破地点必须设在进风侧反向风门之外的全风压通风的新鲜风流中或避难所内，放炮地点距掌子面的距离由项目部总工程师根据具体情况确定，但不得小于 300m。远距离爆破时，回风隧道内必须停电、撤人。放炮后进入掌子面检查的时间由项目部总工程师根据情况确定，但不得少于 30min。

⑤ 突出煤层的掌子面应设置掌子面避难所或压风自救系统。应根据具体情况设置其中之一或混合设置，但开挖距离超过 500m 的隧道内必须设置掌子面避难所。掌子面避难所设在掌子面附近和爆破工操纵放炮的地点。应根据具体条件确定避难所的数量及其距开挖掌子面的距离。掌子面避难所应满足掌子面最多作业人数时的避难要求，其他要求与煤矿采区避难所相同。压风自救系统的要求是：压风自救装置安装在开挖掌子面隧道的压缩空气管道上。在以下每个地点都应至少设置一组压风自救装置：距开挖掌子面 25~40m 的隧道内、放炮地点、撤离人员与警戒人员所在的位置以及回风隧道有人作业处等。在长距离的开挖隧道中，应根据实际情况增加设置；每组压风自救装置应可供 5~8 人使用，平均每人的压缩空气供给量不得少于 0.1m^3/min。

第 9 章　G59 呼北高速公路张家界至官庄段隧道施工案例

9.1　工程概况

1. 线路概况

张家界至官庄段高速公路属于 2013 年 6 月发布的《国家公路网规划(2013—2030)》中 11 条南北纵向国家高速纵向 7 号主线呼和浩特—北海国家高速公路(简称“呼北高速”)的其中一段，编号 G59。位于湖南省西北部的武陵山片区，张家界市永定区、慈利县境内，路线呈由西北向东南走向。

该项目所在的张家界市、沅陵县均属于“武陵山片区”，目前区域内交通基础设施建设还比较滞后，特别是南北纵向通道不畅问题严重影响该区域经济的快速发展。该项目的建设可以加快国家高速 G59 呼北高速的早日全线建成；可将区域内已建和在建的高速公路连接成网，大大提高湖南省高速路网的交通运输效率，对加强湖南省西北部的客货运输交流，突破制约当地经济社会发展的交通瓶颈，全面提升交通运输基本公共服务水平，为全面建设小康社会提供强有力的交通运输保障；对促进武陵山片区社会、经济发展，对扶贫攻坚将起到巨大的推动作用。

2. 隧道概况

G59 呼北高速公路张家界至官庄段中冶组团第二总承包项目部所施工的段落共有 4 座隧道，隧道明洞施工采用明挖法，施工前首先对坡面上的不稳定岩石进行清除，并对不稳定坡体进行必要的加固，洞口禁止大开大挖。暗洞按照新奥法原理施工，隧道开挖爆破采用微震动预裂爆破及光面爆破等技术，部分隧道由于在限制爆破区域，采用机械开挖以最大限度地保护周边岩体的完整性，控制超欠挖。

分离式隧道及沅古坪隧道泄水洞洞口浅埋段、断层破碎带及构造裂隙发育段拟采用设计图纸给定施工方法开挖，确保施工安全；洞身Ⅴ级围岩地段采用 CD 开挖法施工，洞身Ⅳ级围岩地段采用台阶开挖法施工，Ⅲ级围岩设计采用全断面法开挖。隧道洞口位于偏压地形，部分隧道与断层破碎带不同角度的相交，部分隧道穿越可溶岩，在施工过程中首先加强地质超前预报，尽可能查清掌子面前方地质、岩性情况以及地下水赋水情况，对可能发生的涌突水进行预测预判，及时采取预注浆加固措施，确保施工安全、可靠。沅古坪隧道是该项目重点控制性工程，优先安排施工。

9.2　隧道施工方案

9.2.1　施工方案概述

隧道工程均按新奥法原理组织施工，根据环境及地质条件、断面大小、结构形式、施工工期等因素选择适宜的施工方法。一般施工流程见表9.1。

表9.1　隧道工程主要施工方法

序号	隧道名称	明洞	V+级	V级	Ⅳ级	Ⅲ级
1	金岩隧道	削竹式洞门	CD法	环形开挖预留核心土法	上下台阶法	全断面法
2	荆竹山隧道	端墙式、环框式洞门	CD法	环形开挖预留核心土法	上下台阶法	全断面法
3	中坪隧道	削竹式、端墙式洞门	CD法	环形开挖预留核心土法	上下台阶法	全断面法
4	沅古坪隧道	端墙式洞门	CD法	环形开挖预留核心土法	上下台阶法	全断面法

浅埋隧道施工应以控制变形为重点，遵循“预支护、短开护、少扰动，强支护、早封闭、实回填、严治水、勤量测”的原则。隧道软弱破碎围岩地段须遵循“管超前、严注浆、短进尺、强支护、紧封闭、勤量测”18字方针。

9.2.2　洞口施工

(1) 洞口开挖方法。洞口开挖安排尽量避开雨季施工，测量定位，放出开挖边线，明确开挖范围，判定开挖范围地质状况；施作边仰坡坡顶天沟、截水沟等，完善洞口排水系统与路基永久排水相结合。天沟、截水沟设于边仰坡顶以外不小于5m，沟底坡度根据地形设置，但不小于3%，以免淤积。

洞口与明洞一起开挖，采用自上而下分层明挖法施工，洞口表层土方及风化软岩采用机械开挖，硬岩和机械开挖困难的采用松动爆破开挖。土方及风化软岩边仰坡预留二次开挖层，采用人工配合机械开挖，石方预留二次光面爆破层，确保边仰坡平顺、稳定，为进洞施工创造条件。

在洞口开挖过程中，工作面控制在2%左右的单面坡，坡脚设置临时排水沟，以利于排除工作面上的积水，保持工作面干燥，提高开挖效果，同时避免洞口基岩被水浸泡，降低基底的承载力。

洞口开挖坚持边开挖边防护的原则，二次开挖完成后，及时按照设计进行边仰坡坡面防护，以防破坏坡面稳定性和整体性。

为确保顺利进入暗洞施工，成洞面开挖完成后，严格按设计要求及时进行成洞面防护。

(2) 明洞衬砌方法。明洞开挖后，及时施作明洞仰拱，防止地表水浸泡基底，降低基底承载力。明洞钢筋在加工厂加工制作，汽车运输到工作面，现场绑扎施工。

明洞衬砌采用整体液压衬砌台车做内模及支架，外模采用建筑钢模板，钢管弯制外拱架组成外支撑体系，拉杆连成整体。

明洞衬砌混凝土在拌和站集中拌制，混凝土搅拌运输车运输，泵送混凝土入模。明洞衬砌浇筑完成后，进行覆盖洒水养护。

（3）洞门施工方法。在明洞衬砌完成、暗洞施工进入正常循环后，适时安排洞门施工，洞门施工应避开雨季。

洞门模板采用衬砌台车做底模，外模采用组合钢木模；模板采用内外支撑，拉杆固定牢固，外拉采用锚拉法施工，即外拉一端固定在边仰坡埋设锚杆上。

洞门混凝土采用拌和站集中拌制，混凝土搅拌运输车运输，泵送混凝土浇筑，拆模后覆盖洒水养生。

明洞段，洞门混凝土达到设计强度后，按设计要求施作防水层，两侧对称回填土石方至设计坡度，进行坡面防护等施工。

（4）明洞防排水及回填。按设计施作盲沟、防水层和隔水层。回填分层对称进行，逐层夯实；填料要经土工试验选定，夯实机具、回填层厚和夯实遍数经试验确定。

9.2.3 超前支护

1. 超前支护体系

（1）超前小导管采用 Φ42mm 热轧无缝钢管，长 4~4.5m，壁厚 3.5mm；

（2）Φ108 大管棚采用热轧无缝钢管，壁厚 6mm；

（3）使用 C22mm 药卷锚杆。

1）超前大管棚

（1）管棚设计参数。钢管规格：大管棚为热轧无缝钢管及钢花管，管外径 108mm、壁厚 6mm，大管棚主要用于隧道洞口浅埋段。

注浆孔采用钢花管，钢花管上钻注浆孔，孔径 15mm，呈梅花形布置，尾部留不钻孔的止浆段 250cm；检查孔采用无缝钢管。钢（花）管接头两端均预加工成外丝扣连接，同一断面内接头数量不超过总钢管数的 50%。

管距：环向间距 40cm。倾角：洞口大管棚外插角为 1°~3°。钢管施工误差：径向小于 20cm。

（2）注浆。水泥浆液水灰比为 1∶1（重量比），注浆压力初始值 0.5~1.0MPa，终值 2.0MPa。单根钢花管的注浆量 Q 按式（9.1）估算：

$$Q=\pi R_{k} L\eta\xi \tag{9.1}$$

式中，R_k 为浆液扩散半径，取 $R_k=0.7L_0$（L_0 为注浆钢花管的间距）；L 为钢花管长；η 为围岩孔隙率；ξ 取 0.85。

注浆按钢管施钻顺序从下而上叠加进行，压力逐渐由小加大。

注浆过程做好注浆记录，记录注浆时间、浆液消耗量及注浆压力等数据变化。

单孔注浆结束标准：注浆过程中只要满足以下三个条件之一，即可认为单孔注浆达到设计的要求并可结束注浆。第一，注浆压力逐步升高，达到设计终压（一般为 0.5~2.0MPa）稳定 10min；第二，注浆量不小于设计注浆量的 80%；第三，进浆速度为开始进浆速度的 1/4。

注浆效果评定：注浆完成后，钻偶数孔，从钻进难易程度、压力变化、是否卡钻、观察注浆填充情况等多种方式检验评定注浆效果，如注浆效果不理想，则偶数孔钢管打孔补注浆。

2）超前小导管

（1）超前小导管施工方法。现场加工小钢管，喷射混凝土封闭岩面，风动凿岩机钻孔，并用钻孔台车或风动凿岩机的顶推力将小导管推送入孔，测斜仪控制钻孔角度，注浆泵压注水泥浆。

（2）超前小导管施工工艺。采用现场加工小导管，喷射混凝土封闭岩面，液压钻孔台车或凿岩机钻孔并将小导管打入岩层，注浆泵压注水泥浆。

小导管为外径42mm钢花管，管壁四周按40cm间距梅花形钻设8mm压浆孔，钻孔角度、深度、密度及浆液配比符合设计要求，注浆压力符合规范要求。

超前小导管以紧靠开挖面的钢架为支点，小导管尾端与钢架焊连，打入钢管后注浆，形成管棚支护环。

（3）注浆。水泥浆水灰比为1∶1，注浆压力为0.5~1.0MPa。

注浆异常的处理：发生串浆时，在有多台注浆机的条件下，同时注浆，当注浆机较少时将串浆孔及时堵塞，轮到该管注浆时，再拔下堵塞物，用铁丝或细钢筋将管内杂物清除并用高压风或水冲洗，然后再注浆。

水泥浆进浆量很大，压力长时间不升高，则应调整浆液浓度及配合比，缩短凝胶时间，进行小泵量低压力注浆或间歇式注浆，使浆液在裂隙中有相对停留时间，以便凝胶，但停留时间不能超过混合浆的凝胶时间。

3）超前锚杆

锚杆采用风动凿岩机成孔，先注后插工艺安装锚杆，测斜仪控制锚杆孔道倾角，采用锚固剂锚固。

施工工艺：施工中严格按照清理开挖面、设置锚杆孔、清孔、注浆、放入锚杆、安装的顺序进行。

钻孔：测量放样，按设计要求准确放出锚杆孔位，采用风动钻岩机钻孔。超前锚杆实际放样时允许偏差±5cm。

清孔：利用高压风清孔，严禁采用高压水洗孔，避免人为塌孔。清孔完成后进行孔道检查，检查开孔孔径、孔深、孔道倾斜度。

孔内塞满锚固剂后将锚杆钢筋插入孔内，同时用锚固剂封住孔口，锚杆保证不小于1m的搭接长度，尾端固定在钢架上。

9.2.4　洞身开挖

1. 开挖方法

（1）V+级围岩开挖CD法。本方法适用于金岩隧道、荆竹山隧道和中坪隧道SX5a、SX5b、SX5c衬砌类型，以及沅古坪隧道Ⅴ级围岩断层破碎带地段。

a. 拱部超前支护采用小导管超前注浆预支护。

b. 左侧洞上部开挖，并施作初期支护和临时支护，每循环长度0.5m，台阶总长度6~8m。

c. 左侧洞下部开挖，并施作初期支护和临时支护，每循环长度 0.5m，台阶总长度 6~8m。

d. 右侧洞上部开挖，并施作初期支护，每循环长度 0.5m，台阶总长度 6~8m。

e. 左侧洞下部开挖，并施作初期支护，每循环长度 0.5m，台阶总长度 6~8m。

f. 左侧开挖、初期支护完成且强度达到 70%后，方可进行另一侧开挖。

g. 拆除临时支护，每次拆除长度不大于 5m。

h. 采用控制爆破施工，左右两侧导坑开挖工作面的纵向间距不小于 15m。

(2) 环形开挖预留核心土法。本方法适用于金岩隧道、荆竹山隧道和中坪隧道 S5a、S5b、S5c 衬砌类型，以及沅古坪隧道Ⅴ及围岩。

环形开挖预留核心土法施工工序如图 9.1 所示：

a. 按Ⅰ、Ⅱ、Ⅲ顺序环形开挖上端面并施作初期支护①。

b. 开挖上断面核心土Ⅳ。

c. 开挖下断面Ⅴ，开挖后及时施作初期支护②、③。

d. 全断面开挖完成后施作仰拱和二衬。

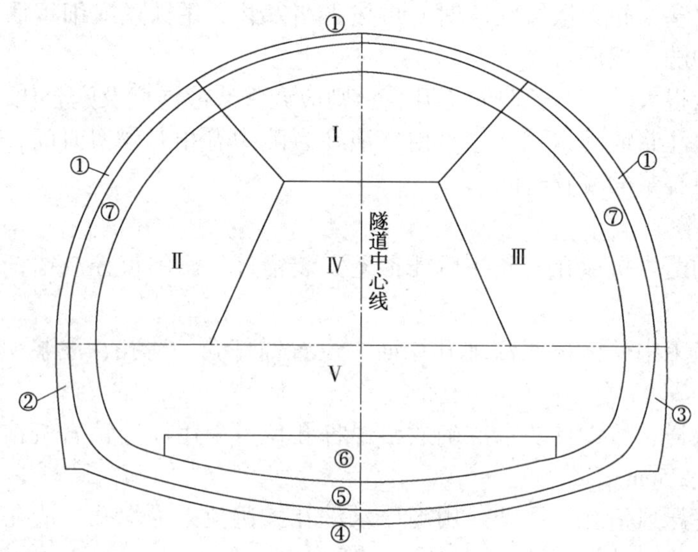

图 9.1 环形开挖预留核心土法施工工序示意图

(3) 上下台阶开挖法。本方法适用于金岩隧道、荆竹山隧道和中坪隧道 S4a、S4b、S4c、ST3 衬砌类型，以及沅古坪隧道Ⅳ级围岩。

上下台阶法横向施工工序如图 9.2 所示：

a. 开挖上断面Ⅰ然后施作初期支护①。

b. 开挖下断面Ⅱ然后施作相应的初期支护②。

c. 施作仰拱③及仰拱回填④，最后施作二次衬砌⑤。

d. 台阶长度控制在<1.5*B* 范围内，开挖采用多功能作业台架进行钻孔，上半断面采用挖掘机扒碴，下断面装载机装碴，自卸汽车运输。施工时加强上半断面及基础锁脚锚杆的施工质量。

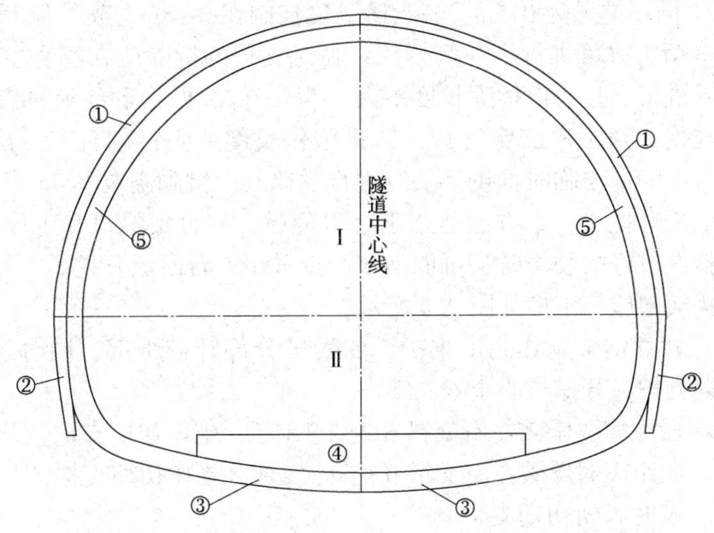

图 9.2　上下台阶法横向施工工序示意图

（4）采用全断面施工法。本方法适用于金岩隧道、荆竹山隧道和中坪隧道 S3b 衬砌类型，以及沅古坪隧道Ⅲ级围岩。全断面开挖Ⅰ，然后初期支护。

（5）CRD 开挖法。本方法适用于金岩隧道、荆竹山隧道和中坪隧道 ST5 衬砌类型。

CRD 法横向施工工序如图 9.3 所示：

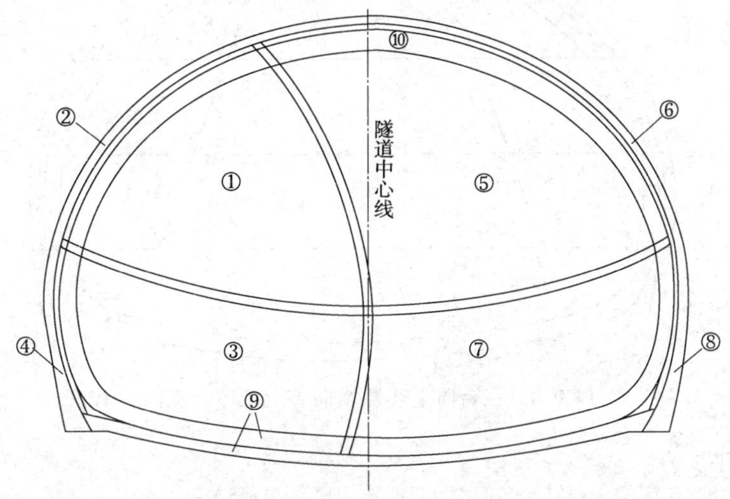

图 9.3　CRD 法横向施工工序示意图

a. 开挖内侧上导坑，超前支护应先期施作。然后施作主洞内侧上导坑和侧导坑初期支护①、②。

b. 开挖内侧下导坑，然后施作主洞内侧下导坑和侧导坑初期支护③、④。

c. 开挖外侧上导坑，然后施作主洞外侧上导坑初期支护⑤、⑥。

d. 开挖外侧下导坑，然后施作主洞外侧下导坑初期支护⑦、⑧。

e. 拆除临时支护，施作仰拱及仰拱回填。

f. CRD 法施工循环进尺为 0.5m，各台阶长度控制在 6~8m，先行侧开挖、初期支护完成且强度达到 70%后，方可进行另一侧开挖；临时支护的拆除应在洞身主体结构初期支护施工完毕并稳定后进行，且每次拆除长度不大于 5m，首次拆除下台阶的临时中隔壁。拆除后立即进行仰拱施作，两工序交错进行，仰拱施作长度达到衬砌台车一次衬砌的长度后，拆除上台阶的临时中隔壁与临时仰拱，及时进行拱墙二次衬砌浇筑。

(6) 三台阶七步开挖法。本方法适用于金岩隧道、荆竹山隧道和中坪隧道 ST4 衬砌类型，当隧道为完整性较好的硬岩时，可取消核心土采用三台阶法开挖。

三台阶七步法横向施工工序如图 9.4 所示：

a. 利用上循环架立钢架施作超前支护，弱爆破分部开挖 1 部，同时每循环进尺一次，分部施作周边初期支护，开挖核心土 6。

b. 滞后 1 部一段距离弱爆破左右交错开挖 2、3 部，施作初期支护，开挖核心土。

c. 滞后 3 部一段距离弱爆破左右交错开挖 4、5 部，施作初期支护，开挖核心土。

d. 开挖 7 部，及时封闭初期支护。

e. 施作仰拱及仰拱回填。

f. 分部开挖施工循环进尺为 0.8~1m，各台阶长度控制在 2~3m，预留核心土长度以 3~5m 为宜。

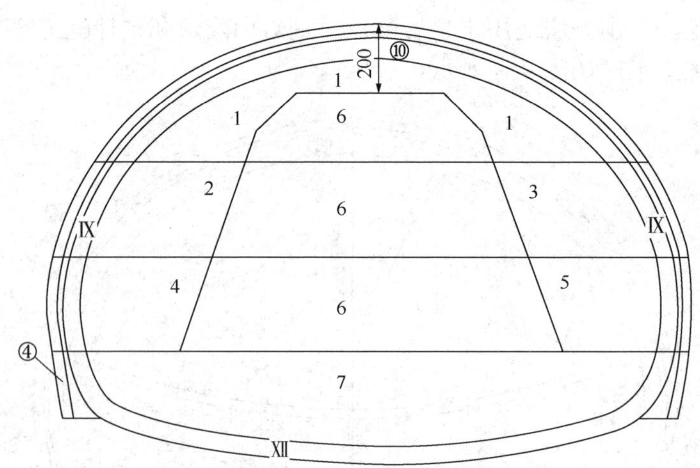

图 9.4　三台阶七步法横向施工工序示意图

9.2.5　初支

初期支护：喷射混凝土采用湿喷工艺，严格遵循“喷—锚—网—喷”作业工序。

1. 喷射混凝土

喷射混凝土前按照规范和标准对开挖断面进行检验，采用湿喷工艺。施工机械采用混凝土湿喷机。

选用普通硅酸盐水泥、细度模数大于 2.5 的硬质洁净砂、粒径 5~10mm 连续级配碎(卵)石、化验合格的拌和用水。喷射混凝土严格按设计配合比进行拌和，配合比及搅拌的均匀性每班检查不少于两次。

喷射前认真检查隧道断面，对欠挖部分及所有开裂、破碎、出水点、崩解的破损岩石进行清理和处理，清除浮石和墙角虚碴，并用高压水或风冲洗岩面。

喷头距岩面距离为0.6~1.2m，喷头垂直受喷面，喷初期支护钢架、钢筋网时，将喷头稍加偏斜。喷射路线应先边墙后拱部，分区、分段“S”形运动，喷头做连续不断的圆周运动，后一圈压前一圈1/3，螺旋状喷射。

喷射混凝土作业采取分段、分块，先墙后拱、自下而上的顺序进行。喷嘴做反复缓慢的螺旋形运动，螺旋直径为20~30cm，以保证混凝土喷射密实。同时掌握风压、水压及喷射距离，减少回弹量。

隧道喷射混凝土厚度>5cm时分两层作业，第二次喷射混凝土如在第一层混凝土终凝1h后进行，需冲洗第一层混凝土面。初次喷射先找平岩面。

喷射混凝土终凝2h后，进行喷水养护，养护时间不少于7d。

喷射混凝土开挖时，下次爆破距喷射混凝土完成时间的间隔不得小于4h。

有水地段喷射混凝土采取如下措施：①当涌水点不多时，设导管引排水后再喷射混凝土；当涌水量范围较大时，设树枝状排水导管后再喷射混凝土；当涌水严重时可设置泄水孔，边排水边喷混凝土。②增加水泥用量，改变配合比，喷混凝土由远而近逐渐向涌水点逼近，在涌水点安设导管，将水引出，再向导管附近喷混凝土。③当岩面普遍渗水时，先喷砂浆，并加大速凝剂掺量，初喷后再按原配合比施工。当局部出水量较大时，采用埋管、凿槽、树枝状排水盲沟等措施，将水引导疏出后再喷混凝土。

当喷射混凝土局部凹凸不平、尺寸大于下述要求时，进行处理。边墙：$D/L=1/6$；拱部：$D/L=1/8$。L为喷射混凝土相邻两凸面间的距离；D为喷射混凝土两凸面凹进的深度。

2. 钢筋网铺设

钢筋须经试验合格，使用前进行除锈，在洞外分片制作，安装时搭接长度不小于10cm。人工铺设钢筋网，贴近岩面铺设并与锚杆和钢架焊接牢固。钢筋网焊接在钢架靠近岩面一侧，以确保整体结构受力。喷混凝土时，减小喷头至受喷面距离和控制风压，以减少钢筋网振动，降低回弹。钢筋网喷混凝土保护层厚度不小于2cm。

3. 药卷锚杆

锚杆采用风动凿岩机成孔，先注后插工艺安装锚杆，测斜仪控制锚杆孔道倾角，采用锚固剂锚固。

施工工艺：施工中严格按照如下顺序进行，即清理开挖面、设置锚杆孔、清孔、填塞锚固剂、放入锚杆。

钻孔：测量放样，按设计要求准确放出锚杆孔位，采用风动钻岩机钻孔。超前锚杆实际放样时允许偏差±5cm。

清孔：利用高压风清孔，严禁采用高压水洗孔，避免人为塌孔。清孔完成后进行孔道检查，检查开孔孔径、孔深、孔道倾斜度。

安装：填塞锚固剂后，将锚杆钢筋插入锚杆孔内，杆体外露部分避免敲击碰撞。锚杆安装后，不得随意敲击，3天内不得悬挂重物。

4. 中空注浆锚杆

中空注浆锚杆在专业厂家购买，采用锚杆钻机钻孔，液压平台辅助人工安装，专用高压注浆泵注浆。

中空注浆锚杆的施工要点如下：

① 施工准备。严格按照设计要求选择专业厂家订购组合中空注浆锚杆，并进行相关试验，确保锚杆体的抗拉拔力满足设计要求。注浆浆液采用水泥浆，施工准备阶段主要完成水泥相关试验和水质化验，进行浆液配合比设计及相关试验。

② 测量放样、钻机就位。锚杆孔开孔前做好量测工作，按设计要求布孔并做好标记，开孔偏差不大于10cm；锚杆孔的孔轴方向满足施工图纸的要求，图纸未规定时垂直于开挖面，局部加固锚杆的孔轴方向与可能滑动面的倾向相反，交角大于45°。

③ 成孔。采用锚杆钻机钻孔，测斜仪控制孔身倾斜角度，利用短杆冲孔，然后接长钻杆钻孔到设计长度。锚孔位置、方向、直径严格控制，锚孔钻完后用高压风清孔。清孔完成后对锚孔位置、方向、直径进行严格控制，检查锚孔是否平直畅通，不合格的孔位重新钻孔。

④ 锚杆杆体安装。组装组合中空注浆锚杆杆体，安装可测长锚头、长度检测管。人工辅助锚杆钻机安装，锚杆边旋转边送入锚孔。隧道拱部采用带防弊气连接套的组合中空注浆锚杆，锚杆组装时，同时安装防弊气连接套、排气管。杆体安装完成后，安装止浆塞、垫板、球形螺母，利用组合中空注浆锚杆扳手拧紧。安装锚杆垫板时确保垫板与锚杆垂直，并与初喷混凝土面密贴紧压。锚杆安装后，不得随意敲击，3天内不得悬挂重物。

⑤ 注浆。利用专用高压注浆泵通过锚杆杆体预留通道接孔口注浆。隧道拱部利用排气管排气；隧道墙部自然排气，确保锚杆孔内注浆饱满。

注浆浆液配合比设计：注浆采用水泥浆，水灰比为0.45∶1~0.5∶1。

浆液扩散半径 r 的确定：根据已有资料进行工程类比及现场碴体注浆试验情况选定注浆压力范围，确定浆液扩散半径 r 的大小。

注浆孔距 D 与排距 L 的计算如式(9.2)和式(9.3)所示：

$$L = D\sin 60° \tag{9.2}$$

$$D = 2r\cos 30° \tag{9.3}$$

单孔注浆量按式(9.4)计算：

$$Q_{注} = \pi 2 h \eta \beta \tag{9.4}$$

式中，r 为浆液扩散半径，m；h 为压浆段有效长度，m；η 为岩石裂隙率；β 为浆液在裂隙内的有效充填系数。

洞内注浆结束的标准：注浆压力控制在设计规定范围内。

⑥ 锚杆检测。锚杆长度测量采用在锚杆杆体中预留通道，在注浆完毕后用机械法测量已锚固注浆锚杆的长度。每段工程取代表性段落对锚杆进行抗拔试验，锚杆抗拔力大于70kN/根，通过试验修正施工参数，指导大面积施工。

锚杆抗拔力采用锚杆拉拔器按规范标准分批进行检测。

5. 钢拱架

型钢钢架在机械厂加工，根据不同断面需要，精确放样下料，分节焊制而成。栓孔用钻床定位加工，螺栓、螺母采用标准件，焊接及加工误差应符合有关规范。加工成型后的格栅和型钢进行详细标识，分类堆放，做好防锈蚀工作后待用。

采用机械运至安装现场，人工作业平台配合装载机安装。安装时注意钢架的垂直度，防止出现左前右后或前倾后倒现象，并与锚杆及纵向连接钢筋焊接，使之成为整体。

安装前分批按设计图检查验收加工质量，不合格禁用。清除底脚处浮碴，按设计焊连定位筋及纵向连接筋，段间连接安设垫片拧紧螺栓，确保安装质量。

严格控制中线及高程。拱架与岩面间安设鞍形混凝土垫块，确保岩面与拱架密贴，确保初喷质量。

9.2.6　防、排水施工

1. 防、排水原则

施工过程中严格遵循“综合预报，先探后掘；排堵结合，综合治理；全程跟踪，突出重点；预案在先，规避风险；试验先行，快速决策；安全第一，确保进度”的原则。根据隧道防排水设计，地下水排放不影响其生态环境时，采用“防、排、堵、截结合，因地制宜，综合治理”的原则进行施工处置；对于地下水发育的地段，当采用以排为主而影响生态环境时，根据实际情况采用帷幕注浆堵水的手段，以达到降低围岩渗透系数、控制地下水流失的目的。

2. 暗洞防水

隧道初期支护与二次衬砌之间拱部及边墙部位铺设防水板，厚度1.5mm。防水板与初期支护之间敷设300kg/m^{2}的无纺布。

二次衬砌混凝土采用防水混凝土，抗渗等级不小于P8。拱墙环向施工缝设中埋式橡胶止水带和背贴式橡胶止水带，仰拱环向施工缝设中埋式橡胶止水带；纵向施工缝设中埋式钢边橡胶止水带加膨胀止水条；变形缝填充聚苯板并加设钢边橡胶止水带和背贴式橡胶止水带，变形缝内缘采用双组分聚硫密封膏嵌缝。

（1）超前周边注浆堵水。注浆施工应根据设计并结合工程实际制订注浆方案。注浆施工时，应根据现场试验进行参数调整和工艺完善，保证注浆效果。注浆材料宜以水泥系材料为主，浆液配合比应经现场试验确定。注浆过程中应做好施工记录，注浆结束后应对注浆钻孔机检查孔封填密实。注浆过程中应加强监控量测，当围岩或支护结构发生较大变形、窜(跑)浆等异常情况时，可采取以下措施：降低注浆压力或采用间歇注浆，直至停止注浆；改变注浆材料或缩短凝胶时间；对窜(跑)浆部位进行封堵；调整注浆实施方案。

（2）径向注浆堵水。注浆范围为开挖轮廓线外3m，注浆孔按浆液扩散半径2m设计，注浆孔按梅花形布置，孔口环向间距为200cm，孔底环向间距为280cm，纵向间距为200cm。

注浆孔采用风钻开孔，孔径52mm。孔口管采用Φ50mm、壁厚3.5mm的热轧无缝钢管，钢管长1m，孔口管应埋设牢固，并有良好的止浆措施。注浆采用水泥浆，注浆压力按1~1.5MPa。注浆前应进行压水试验，修正注浆参数。

3. 明洞防水

明洞衬砌采用防水钢筋混凝土，外涂防水涂料，铺设外贴防水层和隔水层。

① 施工准备及基面处理。彻底清除各种异物，如石子、沙粒等，做到现场平整干净。基面应平整，不能出现酥松、起砂，无大的明显的凹凸起伏。铲除各类尖锐突出物体，如

钢筋头、铁丝、凸出在作业面上的各种尖锐物体，并且清除地面积水。根据图纸高程尺寸，定好基准线，准确无误地按线下料。施工设备如焊接机、检漏器、热风枪、电闸箱等，在工作前要做好检查和调整，确保设备正常运行，达到焊接要求，保证工程质量。防水板搭接缝与施工缝错开距离不应小于100cm，允许偏差-5cm。

② 防水板材的焊接。板材采用双缝热熔自动焊接机焊接。依据板材的厚度和自然环境的温差调整好焊接机的速度和焊接温度进行焊接。焊接完后的卷材表面留有空气道，用以检测焊接质量。

③ 防水板焊接应符合下列规定：防水板按设计要求进行双焊缝焊接时，每一单焊缝的宽度不应小于15mm；焊缝应无漏焊、假焊、焊焦、焊穿等现象；焊缝若有漏焊、假焊应予补焊；若有焊焦、焊穿处，以及外露的固定点，应采用同质材料覆盖焊接。

检查方法：用5号注射针与压力表相接，用打气筒进行充气，在0.2MPa压力作用下5min不小于0.16MPa，否则应补焊至合格为止。

④ 防水板材的铺设、固定。根据实际情况下料，按基准线铺设防水板；用防水板材专用塑料垫和钢钉把缓冲层固定在基面上，应用暗钉圈焊接固定塑料防水板，最终形成无钉孔铺设的防水层。

在清理好的基面上铺设固定土工布垫层。在喷射混凝土隧道拱顶部标出隧道纵向的中心线，再使裁剪好土工布垫层中心线与喷射混凝土上的标志相重合，从拱顶部开始向两侧下垂铺设，用射钉固定垫片将土工布固定在喷射混凝土面上。水泥钉长度不得小于50mm，平均拱顶3~4个/m^2，边墙2~3个/m^2。

铺设固定防水板。先在隧道拱顶部的土工布上标出隧道纵向的中心线，再使防水卷材的横向中心线与这一标志相重合，将拱顶部的防水卷材与热融衬垫片焊接，再像土工布垫层一样从拱顶开始向两侧下垂铺设，边铺边与热融衬垫焊接。铺设时要注意与土工布密贴，并不得拉得太紧，一定要留出余量。

将防水板专用融热器对准热融衬垫所在位置进行热合，一般5s即可。两者黏结剥离强度不得小于防水板的抗拉强度。

⑤ 止水带安设。止水带安设采用安设钢筋卡工艺施工。沿设计衬砌轴线，每隔不大于0.5m钻一直径为12mm的钢筋孔；将制成的钢筋卡，由待灌混凝土侧向另侧穿入，内侧卡紧止半个水带，另一半止水带平靠在挡头板上；待混凝土凝固后拆除挡头板，将止水带靠钢筋拉直、拉平，然后弯钢筋卡套上止水带。

9.2.7 衬砌混凝土施工

衬砌采用12m长液压钢模整体衬砌台车，在工厂制造运至现场使用。二次衬砌采用大块弧形钢模衬砌台架，拱墙一次模筑成型。混凝土由拌和站集中拌和，混凝土输送车运输，泵送入模浇筑施工，振动棒振捣密实。

1. 钢筋加工、安装

在隧道二次衬砌设置结构筋的地段，严格按照设计要求的尺寸及规范要求在洞外钢筋加工棚内进行加工，运输车进入洞内。钢筋加工运输过程中严禁污染钢筋，有锈蚀处进行处理后才能正式使用。

2. 混凝土浇筑

混凝土由洞口的自动计量混凝土拌和站集中供应，混凝土搅拌运输车运料，混凝土输送泵泵送入模。仰拱采用仰拱栈桥以抗干扰作业，实现仰拱超前。

根据设计，隧道衬砌根据喷锚构筑法原理在围岩变形基本稳定后进行。变形趋于稳定应符合下列要求：①隧道周边变形速率明显下降并趋于缓和；②水平收敛小于 0.2mm/d，拱部下沉速度小于 0.15mm/d；③累计位移值已达极限位移值的 80%以上。

首先对开挖断面和防排水系统进行自检，检验合格后报现场监理工程师检验，经检验合格后移动台车就位。

混凝土采用水平分层、对称浇筑，控制灌注混凝土的速度和单侧灌注高度，单侧一次连续浇筑高度不超过 1m。输送软管管口至浇筑面垂直距离混凝土的自落高度控制在 1.5m 以内，以防止混凝土离析。超过时采用串筒或滑槽。混凝土浇筑必须连续，相邻两层浇筑时间间隔控制在规范允许范围之内，因施工需要留设施工缝，必须征得设计同意，并得到监理工程师认可。

捣固选用的振捣器，其频率、振幅、振动速度等参数视混凝土的坍落度及骨料粒径而定；振捣器不得碰撞模板、钢筋和预埋件。灌注施工采用全断面一次灌注成型，当混凝土灌至墙拱交界处时，间歇约 1h，以便于边墙混凝土沉实。拱圈封顶时，随拱圈灌注及时捣实。

衬砌为钢筋混凝土衬砌时，钢筋在加工棚内制作，人工在钢筋台架上完成安装钢筋工作。安装钢筋时，钢筋位置和混凝土保护层厚度不小于 5cm。

二次衬砌在初期支护变形稳定前施工，拆模时的混凝土强度应达到设计强度的 100%；在初期支护变形稳定后施工的，拆模时的混凝土强度应达到 8MPa，并根据湿度情况 12h 内进行养护，养护时间满足混凝土强度要求。

3. 仰拱及仰拱回填

有仰拱的地段采用仰拱先行的施工方法，采用 2.5m 弧形模板，全幅浇筑一次完成浇筑仰拱，严禁半幅施工，以起到早闭合、防塌方的作用，并能够营造良好的施工环境。为保证整体工期要求，减少仰拱铺底对施工进度的影响，降低施工干扰，开挖和浇筑混凝土时利用仰拱栈桥保证运碴车辆和其他车辆的通行。

施作仰拱混凝土时必须将基底清理干净，并且注意及时排水。支立仰拱模板，排干积水，绑扎钢筋，保护层采用 PVC 垫块，经监理工程师验收合格后浇筑混凝土。混凝土在拌和站集中拌制，混凝土运输车进入，泵送入模，振捣器振捣密实。填充必须在仰拱混凝土达到强度后进行，支立侧模，一次浇筑到位。

第 10 章　某高速改扩建项目隧道施工案例

10.1　工程概况

某高速改扩建项目重难点工程为隧道工程，包含平安洞 2#隧道及城仔山隧道合计 1.5 座。

（1）平安洞 2#隧道：平安洞 2#隧道穿过丘陵地貌区，为双洞八车道出口小净距隧道，左线隧道起讫里程 ZK50+500～ZK51+559，长 1059m，A 端洞门采用削竹式，洞口设计标高 56.490m，B 端洞门也采用削竹式，洞口设计标高 65.203m，坡度 0.8%，隧道最大埋深 103m；右线隧道起讫里程 K50+503～K51+547，长 1044m，A 端洞门采用削竹式，洞口设计标高 56.479m，B 端洞门也采用削竹式，洞口设计标高 64.920m，坡度 0.8%，隧道最大埋深约 95m。

（2）城仔山隧道：城仔山隧道穿过丘陵地貌区，为洞口小净距双洞八车道分离式隧道，左线隧道起讫里程 ZK52+289～ZK54+616，长 2327m，A 端洞门采用削竹式，洞口设计标高 71.395m，B 端洞门也采用削竹式，洞口设计标高 62.515m，坡度分别为 0.800%和 -1.00%，隧道最大埋深约 284m；右线隧道起讫里程 K52+322～K54+693，长 2371m，A 端洞门采用削竹式，洞口设计标高 71.125m，B 端洞门也采用削竹式，洞口设计标高 63.153m，坡度分别为 0.800%和-1.00%，隧道最大埋深约 260m。

10.2　隧道施工方案

10.2.1　洞口工程

进洞前先完成地表排水系统，采取分层开挖、分层支护、自上而下、边挖边护的洞口加固处理方法：洞口仰坡按照设计采用锚、网喷混凝土加固技术，进出口明洞挖方在满足机械开挖的条件下，使用挖掘机开挖，装载机配合自卸车装运弃渣至指定弃渣位置，人工辅助修坡。城仔山隧道左线洞口需要进行地表注浆及仰坡预应力锚索施工。进洞采用先施作超前小导管、弱爆破、短进尺、快循环、早封闭的施工方案。

1. 洞口注浆

因城仔山隧道左线洞口为堆积层，需要进行注浆加固，采用劈裂注浆加工施工。

劈裂注浆工法是预埋注浆管法的延伸和改进，很好地解决了松散地层注浆管封闭止浆的难题。采用该工法可以解决松散地层的注浆加固、防渗、堵漏等工程难题。劈裂注浆工法是在浆液经过注浆泵加压后，通过连通管进入注浆管，聚集到钢花管注浆管段，然后通过钻有直径为 8mm 的泄浆孔的钢花管。当压力逐渐增大到一定程度时，被加压的浆液就会沿着地层结构产生充填、渗透、压密、劈裂流动。此时，由于供浆量小于进入量，压力会自动恢复到平衡状态，续后的浆液在压力作用下使得劈裂裂缝不断向外延伸，浆液在土体中形成固结体，从而达到增加地层强度、降低地层渗透性的目的。逐次提升或降低注浆内管即可实现分段注浆。

橡胶圈的作用是：当孔内加压注浆时橡胶圈胀开，浆液从泄浆孔进入地层，停止注浆时，橡胶圈在钢花管外部浆液的作用下封闭泄浆孔，阻止泥土和地下水逆向进入钢花管内。套壳料的作用是：在钢花管周围形成具有一定强度的保护层，注浆时浆液在钢花管有孔的部位挤碎套壳料，而上部和下部的套壳料仍具有一定强度，可以阻止浆液的上下流动。这样浆液就只在很小的范围内横向流动，以增加地层加固半径。而双塞管的作用是增压，当浆液通过注浆内管进入双塞管后，浆液从内管上的出浆孔流出。当浆液进入钢花管和双塞管中间时，在压力作用下，橡皮帽被顶起。随着浆液的聚集，压力达到一定程度后，钢花管外侧的橡胶圈被胀开，套壳料被挤碎，从而浆液被挤压到地层中。待浆液凝固以后，对该片区域进行验证效果，避免后期进洞后洞口出现坍塌风险。

2. 洞门施工

明洞衬砌采用整体液压衬砌台车做内模及支架，外模采用定制钢模板，钢管弯制外拱架组成外支撑体系，拉杆连成整体。明洞衬砌混凝土在拌和站集中拌制，混凝土搅拌运输车运输，泵送混凝土入模。

明洞边墙、拱圈混凝土强度应达到设计强度后，才能施作防水层、墙脚盲沟及回填。明洞两侧应均匀回填(洞身以下回填浆砌片石，洞身以上回填黏土、碎石土)，墙后排水设施应与回填同时施工；拱背回填对称分层夯实，每层厚度不得大于 30cm，其两侧回填土的顶面高差不得大于 50cm，以保证回填的密实性和洞身的均匀受力。

回填至拱顶后须满铺分层填筑。回填时注意不要损坏防排水系统，待人工夯实至拱顶以上 1m 时，方可采用机械回填。洞顶回填土石的压实度一般不宜小于 90%。回填拱背的黏土隔水层和耕植土应与边坡、仰坡搭接良好，封闭严密。

3. 遮光棚施工

遮光棚施工采用整体液压衬砌台车做内模及支架，外模采用定制钢模板，透光格采用木模，固定牢固，定位准确。混凝土浇筑完成后外形美观，尺寸符合设计要求。

10.2.2　洞身工程

隧道施工方案如下：

① 隧道洞口及明洞段主要采用机械开挖方式，对于局部围岩较好区段可采用爆破开挖。

② 隧道洞内主要采用爆破开挖；对于土方地段、围岩较差区段等应尽量采用机械开挖以避免爆破震动对围岩造成破坏。

③ 隧道主洞洞口或洞身地质条件较差的Ⅴ级围岩段采用双侧壁导坑法开挖。

④ 隧道主洞地质条件较好的Ⅴ级围岩段采用三台阶七部法开挖。

⑤ 隧道主洞Ⅳ级围岩采用三台阶法开挖。

⑥ 隧道主洞Ⅲ围岩级采用上下台阶法开挖。

小净距隧道左右洞开挖相互影响，后行洞开挖爆破对先行洞影响较大，往往会造成先行洞二衬开裂。先行洞仰拱应超前后行洞导坑开挖，后行洞导坑应超前先行洞二衬。

(1) 双侧壁导坑法。左右导坑上台阶高 7.5m，台阶长度 8m，中台阶高度 2.3m，下台阶高度 2.3m(带仰拱 3.9m)，左右导坑纵向错开 8m。中导坑上台阶高 6.2m，台阶长度 30m，下台阶带仰拱高度 8.4m，台阶长度 20m，与后行导坑纵向错开 22m。具体施工工序如下：主洞长管棚超前注浆→右导洞上台阶开挖→右导洞上台阶初期支护→左导洞上台阶开挖→左导洞上台阶初期支护→右导洞中台阶开挖→右导洞中台阶初期支护→左导洞中台阶开挖→左导洞中台阶初期支护→中导洞上台阶开挖→中导洞上台阶初期支护→右导洞下台阶开挖→右导洞下台阶支护→左导洞下台阶开挖→左导洞下台阶支护→主洞下部初期支护(安装钢拱架、喷混凝土)→拆除临时侧壁→仰拱衬砌→防水施工，拱墙衬砌。

(2) 长台阶法。上台阶高 10.5m，长 30m。掌子面围岩较差时可在上台阶增设微台阶，微台阶高 5m，长 2m。下台阶带仰拱高度 4.1m。铁建重工 ZYS113 全电脑三臂凿岩台车作业范围宽 16.6m×高 11.3m。

① 双三臂凿岩台车向前打眼爆破。单台三臂凿岩台车(铁建重工 ZYS113)作业范围宽 16.6m×高 11.3m，双台车作业满足隧道断面宽 22.6m×高 11m(地面至拱顶)需求。

② 爆破后挖掘机排险扒上台阶渣，双装载机出渣。

③ 出渣完后，一台湿喷机械手初喷，单台混凝土湿喷机械手(耿立 3015)作业。作业范围宽 27m×高 15.8m，满足侧壁导坑宽 22.6m×高 11m(地面至拱顶)需求。

④ 初喷后拱架安装机立架，同时挖掘机挪移简易栈桥，仰拱采用三臂凿岩台车向前打眼爆破，随后挖掘机翻渣，向前挪移架设简易栈桥。拱架安装机(新筑 XZGT311)作业，作业范围宽 25.7m×高 15.8m，满足侧壁导坑宽 11.2m×高 11m(地面至拱顶)需求。

⑤ 立架后采用三臂凿岩台车打系统锚杆、锁脚锚杆、超前小导管，同时人工安装仰拱拱架。

⑥ 双湿喷机械手先喷掌子面，再喷仰拱，随后挖掘机扒掌子面。

⑦ 通过简易栈桥(12m 长)、液压自行式栈桥保障掌子面距二衬交通畅通。

⑧ 待掌子面前进掘进 12m，掌子面施工中管棚、玻璃纤维锚杆，仰拱出渣，挪移至自行式栈桥、仰拱栈桥，施工仰拱及填充。

⑨ 防排水施工，二衬浇筑。

10.2.3 钻爆施工

隧道开挖施工坚持“弱爆破、短进尺、强支护、早封闭、勤量测”的原则，采用微震爆破、小炮、机械或人工开挖，严格控制装药量，以减小对围岩的扰动。工序变化处钢架(临时钢架)设锁脚锚杆，以确保钢架基础稳定。本标段隧道工程的钻爆施工基本与 6.3.2 小节的钻爆施工方法一致。

10.2.4 隧道洞身支护

本标段隧道采用的洞身支护措施主要有洞口超前长管棚、洞身超前小导管加固注浆。

（1）超前管棚。洞口长管棚采用外径 127×6 的热轧无缝钢管在现场加工制作，每节钢管两端均预加工成外丝扣。同一断面内接头数量不超过总钢管数的 50%，钢花管上钻注浆孔，孔径 10mm，呈梅花形布置。

（2）超前小导管。超前小导管采用 ϕ50mm 注浆小导管。直接采用三臂凿岩台车进行钻孔、安装。在三臂凿岩台车内输入数据后，机械臂自动定位钻孔，钻孔完成后安装 ϕ50mm 注浆小导管。

（3）系统锚杆及锁脚锚杆。锚杆支护采用 50×5 注浆小导管、ϕ25mm 中空注浆锚杆、ϕ22mm 药卷锚杆。锚杆长度和环向间距按设计要求确定。

50×5 注浆小导管采用的施工工艺与超前支护中 50×5 注浆小导管相同。

组合中空注浆锚杆采用锚杆台车施工或三臂凿岩台车进行施工。采用水泥砂浆，注浆按以下程序进行：迅速将锚杆、注浆管及注浆泵用快速接头连接好；开动注浆泵注浆，直至浆液从孔口周边溢出或压力表达到设计压力值为止。

药卷锚杆施工采用锚杆台车施工或三臂凿岩台车进行施工，用高压风将锚杆孔进行清洗，将早强速凝药包用水浸泡 1~2min，直到药包不冒出气泡为止，将药包迅速放入锚杆孔内，然后插入锚杆，锚杆插入后 5min 内不得摇动锚杆。

药卷锚杆施工采用锚杆台车施工或三臂凿岩台车进行施工，用高压风将锚杆孔进行清洗，将早强速凝药包用水浸泡 1~2min，直到药包不冒出气泡为止，将药包迅速放入锚杆孔内，然后插入锚杆，锚杆插入后 5min 内不得摇动锚杆。

（4）钢筋网的挂设。钢筋网按设计预先在洞外钢构件厂加工成型。拟采用隧道钢筋网片焊接机加工，钢筋网根据初喷混凝土面的实际起伏状况铺设，并与受喷面间隙为 3cm。钢筋网与钢筋网、钢筋网与锚杆、钢筋网与钢架连接筋点焊在一起，使钢筋网在喷射时不晃动。

钢筋网制作前对钢筋进行校直、除锈及油污等处理；安装前，岩面初喷 3~5cm 厚混凝土形成钢筋保护层，钢筋保护层厚度不得小于 4cm；喷射中如有脱落的石块或混凝土块被钢筋网卡住，应及时清除。

（5）喷射混凝土。大型喷射混凝土机械手工作原理是：将水泥、骨料、水和外加剂等按设计配合比经强制式搅拌机搅拌均匀后，利用混凝土运输罐车运送至喷射地点加入喷射机，通过喷射机泵将稠密流料泵送至喷头处，与电脑全自动配比掺量控制的液体速凝剂混合，再用高压空气进行喷射。

清理待喷面并保持湿润，采用泵式喷射机湿式喷射混凝土，其工作风压大于 0.5MPa，水压比风压大 0.1MPa。喷头与受喷面保持垂直，距离以 1.5~2.0m 为宜。受喷面被钢筋网覆盖时，将喷头稍加倾斜，但不小于 70°。喷射混凝土作业采取分段、分块，先墙后拱、自下而上的顺序进行。喷嘴做反复缓慢的螺旋形运动，螺旋直径为 20~30cm，以保证混凝土喷射密实。同时掌握风压、水压及喷射距离，减少回弹量。

隧道喷射混凝土厚度>5cm 时分两层作业，第二次喷射混凝土如在第一层混凝土终凝 1h 后进行，需冲洗第一层混凝土面。

（6）钢架制作与安装。型钢钢架按设计预先在洞外结构件厂加工成型，采用拱架安装机将其安装在洞内用螺栓连接成整体。洞内安装在初喷混凝土后进行，与定位系筋焊接。

型钢钢架之间设纵向连接筋，钢架间以喷混凝土填平。

拱架安装台车安装流程如图 10.1 所示。

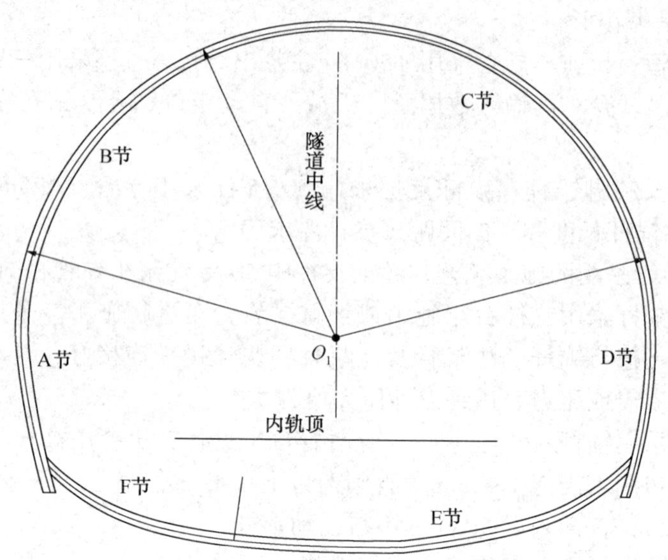

图 10.1 拱架安装台车安装流程图

① 拱架进洞，多功能台车就位，电力接通。拱架组装，测量放点。

② 边墙 A 和 D 节拱架就位。清理拱脚虚渣，对基面进行平整，确保基面位于设计标高以下，钢架底脚应置于牢固的基础上。多功能拱架台车两边手臂夹取边墙拱架 A 节和 D 节实现拱架就位，根据测量放点的拱架内弧线，利用激光笔复核拱架横向偏差，通过尺量复核拱间距。

③ 左边墙 B 节拱架与 A 节拱架实现节点拼装。

④ 拱顶及右边墙 C 节拱架与 B 节拱架实现节点拼装。

⑤ 右边墙 D 节拱架与 C 节拱架实现节点拼装，从而完成全断面拱架拼装。

⑥ 手臂夹取仰拱 E 节拱架，按照测量放点点位精确吊装仰拱拱架，实现拱架全断面(带仰拱)初支成环。

⑦ 测量复核。拱脚立完后，测量复核拱架的垂直度、高程、横向偏差。

⑧ 锁脚施作。

10.2.5 隧道防排水

隧道防排水遵循“防、排、堵、截结合，因地制宜，综合治理”的原则。

隧道位于丘陵山地区，地表水总体不发育，主要为大气降雨形成地表水沿山谷汇流而成。平安洞 2#隧道涌水量值为 4220m^3/d，城仔山隧道涌水量值为 9490m^3/d。

防水系统：在初期支护与二次衬砌之间敷设一层 400g/m^2 无纺土工布+1.5mm HDPE(高密度聚乙烯)单面自黏防水卷材，施工缝位置设置有环向矩形 HDPE 盲管，二衬中部设计有安装钢板腻子止水带，变形缝位置设置有背贴式止水带，二衬中部设计有安装中埋式止水带，接缝内填塞沥青麻絮。隧道衬砌混凝土采用抗渗混凝土等级不低于 P8 的防水混凝土，作为第二道防水措施。

排水系统：在隧道围岩位置使用螺钉固定环向铺设矩形 HDPE 盲管（14cm×5cm），间距 10m/道，洞口浅埋段、断层破碎带及地下渗水较多处每 5m 设置一道，然后再喷射混凝土。施工缝环向排水管布置在初衬施工缝背后防水层与喷混凝土之间，其下部与纵向排水管相接，布置间距以实际施工一板二衬长度。

隧道排水采取围岩水与污水分开排放形式，隧道路面水由设置在两侧的排水沟排放，路面排水沟布设在隧道侧向宽度范围内。围岩水由两侧排水暗沟排放。车行横洞、人行横洞在行车道右侧边缘设置排水沟槽，衬砌背后墙角外侧设 ϕ110mm HDPE 硬式纵向排水管（上部 2/3 为网状，下部 1/3 为实壁无孔结构），环向位置每 8m 一道，设置有矩形 HDPE 排水盲管。

明洞防排水：明洞段衬砌采用外贴 1.5mm 厚 HDPE 单面自黏型防水卷材，采用 2cm 砂浆保护层，洞顶回填并设置黏土隔水层，洞顶边仰坡外设截水沟，防止雨水对坡面及洞口的危害。

（1）地表防、排水。按图纸要求修筑截排水沟及其他排水建筑物，洞口附近不得积水。边仰坡坡顶的截水沟、排水沟于路堑土石方开挖、隧道边仰坡开挖前施工，确保截引地表水，防止出水口顺坡漫流。

（2）施工缝及沉降缝防水。所有施工缝设置钢板腻子止水带。沉降缝在衬砌中部埋设中埋式橡胶止水带与背贴式止水带。

止水带安装：直接使用智能二衬砌台车端部模板，将中埋式止水带夹在模板中部，直接进行混凝土浇筑。

（3）衬砌防水。防水板采用防水板铺挂作业综合台车施工。板材采用双缝热熔自动焊接机焊接。依据板材的厚度和自然环境的温差调整好焊接机的速度和焊接温度进行焊接。焊接完后的卷材表面留有空气道，用以检测焊接质量。

隧道防水板与 EVA 垫片之间采用超声波焊接工艺。该工艺是由发生器产生 20~35kHz 的高压、高频信号，通过换能系统，把信号转换为高频机械振动，加于防水板上。

（4）洞内排水施工。隧道排水采用双侧沟的方式，衬砌背后的积水通过环向和纵向盲管的汇集后引入侧沟排出洞外。

10.2.6 仰拱及填充混凝土

（1）隧底清渣。隧道洞身开挖按设计及规范要求需进行仰拱施工时，先采用挖掘机配合自卸汽车进行仰拱初始段隧底清渣，然后组织仰拱栈桥组装。

（2）栈桥行走。行走时伸缩支腿支撑（四支腿结构保稳定）于仰拱基面上，前支腿收放，后端驱动轮驱动栈桥前移，栈桥主重在伸缩支腿滑动前移，栈桥前进到位后，前端受力支腿支撑在仰拱上，收缩滑动支腿完成行走。可一次或多次前进移动完成栈桥行走。整体仰拱（矮边墙）模板前端行走小车吊挂在行走轨道（栈桥主梁内侧）上，矮边墙后置驱动与行走小车同时向前驱动仰拱（矮边墙）模板前移，横向移动矮边墙整体模板定位，安装封端模板止水带即可进行仰拱混凝土浇筑。

（3）矮边墙防水板、纵向盲管铺设。纵向盲管采用梯形硬质透水管（上面 1/2 网状，下面 1/2 为实壁无孔结构）使用钢钉固定在边墙下部的喷射混凝土初支面上，盲管外侧采用双面自黏型防水卷材，与初支面防水板搭接不小于 10cm。防水板严格按设计要求进行双焊缝焊接。铺设应与初支面密贴，顶部整齐。仰拱地下水发育段应增设排水管。

（4）仰拱钢筋绑扎（有二衬钢筋段落）。栈桥行走到位后即复测仰拱净空尺寸，对局部初支侵二衬及欠挖处理，处理完成后仰拱清底，清底验收合格后绑扎钢筋，仰拱钢筋绑扎人员合理配置 6 人。清底及钢筋绑扎时间为 1~1.5 天完成。

（5）仰拱矮边墙整体模板定位。仰拱钢筋绑扎完成后（或无钢筋段落仰拱清理完），整体矮边墙前移就位，支撑矮边墙前支腿，检查支撑牢固。矮边墙整体模板定位：矮边墙整体模板在前支腿横梁上用油缸横移及竖向升降移动就位；在整体模板纵向间隔设置边部支撑及中间对撑杆，将整体模板固定在初支边墙的喷射混凝土面上，完成矮边墙整体模板的移动定位工作。

（6）仰拱及填充封端模板安装。由于仰拱施工缝设计有中埋式止水带，底部设有背贴式止水带。端模按中埋式止水带位置分块设计，上部为固定钢模，底部由于受仰拱初支和开挖的不规则影响，将下部设计为钢模夹木模，以适应仰拱底的线形变化，达到端部封堵严密不漏浆。施工缝底部铺设背贴式止水带前应将基面清干净用砂浆找平，确保背贴式止水带后不脱空。

（7）仰拱及矮边墙整体混凝土浇筑。仰拱及填充浇筑由于浇筑方量大、长度长，受混凝土供应等条件影响，为了保证混凝土浇筑的连续性，浇筑时采取向掘进方向斜向分层浇筑，可减少有水地段仰拱积水对混凝土的影响，也可防止水平浇筑施工面积大、施工速度跟不上形成施工缝（冷缝），降低结构的整体性。浇筑过程中加强混凝土的振捣，矮边墙混凝土浇筑到倒角处时应进行倒角（反坡）模板处的振捣，防止倒角处漏振或气泡不易排出形成蜂窝麻面等通病。矮边墙浇筑前，仰拱中间适当预留一部分混凝土量，待矮边墙浇筑振捣过程中混凝土翻浆至内侧填充面，防止施工缝处填充面不整的现象。

（8）仰拱填充浇筑。待仰拱混凝土浇筑完成后，间隔时间不少于 6h，再从先浇筑的一端浇筑 C20 混凝土填充部分至设计标高。浇筑填充部分时将填充顶面按设计横坡要求进行抹面，最后进行二次抹面完成填充混凝土施工。

（9）混凝土养护。仰拱及填充混凝土初凝后及时进行覆盖土工布洒水养护。由于长段落浇筑，混凝土受水化热、干缩等不利因素的影响较多，加强养护成为仰拱长栈桥施工中保证质量的一个重要环节。

（10）拆模。仰拱混凝土强度达到 10MPa，端部封端模板拆除，矮边墙整体模板向上顶升完成边墙模板拆除。拆模时间不能过长，防止混凝土与模板的摩擦阻力过大顶升边墙模板时变形，太早容易导致填充及矮边墙顶部缺棱掉角损坏。

10.2.7 隧道二次衬砌

主隧道衬砌采用断面尺寸符合设计的全液压模板台车施工，利用钢轨行走。模板台车由钢模板、钢支架、液压动力系统等组成。采用仰拱（底板）先行、整体式液压钢模衬砌台车衬砌。其余较大附属洞室衬砌均采用型钢拱架配合钢模板进行，较小附属洞室衬砌采用管材配合木模板进行。

(1) 二次衬砌混凝土浇筑时间选择。隧道二次衬砌必须在围岩和初期支护结构基本稳定并符合下列条件后进行混凝土浇筑施工:

① 各测试项目的位移速率明显收敛，围岩基本稳定。

② 已产生的各项位移已达预计总位移量的80%~90%。

③ 周边位移速率小于0.1~0.2mm/d，或拱部下沉速率小于0.07~0.15mm/d。

(2) 立模质量控制。

① 拱部模板应预留沉落量10~30mm(根据现场监控量测结果确定)，其高程允许偏差为设计高程加预留沉落量(+10mm，0mm)。

② 变形缝及垂直施工缝端头模板应支立垂直、牢固，变形缝必须在同法向断面。

③ 边墙与拱部模板应预留混凝土灌注及振捣孔口。

(3) 衬砌混凝土质量控制。

① 衬砌混凝土在运送过程中，采用混凝土运输车、轨行式混凝土输送车进行运输，以防止漏浆和发生离析。

② 衬砌混凝土自出拌和机后任何时刻都必须进行监督，不准向拌和物中擅自加水。混凝土自拌和机出料后，运至浇筑地点至浇筑完毕的允许最长时间应符合规范要求。

③ 衬砌混凝土浇筑前清除模板内泥土、混凝土残碴等杂物，并对预埋件、预留洞和模板支设情况进行检查，符合要求后方可进行施工。

④ 衬砌混凝土浇筑时，自由倾落高度不得超过2m，超过2m时必须在模板上开设工作窗口，由工作窗口浇筑混凝土。

⑤ 衬砌混凝土应连续进行浇筑，因故必须间歇时，其允许间歇时间不应超过规范规定。

⑥ 衬砌混凝土采用混凝土输送泵进行输送，两侧分层、水平对称进行，振捣时不得危及防水层和模板。

⑦ 混凝土拆模时，其强度应达到设计和规范要求，并在拆模后连续养护7天。

(4) 洞身混凝土衬砌。

① 隧道洞身二次衬砌混凝土采用模板衬砌台架施工，模板为大块钢模，其表面做到平整、光洁；模板台架两端挡头模板采用木模，木模上钻孔穿设衬砌纵向连接钢筋，以利于下一循环相连接；衬砌台架端头的挡头模板必须与模板台架、外侧拱壁嵌塞紧密，其间空隙必须采取封堵措施，防止衬砌混凝土浇筑时漏浆，以影响衬砌混凝土的质量。

② 混凝土浇筑前，应根据设计要求布置预埋件、预留孔洞，并复核其位置。隧道衬砌施工前，必须复核隧道断面尺寸，保证衬砌厚度；同时检验防水层铺设是否符合设计和施工规范要求，有无破损。衬砌模筑混凝土的施作时间，应根据围岩稳定情况和支护情况确定，应紧跟开挖灌注，但开挖爆破不得危害已成衬砌。

③ 采用混凝土泵连续浇筑时，一次浇筑段长度一般为10~12m，并应防止混凝土离析。智能二衬台车采用独有的双浇筑系统，遥控分层逐窗浇筑，设备采用高频气动振动器，振动范围广、深度大，浇筑效果较好。

④ 浇筑顺序从两侧拱脚向拱顶对称进行，间歇及封顶的层面成辐射状；衬砌混凝土浇筑应连续进行，不得出现水平和倾斜接缝，如混凝土浇筑因故中断，则在继续浇筑施工前，

必须凿除已硬化的前层混凝土表面松软层及水泥砂浆薄膜，并将表面凿毛，采用高压水冲洗干净。

⑤ 混凝土拆模时其强度必须达到规范规定后方可进行，拆除模板后应采用养护台车进行连续养护，养护时间不得少于 7 天。

⑥ 防止二次衬砌混凝土开裂措施：

a. 采用较大的骨灰比，降低水灰比，合理选用外加剂。

b. 合理确定分段浇筑长度及浇筑速度。

c. 混凝土拆模时，内外温差不得大于 20℃。

d. 加强养护，混凝土温度的变化速度不宜大于 5℃/h。

e. 根据设计要求和规范规定施作防水隔离层。

(5) 保证二次衬砌混凝土密实的技术措施。

① 严格控制混凝土配合比，按配合比进行配料，并保证混凝土用料的计量精确度。

② 选择性能良好的外加剂，并经过试验确定混凝土的抗渗标准达到设计要求。

③ 在混凝土浇筑过程中，加强混凝土的振捣，以保证衬砌各部位捣固均衡；隧道拱部采用附着式振动器进行振捣，以确保混凝土的密实。

④ 在混凝土浇筑过程中，应保证材料供应的连续、设备良好运转，以减少施工缝的出现，从而保证衬砌混凝土的整体性及密实性。

(6) 保证拱顶混凝土密实的技术措施。智能二衬台车自带拱顶注浆管，并配有拱顶摄像头，各注浆口位置设置有压力传感器，保证拱顶混凝土充盈、密实。

10.2.8 预留预埋洞室

(1) 预制加工。模板制作：隧道风洞、供电、照明、消防及紧急电话洞室等采用钢模板，所有洞室模板严格按照图纸尺寸制作；根据图纸要求，采购或加工相应位置的预留接线盒，注意管孔位置、数量、排列方式；当预埋管采用钢管时，先制作弯管，其弯曲半径不小于管外径的 10 倍。

(2) 测定盒箱位置。施工前仔细对照专业图纸和结构图纸，对将要预留的孔洞尺寸、位置及预埋件一一确定，并绘制机电预留预埋表。

(3) 盒箱固定。严格按照图纸要求进行管(盒)定位，位置、标高准确，整齐美观。隧道二衬有钢筋网时，管、盒在两榀格钢筋之间混凝土内，不得布设于两榀格钢筋之外。

(4) 管路敷设。隧道二衬埋入混凝土内的管子，保护层厚度不小于 0.5m；暗配管超过一定长度时，应加装接线盒，其位置应便于穿线。

配管穿过伸缩缝，在伸缩缝一侧预埋一个接线箱，先把管的一端固定在接线箱上，另一侧接线箱底部的垂直方向开长孔，两侧连接好补偿跨接地线。

成排多根管路敷设时，保证管路整齐美观、间距均匀、排列整齐；进入落地式配电箱柜的管线，排列整齐，管口宜高出基础地面 50~80mm。多管并列预埋时，管间距不宜小于 30mm。埋管定位后预穿 3#钢丝，并在管口保留有不小于 200mm 的出头。

(5) 管路接续。管子进入箱(盒)自己顺直，在箱(盒)内外用锁紧螺母固定管口，管子露出锁紧螺母的螺纹为 2~3 扣。为了防止接线盒和管内堵塞，在管口上盖管堵；接线盒内用可拆除材料填实，防止漏浆堵死。

不得气割断管，用钢锯或型材切割机进行断管，断口处平齐不歪斜，管口刮铣光滑、无毛刺，管内铁屑除净。

严禁两管直接对焊或绑扎连接，钢管采用套管连接，套管长牙齿为连接管外径的1.5~3倍，焊接处做防腐处理。KV管(可绕金属套管)采用专用连接头连接。

(6) 管路固定。在二衬台车上焊接钢筋固定管(盒)时，在台车上加垫铁皮或其他阻燃材料；在台车上进行预埋管打弯走线时，不得直接以模板为支点，须用木方作垫进行。

配管固定，混凝土中有钢筋网时，每隔1m与钢筋绑扎；接线盒进出线管15cm以内必须与钢筋绑扎。禁止在管子与管子、管子与钢筋间用电焊固定。

隧道二衬有钢筋网时，线盒用圆钢采用"井"字在盒子后面点焊，且点焊固定在二衬筋上；盒内加填充物填塞满后加铁盖板保护，防止线盒受损，影响工程质量。安装管路时不得任意切断和移动钢筋。

参 考 文 献

[1] 曹国雄，孙江涛，李昌荣．公路工程及交通安全设施施工与管理[M]．武汉：华中科技大学出版社，2021.

[2] 曹净，张庆．地下空间工程施工技术[M]．北京：中国水利水电出版社，2014.

[3] 代意斌．高速公路隧道施工技术及控制要点研究[J]．价值工程，2019，38(06)：108-110.

[4] 翟万波，王毅．隧道工程施工[M]．成都：西南交通大学出版社，2019.

[5] 丁维扬，江晨．高速公路隧道施工技术及控制要点分析[J]．交通科技，2015，268(01)：117-118.

[6] 方俊丰．公路隧道工程设计与施工探究[J]．黑龙江交通科技，2021，44(07)：250-251.

[7] 付香才．城市公路隧道设计和施工中的要点探讨[J]．中华民居(下旬刊)，2014，104(01)：300，303.

[8] 中华人民共和国交通运输部．公路隧道设计规范　第一册　土建工程(JTG 3370.1—2018)[S]．北京：人民交通出版社，2019.

[9] 郭院成．基坑支护[M]．郑州：黄河水利出版社，2012.

[10] 和孙文．地下工程施工技术[M]．北京：中国水利水电出版社，2019.

[11] 黄梅．基坑支护工程设计施工实例图解[M]．北京：化学工业出版社，2015.

[12] 黄彦波．基于新意法的高地应力软岩隧道施工技术研究[D]．西安：西安科技大学，2019.

[13] 江志平，高阳．高速公路隧道施工技术及控制要点探讨[J]．科技创新与应用，2019，285(29)：153-154.

[14] 蒋雅君．隧道工程[M]．北京：机械工业出版社，2021.

[15] 黎曙光．公路隧道工程地质勘察实例分析与探讨[J]．西部资源，2017，79(04)：95-96.

[16] 李朋波．公路隧道施工技术及控制探讨[J]．工程建设与设计，2021，459(13)：205-207.

[17] 梁波．隧道工程[M]．重庆：重庆大学出版社，2014.

[18] 梁艳．公路隧道设计内容的基本概述[J]．农村经济与科技，2017，28(18)47.

[19] 刘婷，王智慧，贺桂超．一种公路隧道结构断面优化与设计方法[J]．中国高新技术企业，2008，101(14)：180-181.

[20] 骆晓．公路隧道结构设计方法及开挖方案的优化[D]．上海：同济大学，2008.

[21] 宋迪．浅谈新意法隧道施工理念及主要施工方法[J]．北方交通，2022，348(04)：73-75.

[22] 王博．隧道工程[M]．北京：中国水利水电出版社，2017.

[23] 王道远．隧道施工技术[M]．北京：中国水利水电出版社，2020.

[24] 魏发达．明挖公路隧道基坑支护结构分析与施工工艺改进[D]．西安：长安大学，2014.

[25] 袁英爽．公路隧道洞口选线及线形设计[J]．铁道勘察，2012，38(01)：62-65.

[26] 岳林博．公路隧道设计阶段的问题与对策研究[J]．工程建设与设计，2020，445(23)：89-91.

[27] 云南省交通规划设计研究院．公路工程技术标准(JTG B01—2014)[S]．北京：人民交通出版社，2014.

[28] 张红松．新奥法施工技术在公路隧道工程中的应用[J]．交通世界，2021，567(09)：24-26.

[29] 张俊儒，龚伦，仇文革．隧道工程[M]．成都：西南交通大学出版社，2013.

[30] 张拉柱．高速公路隧道施工技术的研究[J]．中国高新技术企业，2013，262(19)：111-112.

[31] 张全富．高速公路隧道开挖质量控制要点研究[J]．工程建设与设计，2022，474(04)：227-229.

[32] 张熊．隧道岩土工程勘察及施工技术分析[J]．工程建设与设计，2023，496(02)：227-229.
[33] 张震宇．隧道施工[M]．成都：电子科技大学出版社，2019.
[34] 赵勇锋．公路隧道施工中的新奥法施工技术应用[J]．交通世界，2018，457(07)：108-109.
[35] 中国建筑科学研究院．混凝土结构设计规范(GB 50010—2010)[S]．北京：中国建筑工业出版社，2010.
[36] 周建晖．公路隧道衬砌结构设计系统的研究与开发[D]．上海：同济大学，2006.
[37] 周旭，傅立新．公路隧道的线形设计[J]．湖南交通科技，2003(02)：80-81.
[38] 朱熙．高速公路隧道施工中的超前支护技术[J]．工程建设与设计，2021，469(23)：181-183，229.

后　记

公路隧道施工是在应力岩体中开拓地下空间，属地下作业，其特点与地面作业相比有较大区别：隧道内部工作面狭小、机具集中、光线不足、噪声大，同时，它会涉及山体的爆破、钻孔挖掘等危险的过程。由于这些地质条件的复杂性和多变性，以及施工人员对地质勘测、施工技术认识的局限性，施工单位在隧道施工过程中不可避免地会遇到预料之外的地质条件，甚至发生如流变、塌方、流砂、突泥、涌水、岩爆等工程事故。

公路隧道工程的施工安全既要依托山体本身的情况，又要依靠施工单位过硬的施工素质。如果前期的勘测设计和施工过程中的施工技术使用不恰当，很有可能会造成工程事故，给国家和社会带来经济损失，甚至会危害施工人员的生命安全。

因此，隧道施工人员一方面应当在施工前做好公路隧道的地质勘察和选线、结构等设计内容，同时掌握目前常用的隧道施工技术，依据具体项目的工程地质条件和水文地质条件，并结合隧道断面尺寸、长度、衬砌类型、隧道的使用功能和施工技术水平等因素，综合选择最经济、最合理的施工方法，一般是多种方法、多种技术的综合利用；另一方面应密切关注施工过程中的各种因素变化，及时根据实际情况调整施工方案、施工方法、施工技术和施工进度等。这是一个受多种因素影响的动态的择优过程，旨在保证公路隧道工程的顺利建设。